BORUTO
-NARUTO NEXT GENERATION-

10. SCHRIFTROLLE

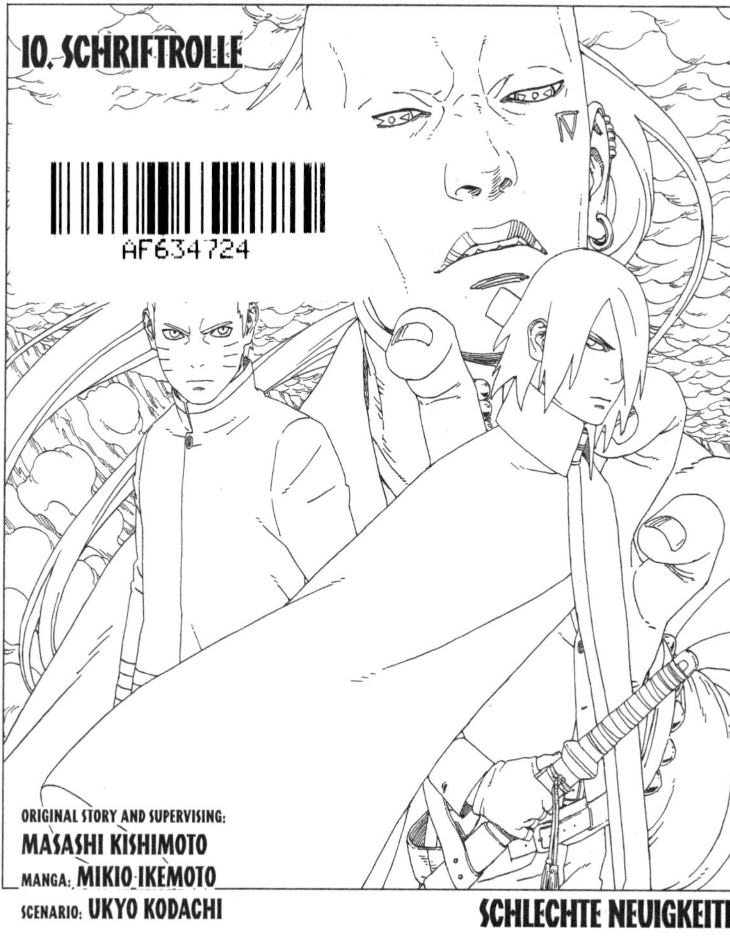

ORIGINAL STORY AND SUPERVISING:
MASASHI KISHIMOTO
MANGA: MIKIO IKEMOTO
SCENARIO: UKYO KODACHI

SCHLECHTE NEUIGKEITE

BORUTO -NARUTO NEXT GENERATION- CHARAKTERE

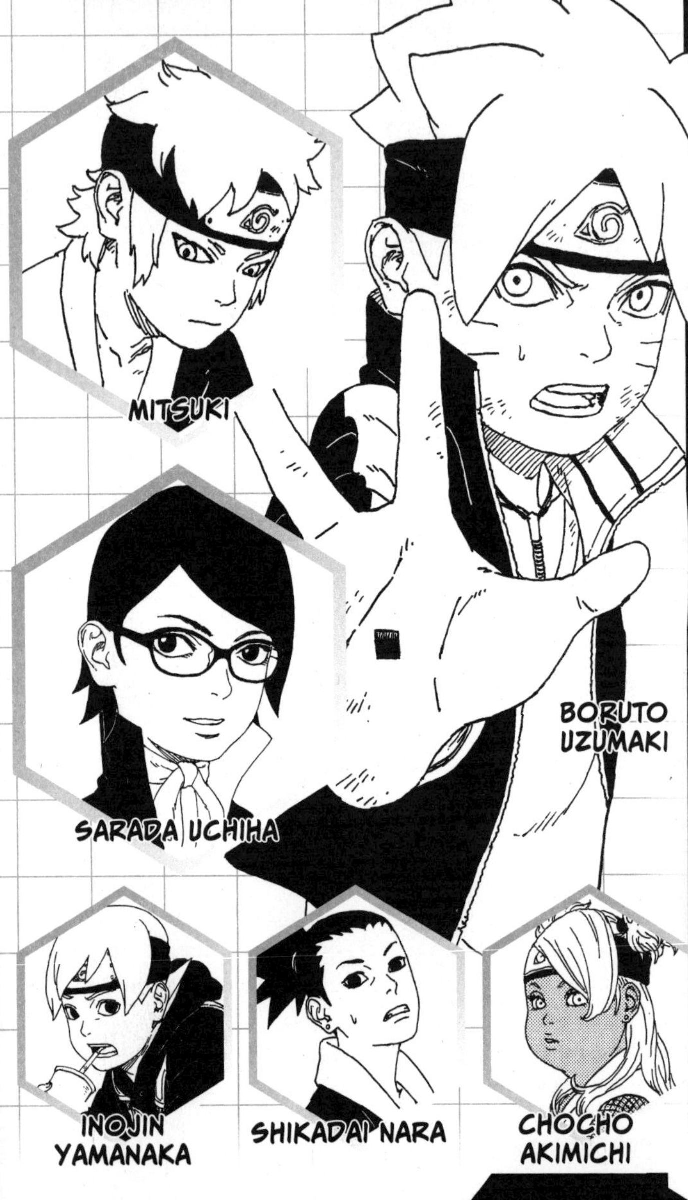

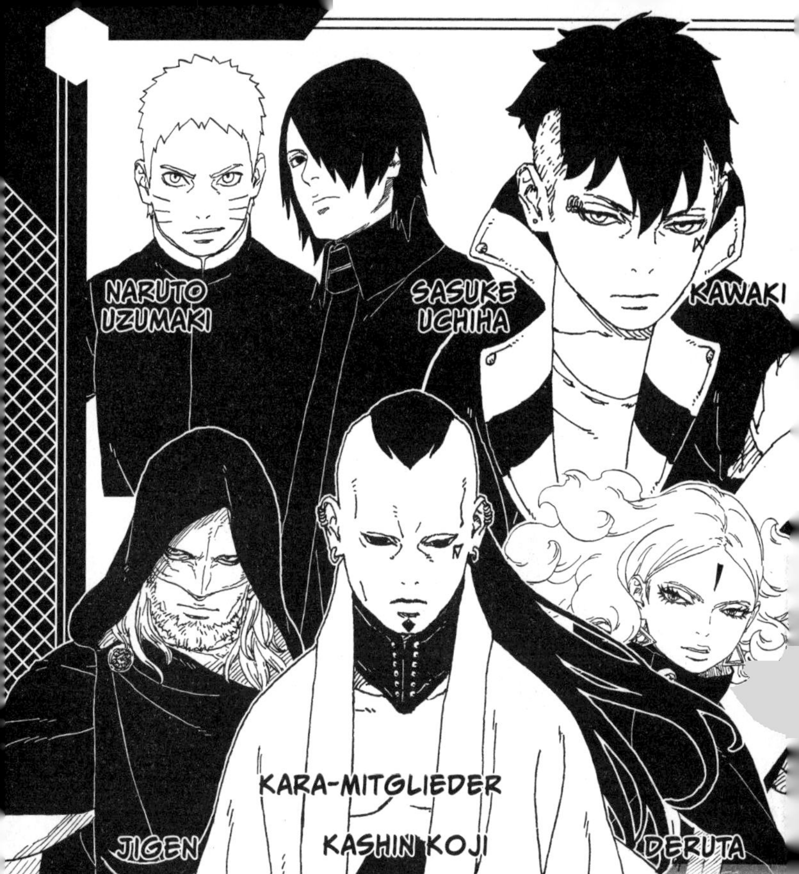

STORY

DER NINJA-WELTKRIEG, DER DIE GANZE WELT ERSCHÜTTERT HAT, IST VERGANGENHEIT. NARUTO UZUMAKI BESCHÜTZT ALS 7. HOKAGE DAS DORF KONOHAGAKURE UND DIE MENSCHEN GENIESSEN DEN FRIEDEN. NARUTOS SOHN, BORUTO UZUMAKI, STREBT NACH DER ANERKENNUNG SEINES VATERS UND NIMMT AN DER CHU-NIN-PRÜFUNG TEIL, BENUTZT DABEI JEDOCH VERBOTENERWEISE EINE UNKONVENTIONELLE WAFFE – UND WIRD DAFÜR VON SEINEM VATER »ALS NINJA DISQUALIFIZIERT«.

DANN GREIFEN DIE OTSUTSUKIS AN. ZUSAMMEN MIT NARUTO UND ANDEREN BESIEGT BORUTO SIE MIT KNAPPER NOT. IN DIESEM KAMPF BEWEIST BORUTO SICH ALS NINJA, ABER AUF BORUTOS RECHTER HAND HINTERLÄSST MOMOSHIKI OTSUTSUKI EIN SELTSAMES MAL.

AUF EINER MISSION STOSSEN DIE KONOHA-NINJA AUF EINEN JUNGEN NAMENS KAWAKI, DER DAS GLEICHE MAL WIE BORUTO TRÄGT. ES STELLT SICH HERAUS, DASS DIESER JUNGE JENES »GEFÄSS« IST, NACH DEM DIE DUBIOSE ORGANISATION KARA SUCHT.

NARUTO LÄSST KAWAKI IN SEINEM HAUS WOHNEN, UM DEN JUNGEN ZU BESCHÜTZEN. ALS DAS KARA-MITGLIED DERUTA KAWAKI HOLEN WILL, STELLT NARUTO SICH IHR ENTGEGEN – UND KAWAKI OPFERT SEINEN RECHTEN ARM, UM NARUTO UND SEINE TOCHTER ZU BESCHÜTZEN. NARUTO SCHENKT KAWAKI SEINE ARMPROTHESE UND DAS LEBEN IN KONOHA BESÄNFTIGT KAWAKI MEHR UND MEHR...

BORUTO

BORUTO

-NARUTO NEXT GENERATION-

10. SCHRIFTROLLE

SCHLECHTE NEUIGKEITEN

INHALT

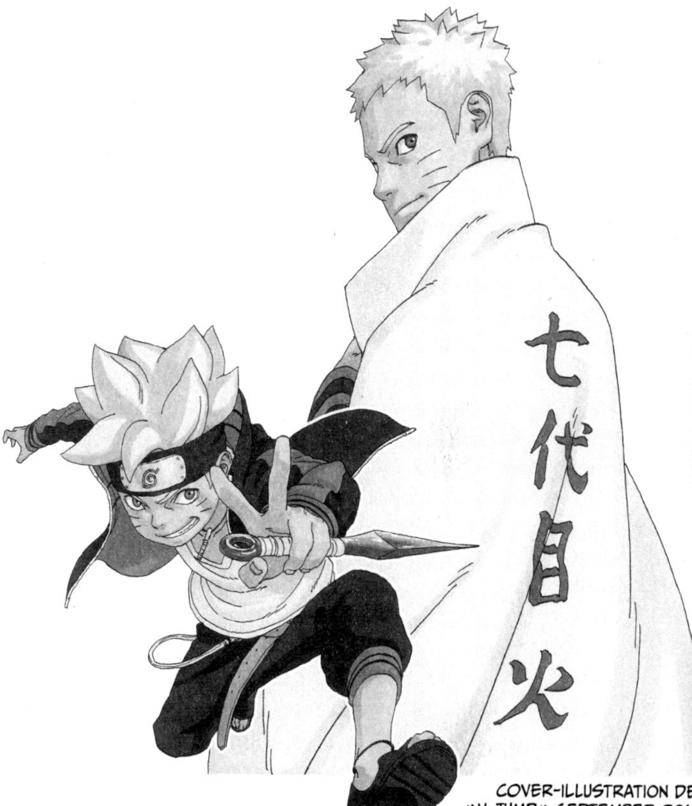

COVER-ILLUSTRATION DE
»V JUMP«-SEPTEMBER-201
AUSGAB

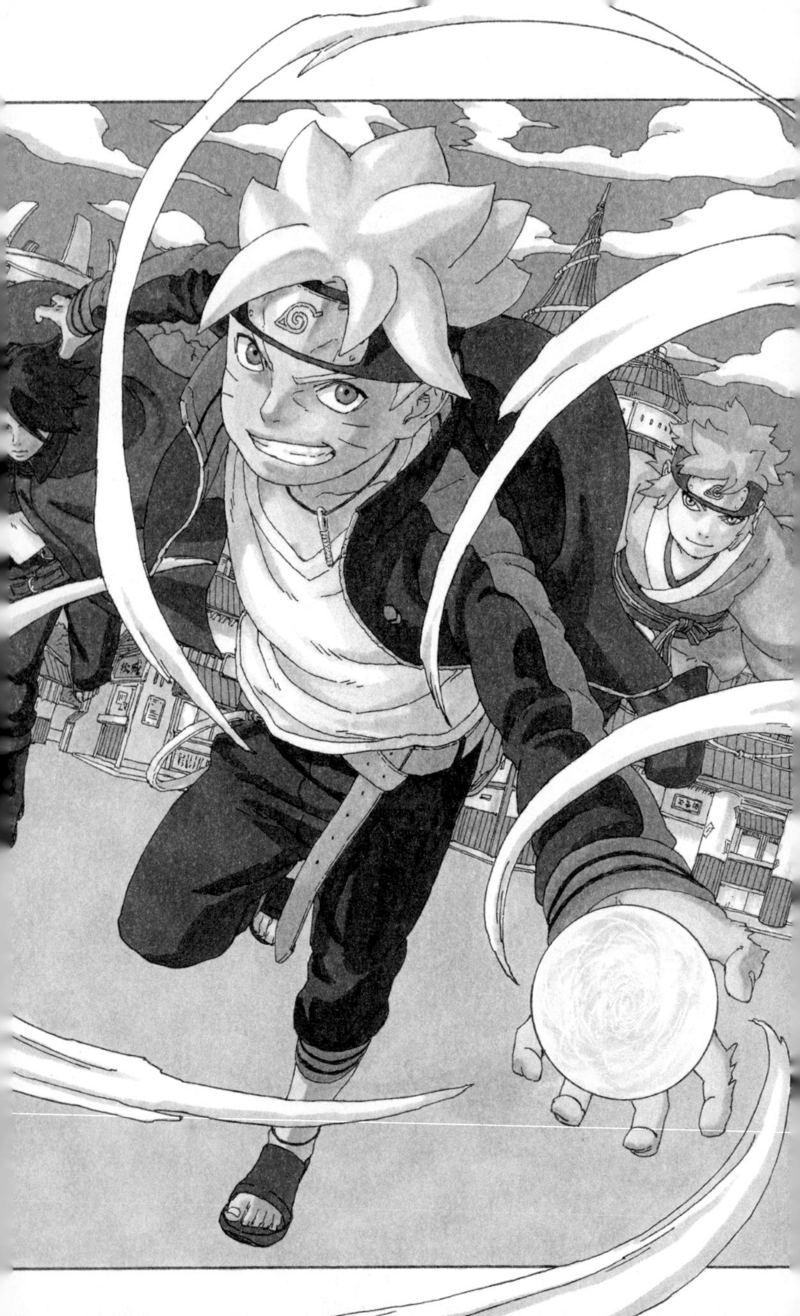

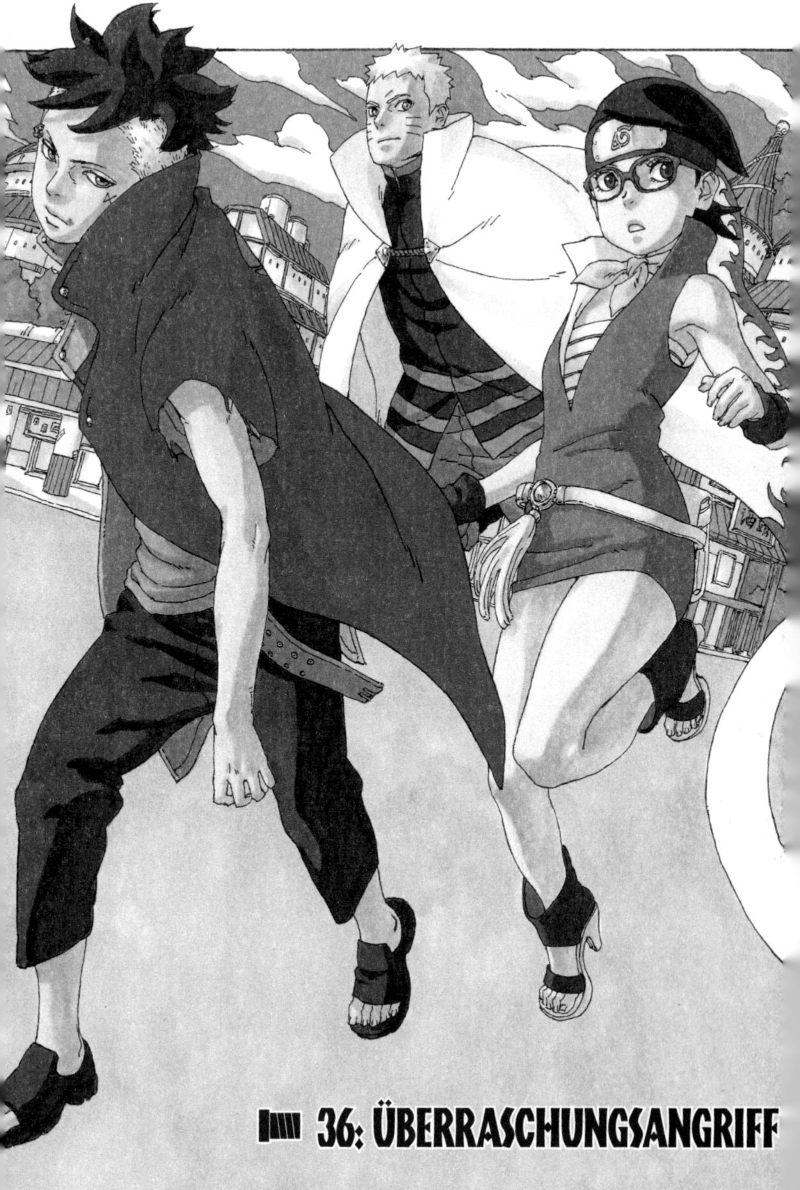

36: ÜBERRASCHUNGSANGRIFF

BORUTO

-NARUTO NEXT GENERATION-

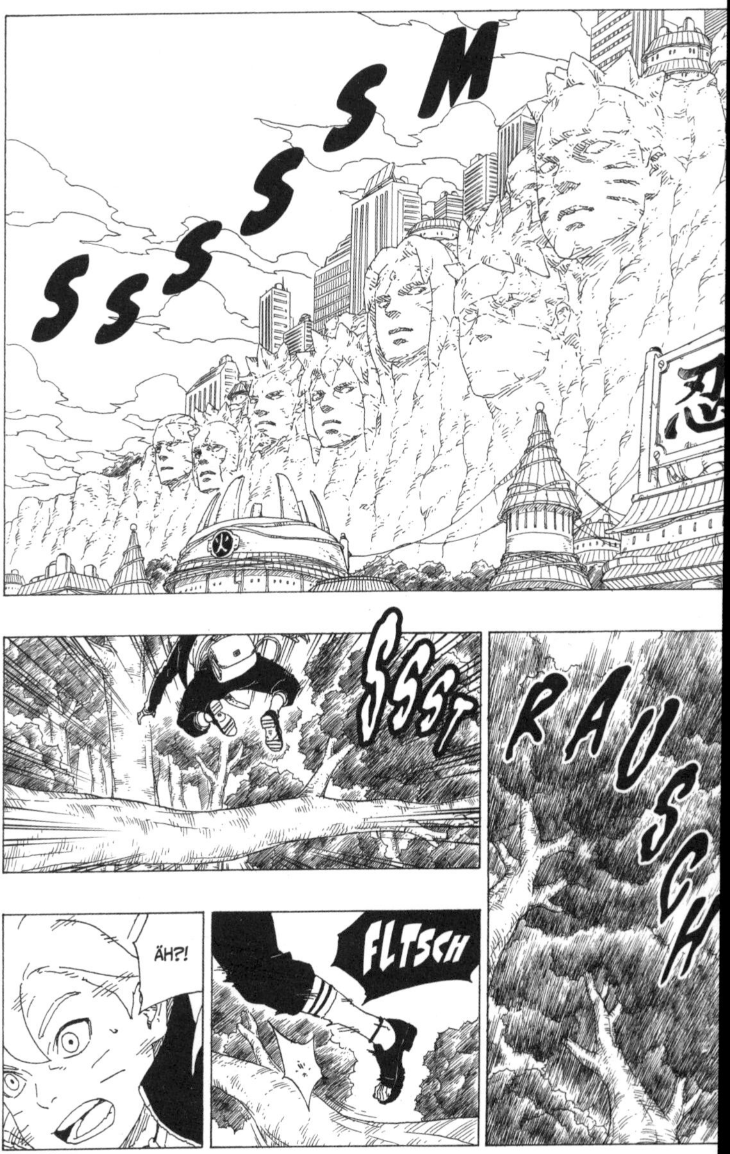
SSSSSSM
SSST
RAUSCH
FLTSCH
ÄH?!

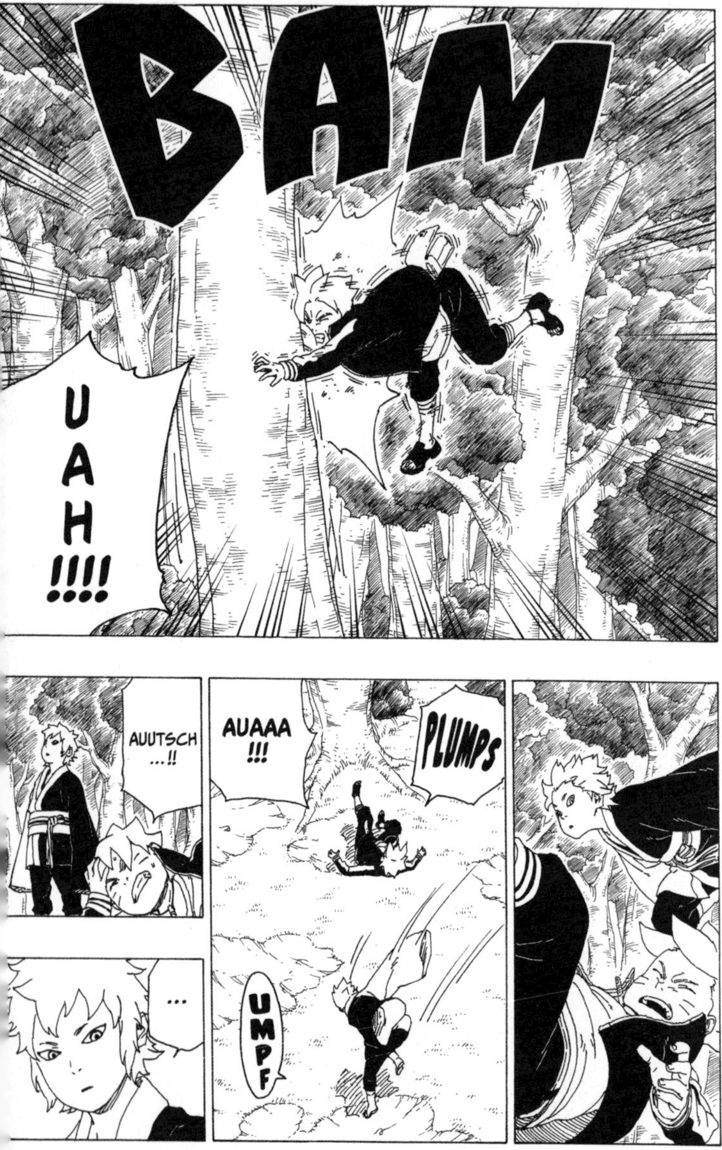
BAM
UAH!!!!
PLUMPS
AUAAA!!!
UMPF
AUUTSCH...!!
...

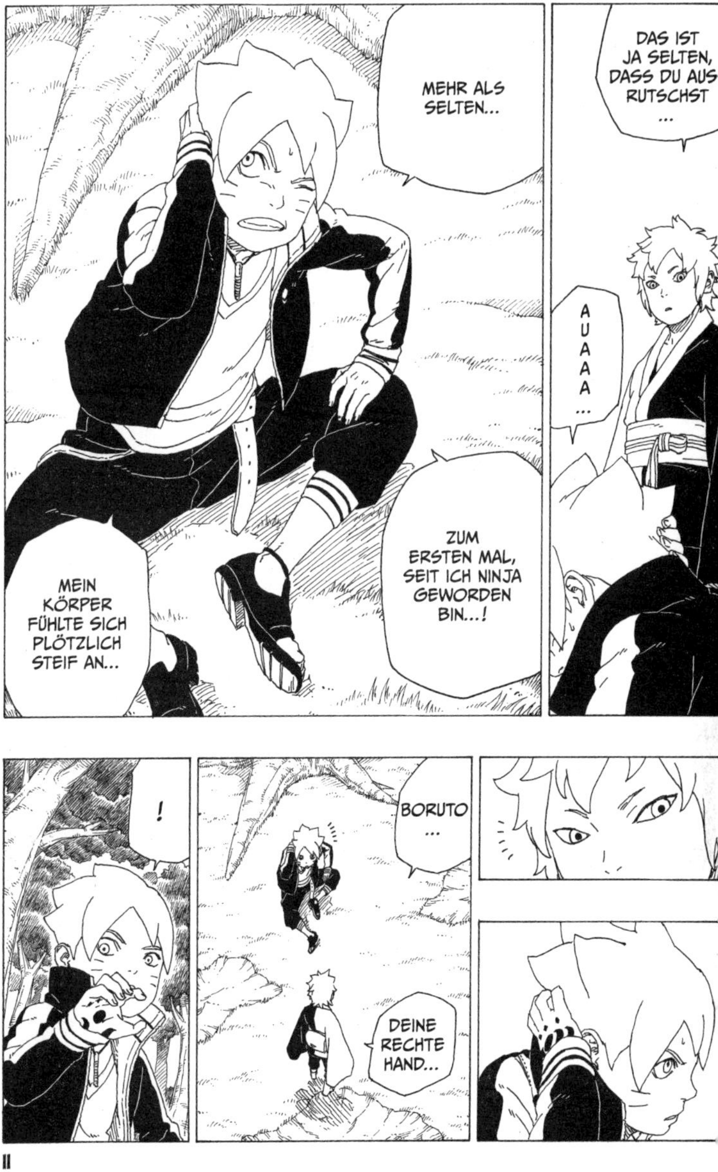
DAS IST JA SELTEN, DASS DU AUS-RUTSCHST ...
AUAAAA ...
MEHR ALS SELTEN...
ZUM ERSTEN MAL, SEIT ICH NINJA GEWORDEN BIN...!
MEIN KÖRPER FÜHLTE SICH PLÖTZLICH STEIF AN...
BORUTO ...
DEINE RECHTE HAND...
!

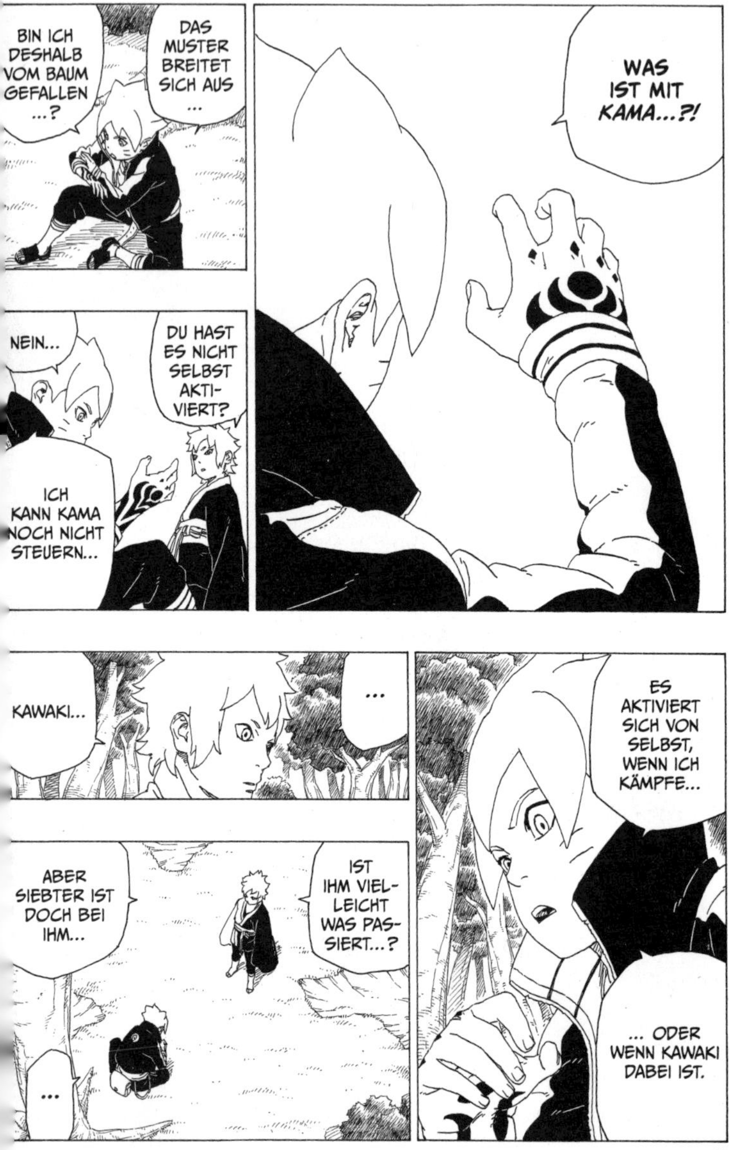
WAS IST MIT KAMA...?!
DAS MUSTER BREITET SICH AUS ...
BIN ICH DESHALB VOM BAUM GEFALLEN ...?
DU HAST ES NICHT SELBST AKTIVIERT?
NEIN...
ICH KANN KAMA NOCH NICHT STEUERN...
ES AKTIVIERT SICH VON SELBST, WENN ICH KÄMPFE...
... ODER WENN KAWAKI DABEI IST.
...
KAWAKI...
IST IHM VIELLEICHT WAS PASSIERT...?
ABER SIEBTER IST DOCH BEI IHM...
...

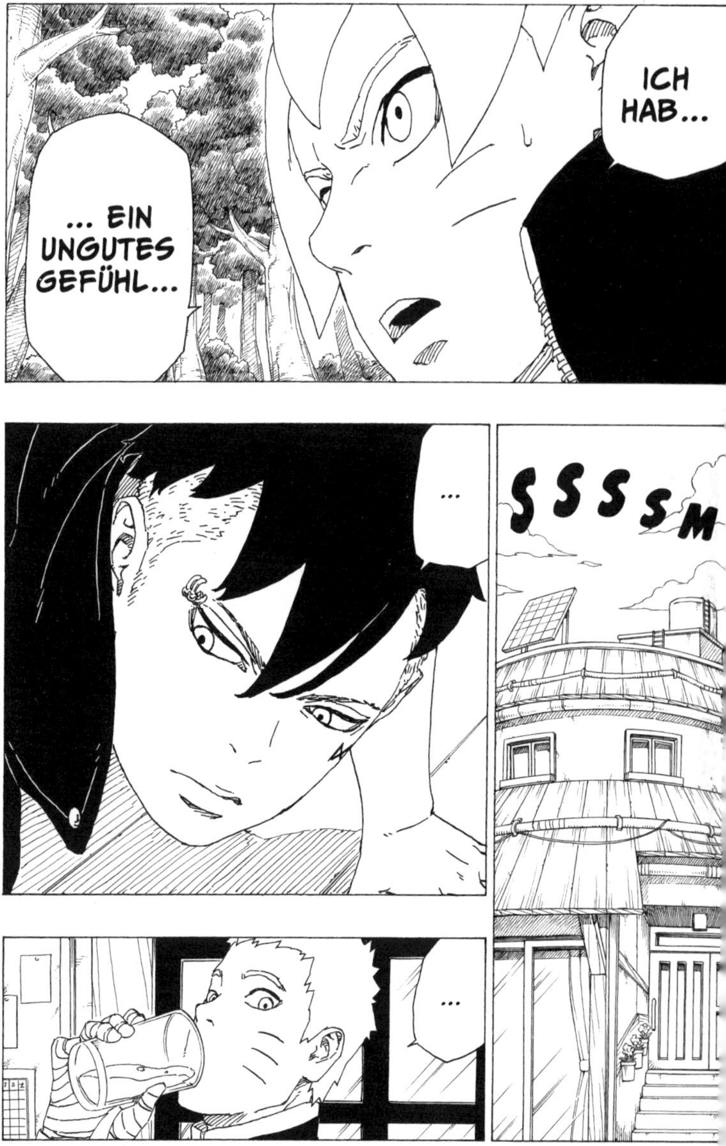
ICH HAB...
... EIN UNGUTES GEFÜHL...
SSSSM
...
...

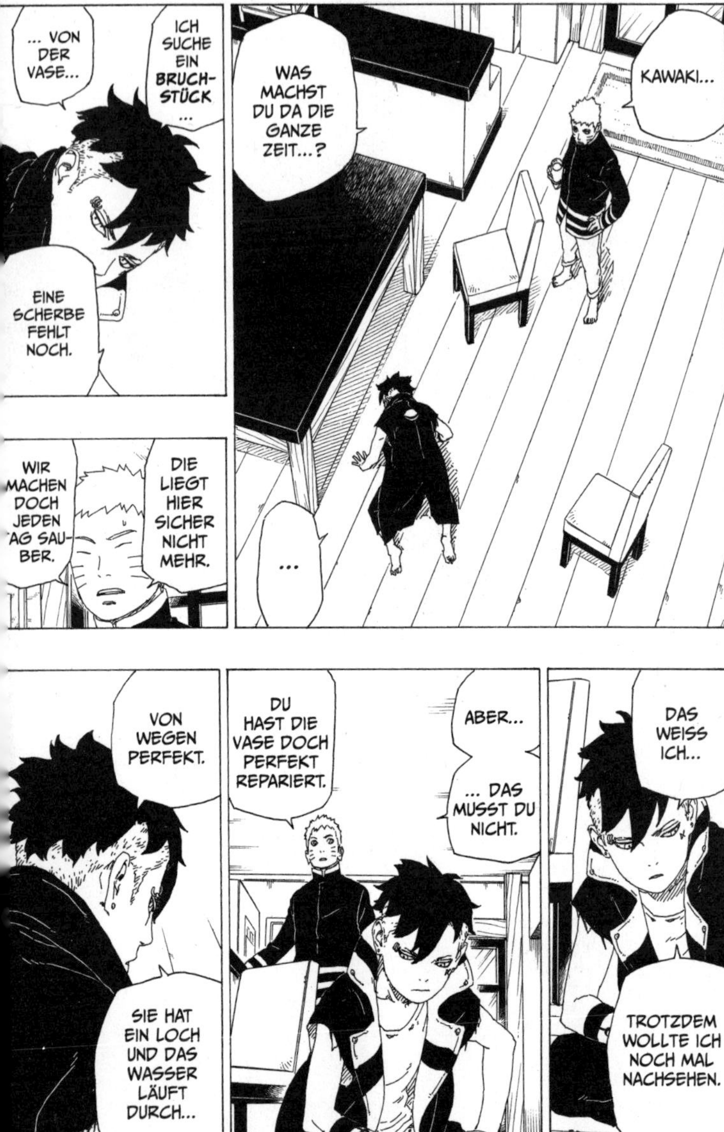
KAWAKI...
WAS MACHST DU DA DIE GANZE ZEIT...?
...
ICH SUCHE EIN BRUCHSTÜCK ...
... VON DER VASE...
EINE SCHERBE FEHLT NOCH.
DIE LIEGT HIER SICHER NICHT MEHR.
WIR MACHEN DOCH JEDEN TAG SAUBER.
DAS WEISS ICH...
TROTZDEM WOLLTE ICH NOCH MAL NACHSEHEN.
ABER...
... DAS MUSST DU NICHT.
DU HAST DIE VASE DOCH PERFEKT REPARIERT.
VON WEGEN PERFEKT.
SIE HAT EIN LOCH UND DAS WASSER LÄUFT DURCH...

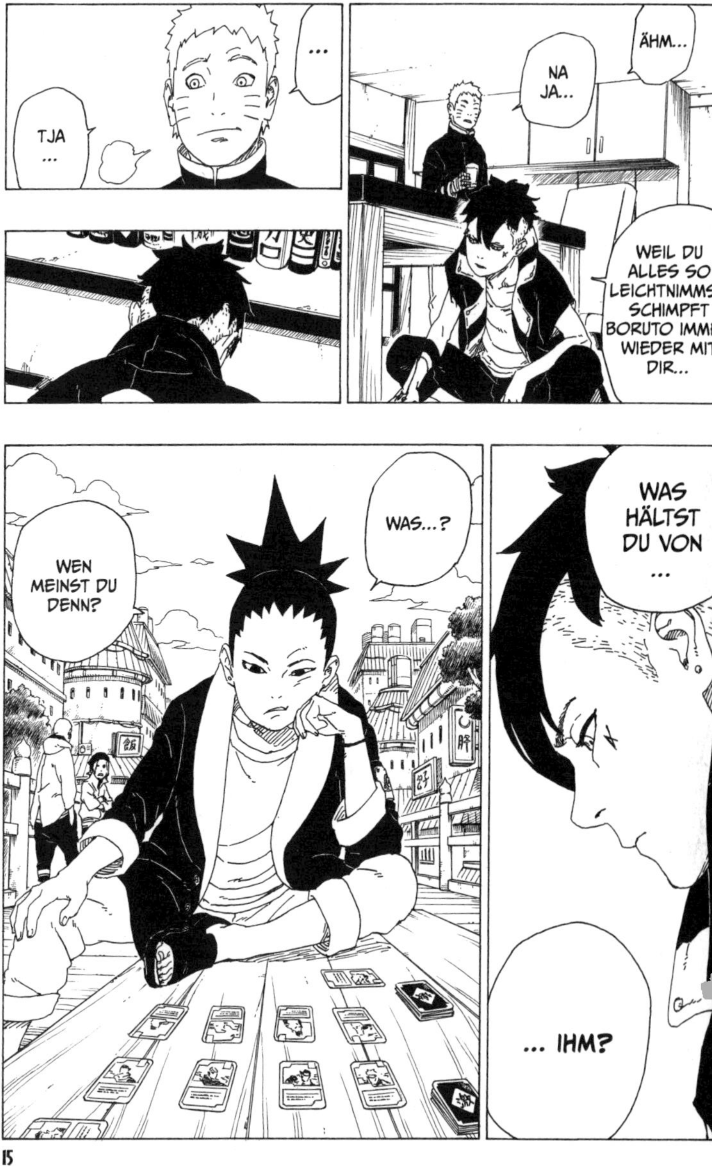
ÄHM...
NA JA...
...
TJA ...
WEIL DU ALLES SO LEICHTNIMMST SCHIMPFT BORUTO IMME WIEDER MIT DIR...
WAS HÄLTST DU VON ...
WAS...?
WEN MEINST DU DENN?
... IHM?

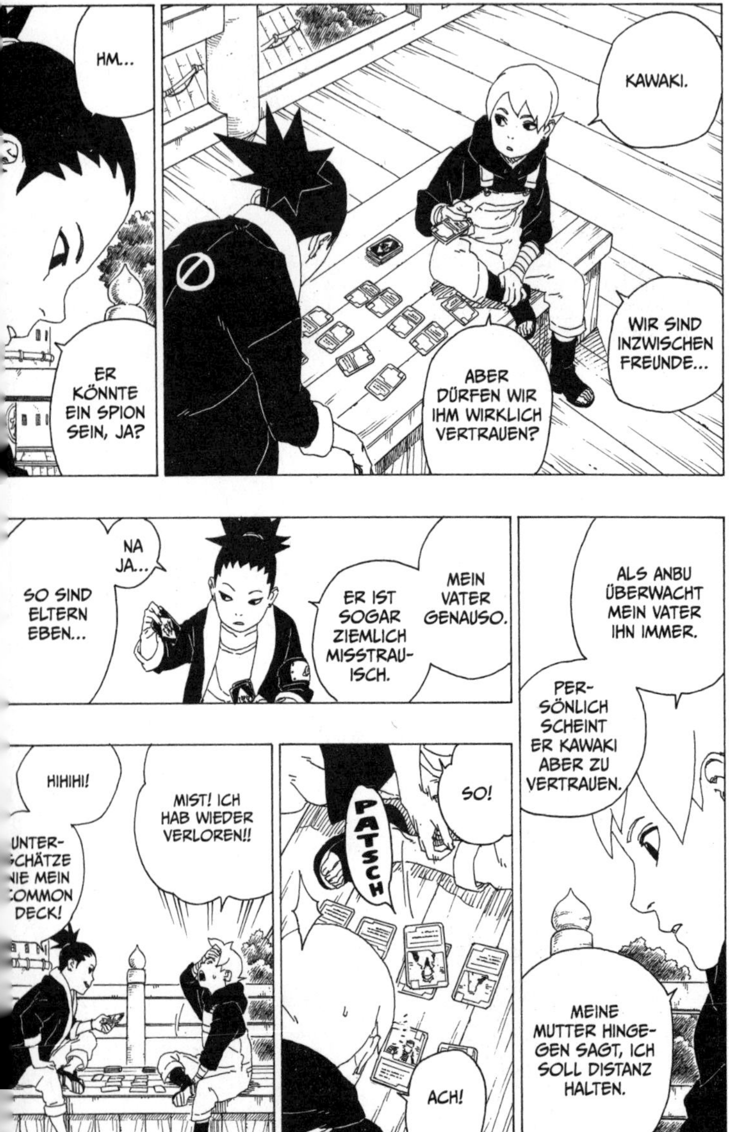
KAWAKI.
WIR SIND INZWISCHEN FREUNDE...
ABER DÜRFEN WIR IHM WIRKLICH VERTRAUEN?
HM...
ER KÖNNTE EIN SPION SEIN, JA?
ALS ANBU ÜBERWACHT MEIN VATER IHN IMMER.
PERSÖNLICH SCHEINT ER KAWAKI ABER ZU VERTRAUEN.
MEINE MUTTER HINGEGEN SAGT, ICH SOLL DISTANZ HALTEN.
MEIN VATER GENAUSO.
ER IST SOGAR ZIEMLICH MISSTRAUISCH.
NA JA...
SO SIND ELTERN EBEN...
SO!
PATSCH
ACH!
MIST! ICH HAB WIEDER VERLOREN!!
HIHIHI!
UNTERSCHÄTZE NIE MEIN COMMON DECK!

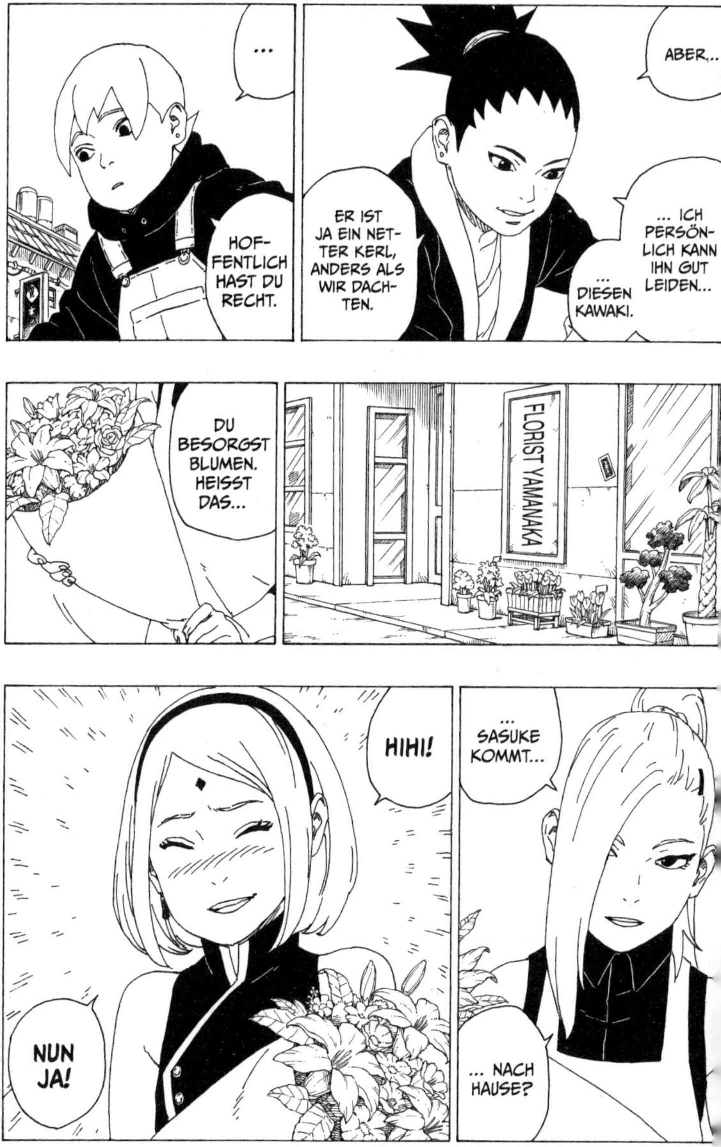
ABER...
... ICH PERSÖNLICH KANN IHN GUT LEIDEN...
... DIESEN KAWAKI.
ER IST JA EIN NETTER KERL, ANDERS ALS WIR DACHTEN.
...
HOFFENTLICH HAST DU RECHT.
FLORIST YAMANAKA
DU BESORGST BLUMEN. HEISST DAS...
... SASUKE KOMMT...
... NACH HAUSE?
HIHI!
NUN JA!

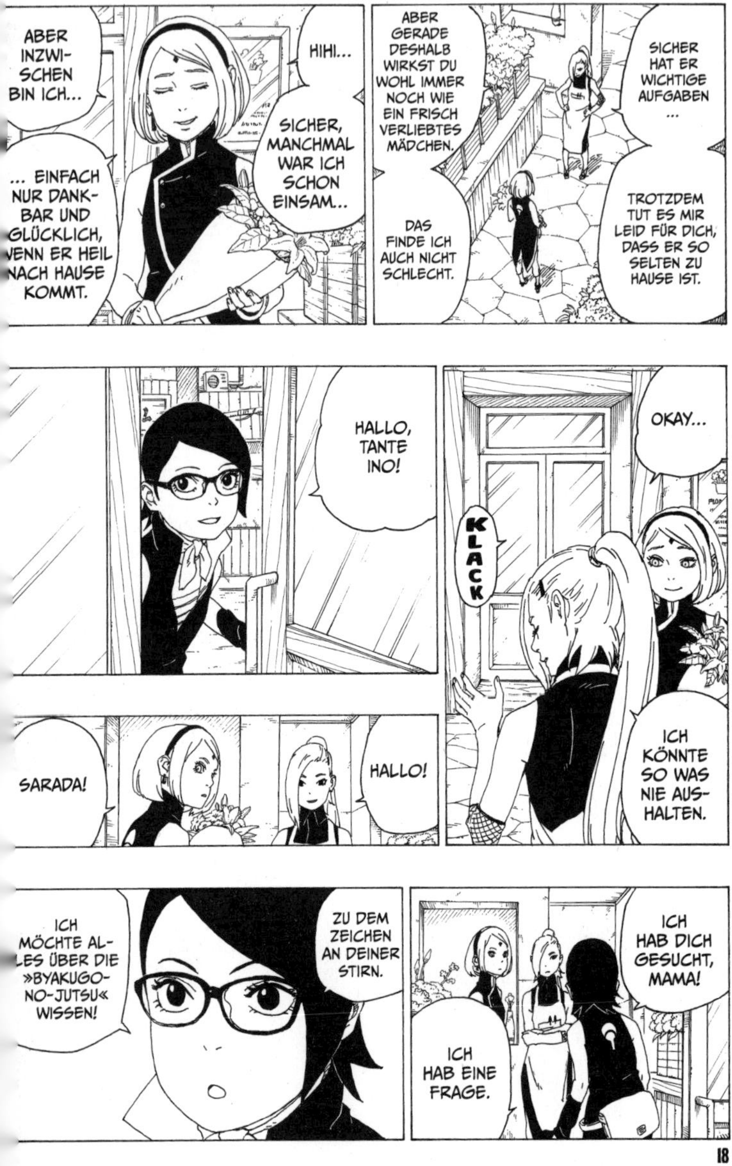
SICHER HAT ER WICHTIGE AUFGABEN ...
TROTZDEM TUT ES MIR LEID FÜR DICH, DASS ER SO SELTEN ZU HAUSE IST.
ABER GERADE DESHALB WIRKST DU WOHL IMMER NOCH WIE EIN FRISCH VERLIEBTES MÄDCHEN.
DAS FINDE ICH AUCH NICHT SCHLECHT.
HIHI...
SICHER, MANCHMAL WAR ICH SCHON EINSAM...
ABER INZWISCHEN BIN ICH...
... EINFACH NUR DANKBAR UND GLÜCKLICH, VENN ER HEIL NACH HAUSE KOMMT.
OKAY...
KLACK
ICH KÖNNTE SO WAS NIE AUSHALTEN.
HALLO, TANTE INO!
HALLO!
SARADA!
ICH HAB DICH GESUCHT, MAMA!
ICH HAB EINE FRAGE.
ZU DEM ZEICHEN AN DEINER STIRN.
ICH MÖCHTE ALLES ÜBER DIE »BYAKUGO-NO-JUTSU« WISSEN!

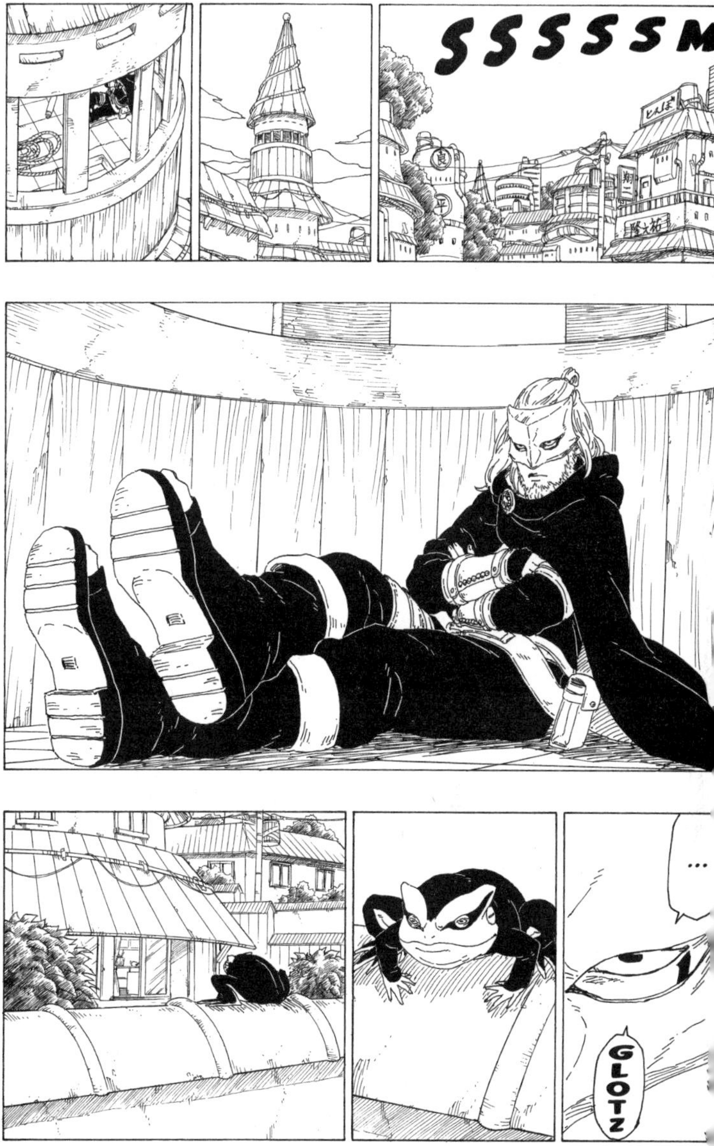
SSSSSM
...
GLOTZ

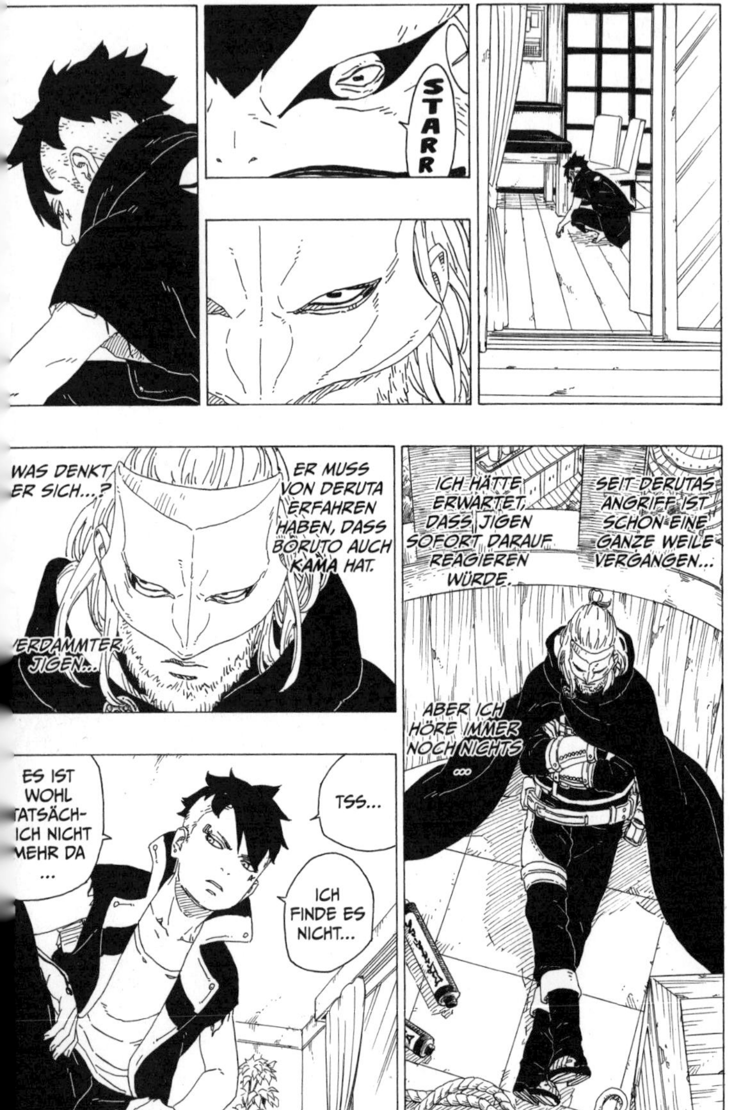
STARR
SEIT DERUTAS ANGRIFF IST SCHON EINE GANZE WEILE VERGANGEN...
ICH HÄTTE ERWARTET, DASS JIGEN SOFORT DARAUF REAGIEREN WÜRDE.
ABER ICH HÖRE IMMER NOCH NICHTS ...
ER MUSS VON DERUTA ERFAHREN HABEN, DASS BORUTO AUCH KAMA HAT.
WAS DENKT ER SICH...?
VERDAMMTER JIGEN...
TSS...
ICH FINDE ES NICHT...
ES IST WOHL TATSÄCHLICH NICHT MEHR DA ...

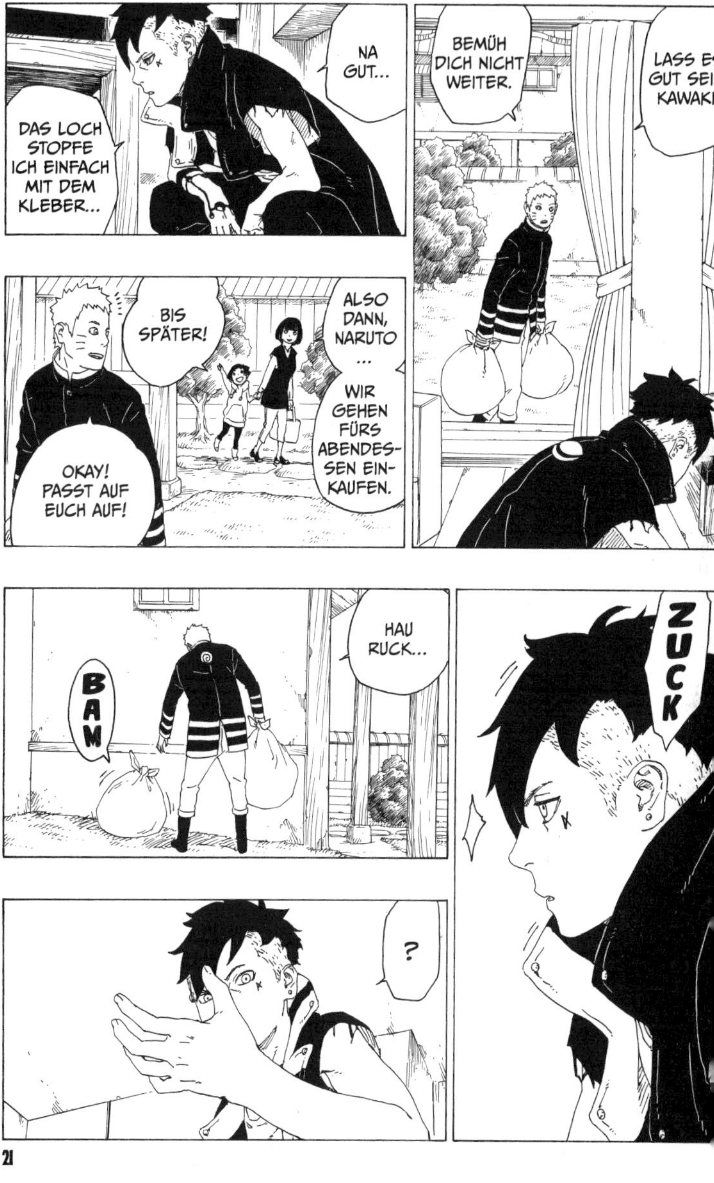

LASS ES GUT SEIN KAWAKI.
BEMÜH DICH NICHT WEITER.
NA GUT...
DAS LOCH STOPFE ICH EINFACH MIT DEM KLEBER...
ALSO DANN, NARUTO ...
WIR GEHEN FÜRS ABENDES-SEN EIN-KAUFEN.
BIS SPÄTER!
OKAY! PASST AUF EUCH AUF!
ZUCK
HAU RUCK...
BAM
?

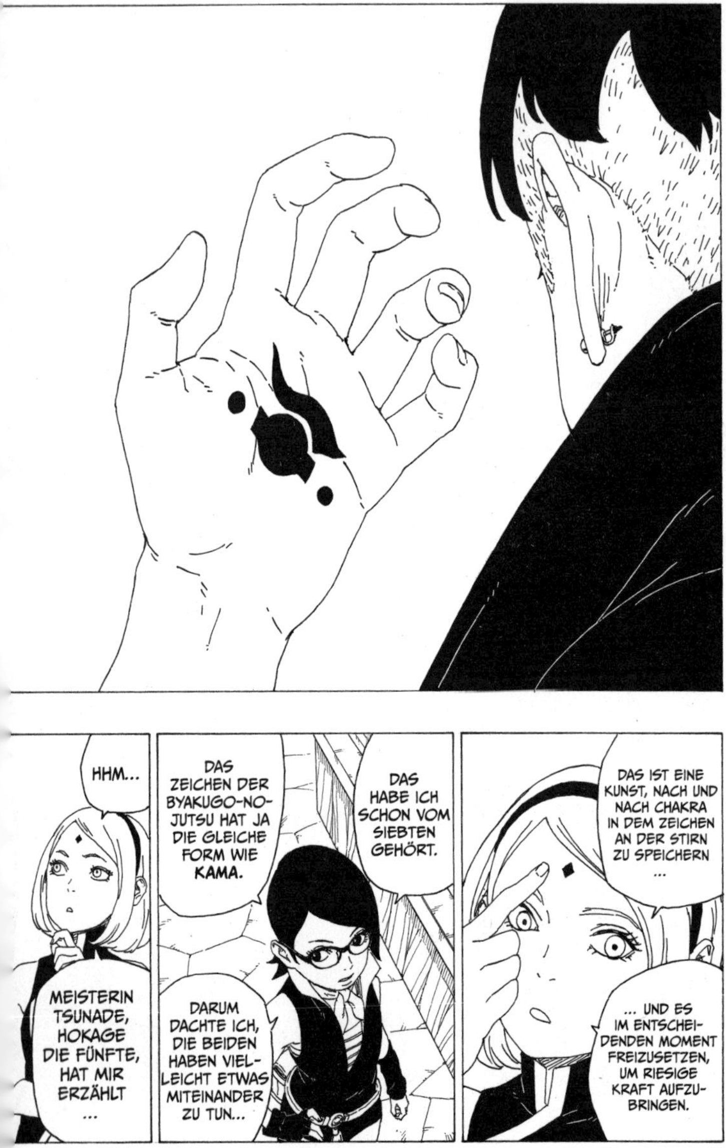
DAS IST EINE KUNST, NACH UND NACH CHAKRA IN DEM ZEICHEN AN DER STIRN ZU SPEICHERN ...
... UND ES IM ENTSCHEI-DENDEN MOMENT FREIZUSETZEN, UM RIESIGE KRAFT AUFZU-BRINGEN.
DAS HABE ICH SCHON VOM SIEBTEN GEHÖRT.
DAS ZEICHEN DER BYAKUGO-NO-JUTSU HAT JA DIE GLEICHE FORM WIE KAMA.
DARUM DACHTE ICH, DIE BEIDEN HABEN VIEL-LEICHT ETWAS MITEINANDER ZU TUN...
HHM...
MEISTERIN TSUNADE, HOKAGE DIE FÜNFTE, HAT MIR ERZÄHLT ...

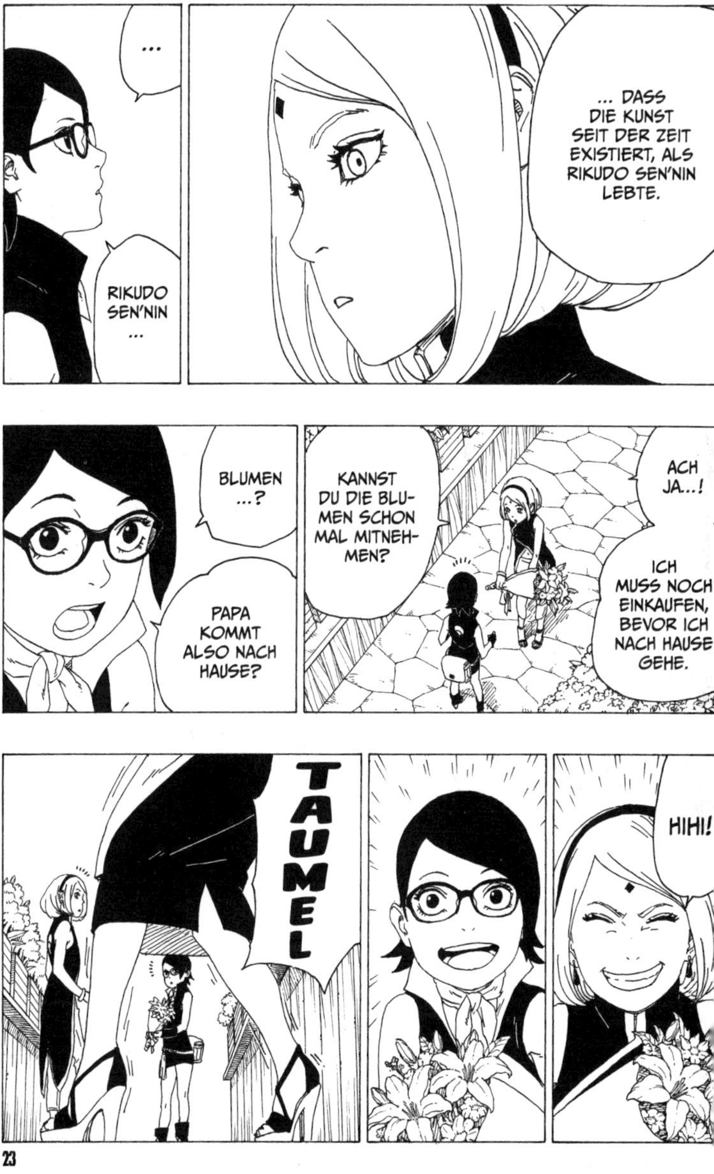

... DASS DIE KUNST SEIT DER ZEIT EXISTIERT, ALS RIKUDO SEN'NIN LEBTE.
...
RIKUDO SEN'NIN ...
ACH JA...!
ICH MUSS NOCH EINKAUFEN, BEVOR ICH NACH HAUSE GEHE.
KANNST DU DIE BLUMEN SCHON MAL MITNEHMEN?
BLUMEN ...?
PAPA KOMMT ALSO NACH HAUSE?
HIHI!
TAUMEL

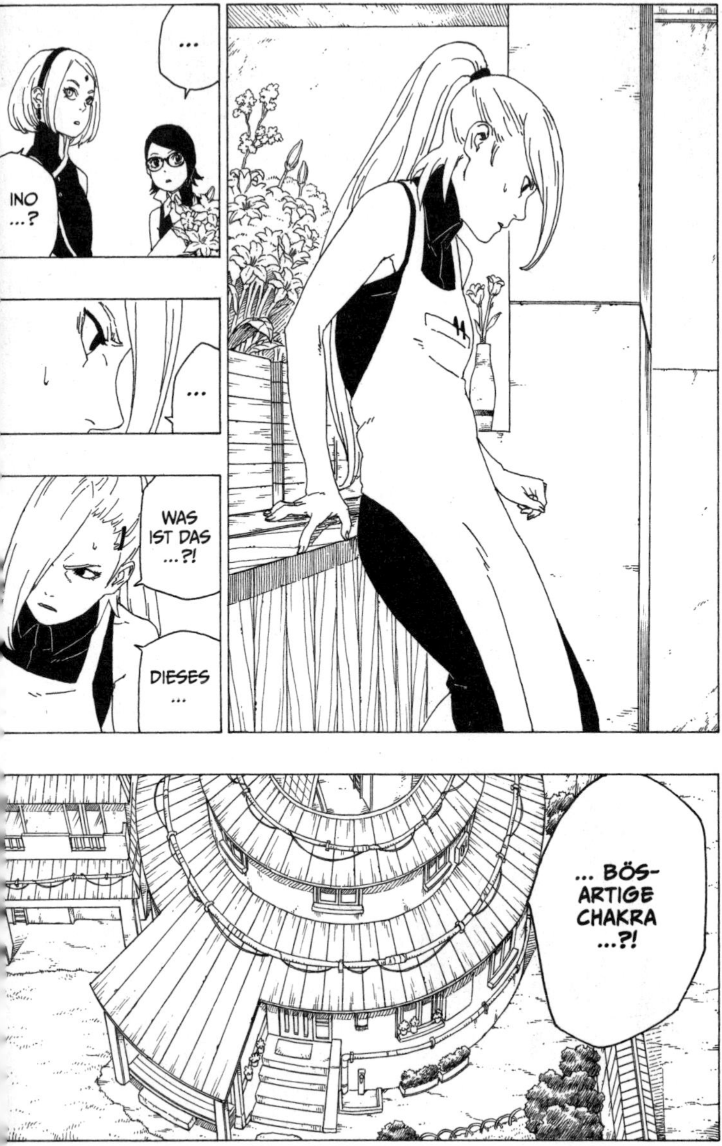
...
INO ...?
...
WAS IST DAS ...?!
DIESES ...
... BÖS-ARTIGE CHAKRA ...?!

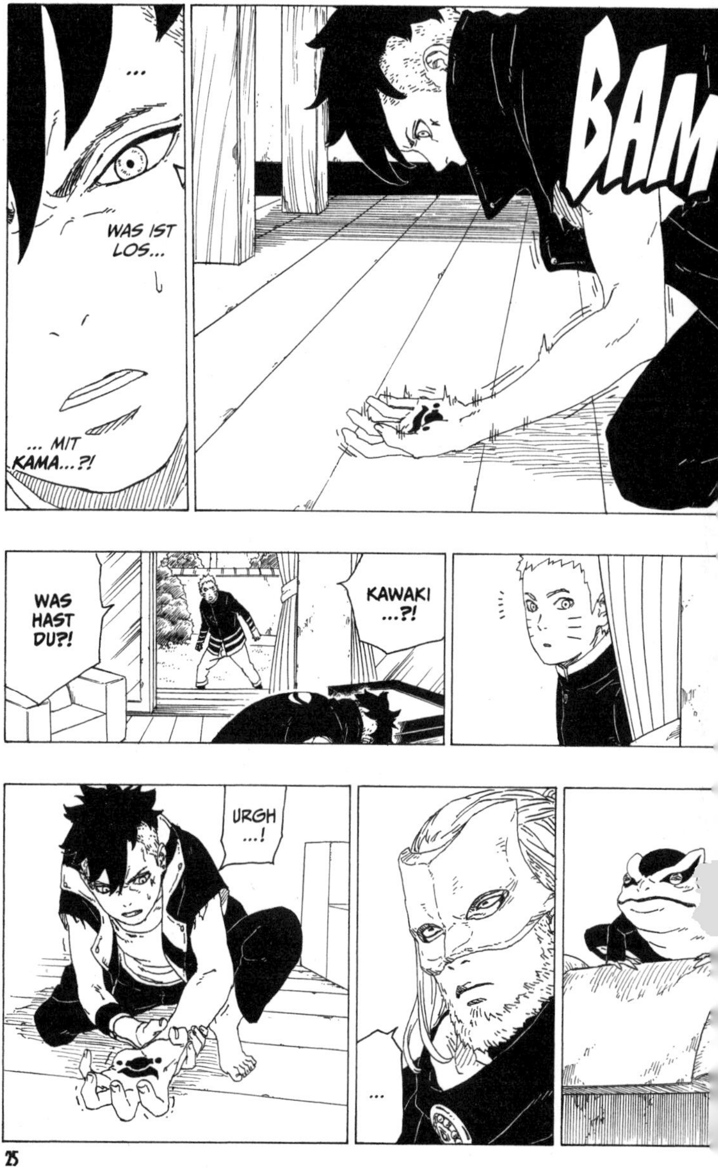
BAM
...
WAS IST LOS...
... MIT KAMA...?!
KAWAKI ...?!
WAS HAST DU?!
...
URGH ...!

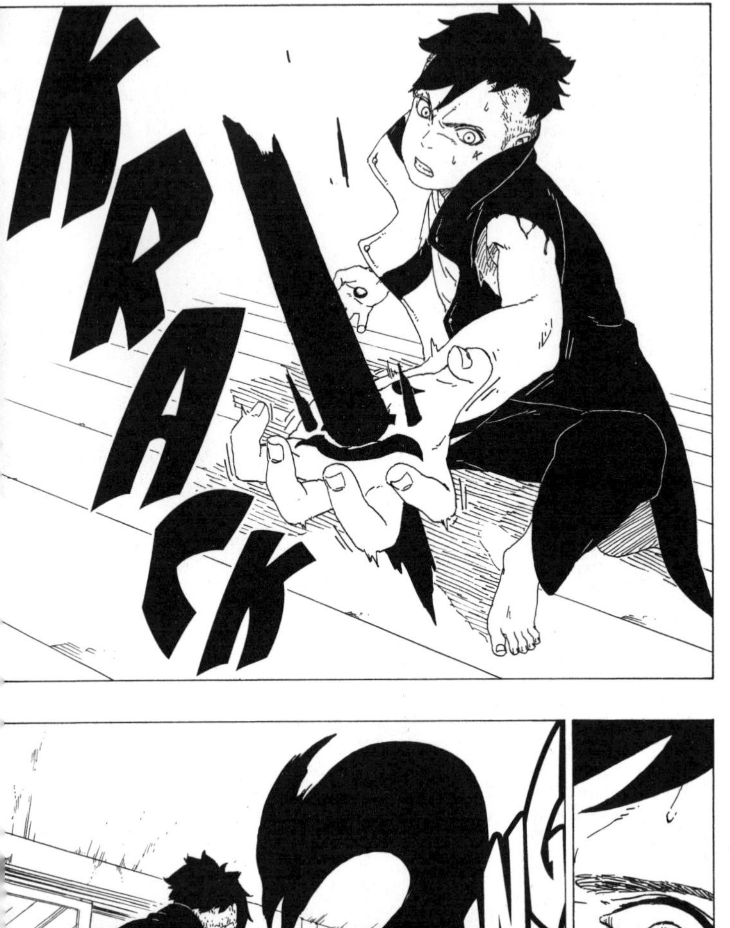
KRACK
DGYUUUNG

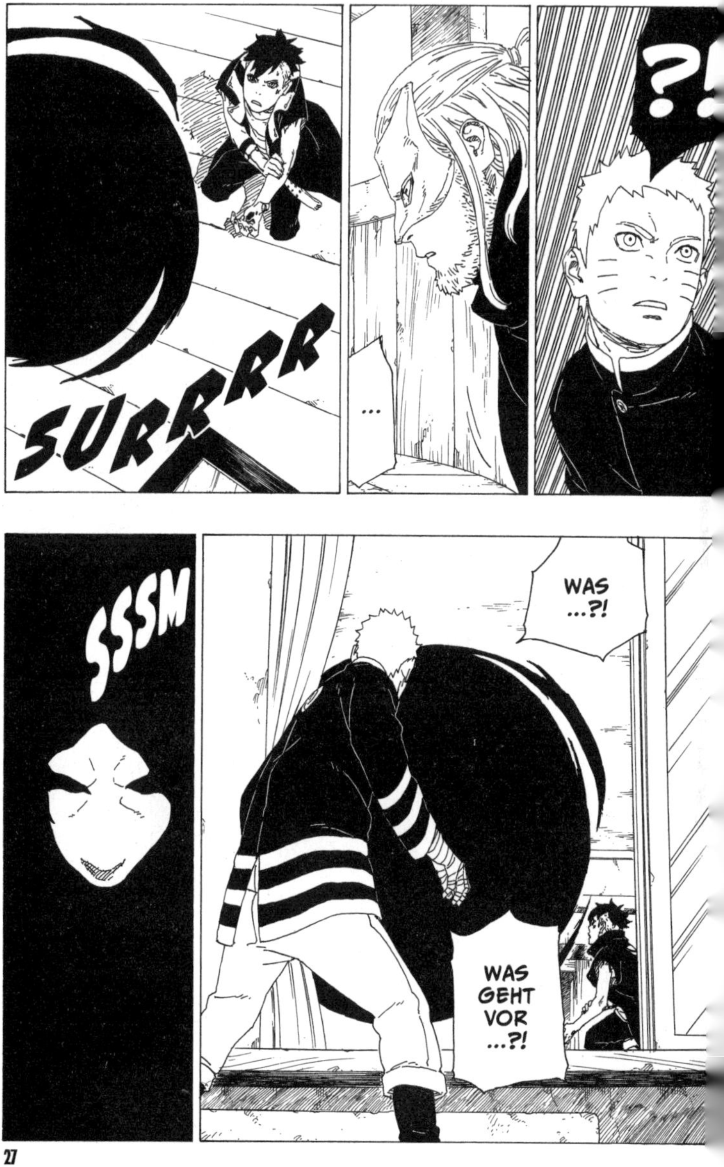
?!
...
SURRRR
WAS ...?!
WAS GEHT VOR ...?!
SSSM

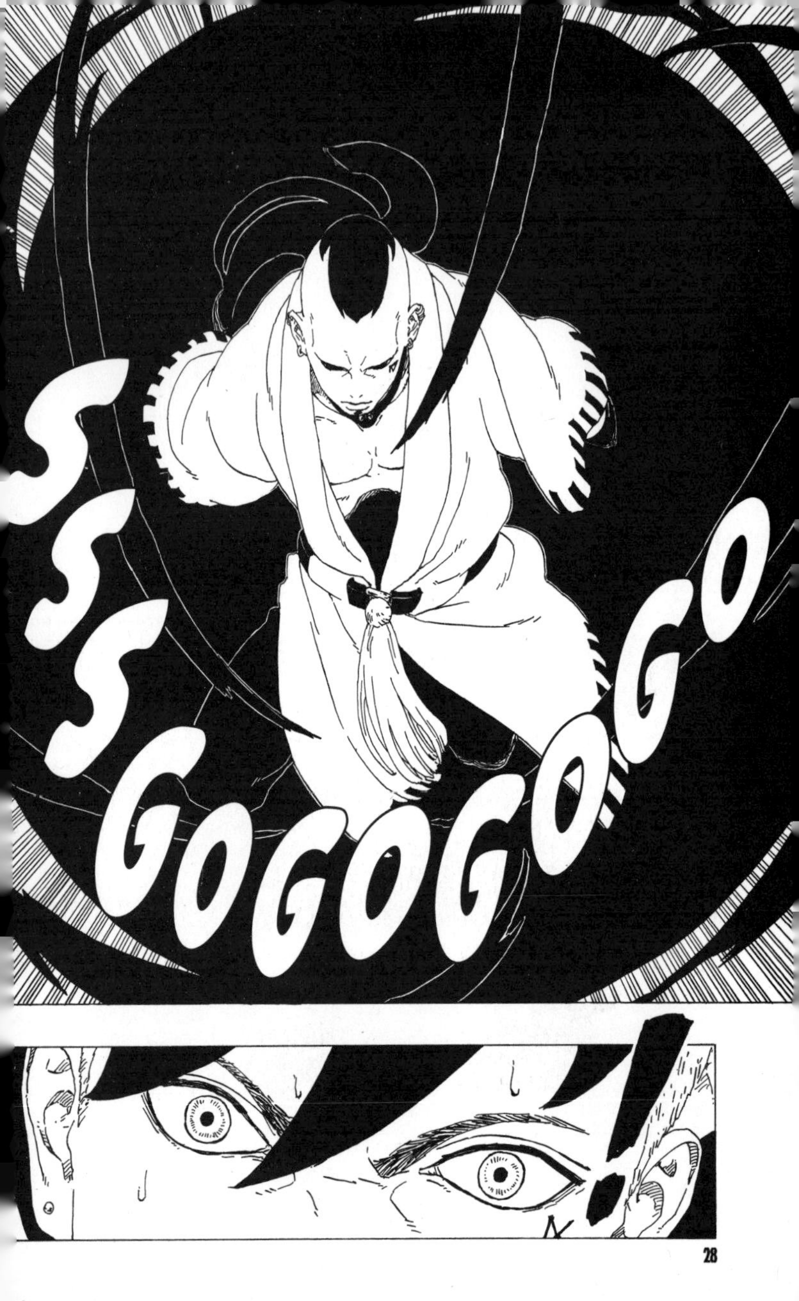
SSS
GOGOGOGOGO

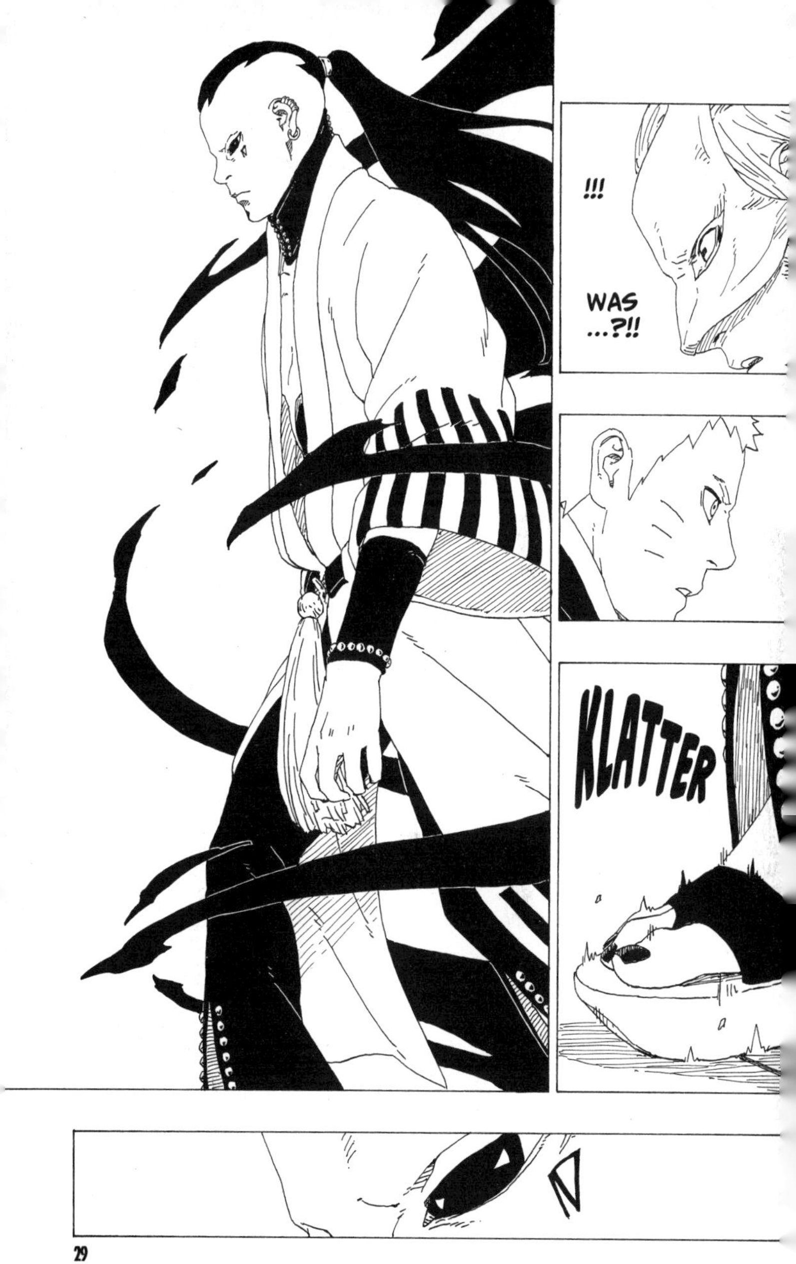
!!!
WAS …?!!
KLATTER

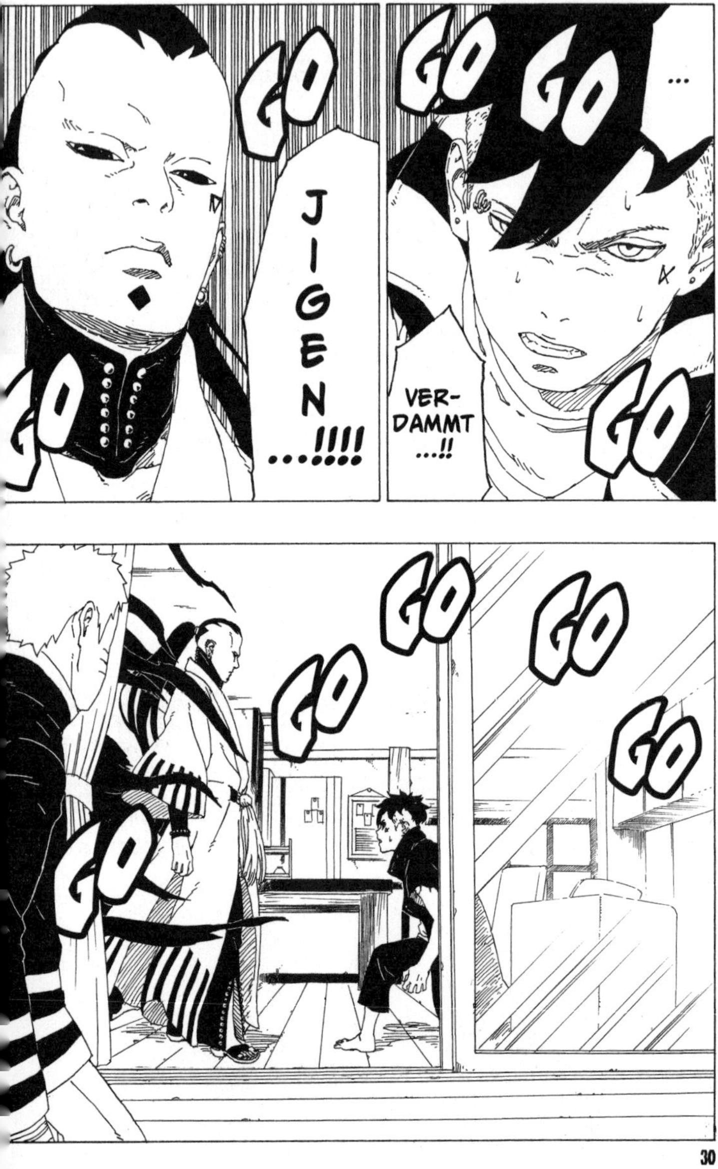
GO GO GO
...
GO
VERDAMMT ...!!
GO
JIGEN ...!!!!
GO
GO GO GO GO
GO
GO

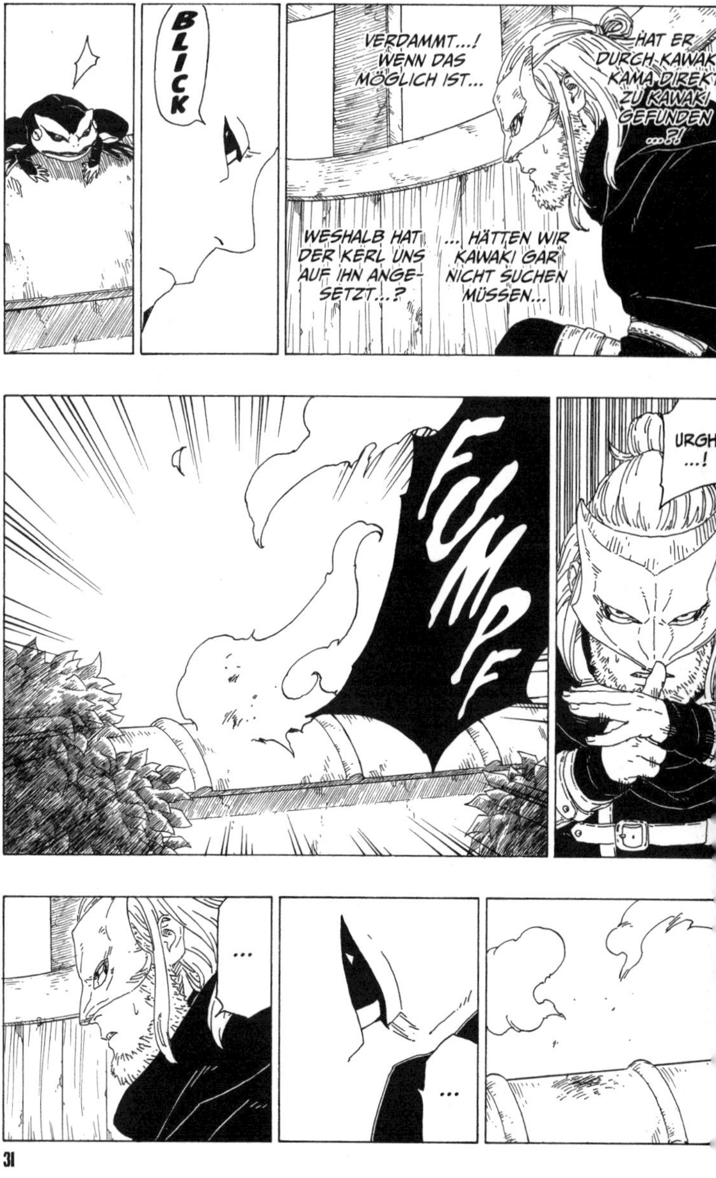
HAT ER DURCH KAWAKI KAMA DIREKT ZU KAWAKI GEFUNDEN ...?!
VERDAMMT...! WENN DAS MÖGLICH IST...
... HÄTTEN WIR KAWAKI GAR NICHT SUCHEN MÜSSEN...
WESHALB HAT DER KERL UNS AUF IHN ANGE-SETZT...?
BLICK
URGH ...!
FUMPF
...
...

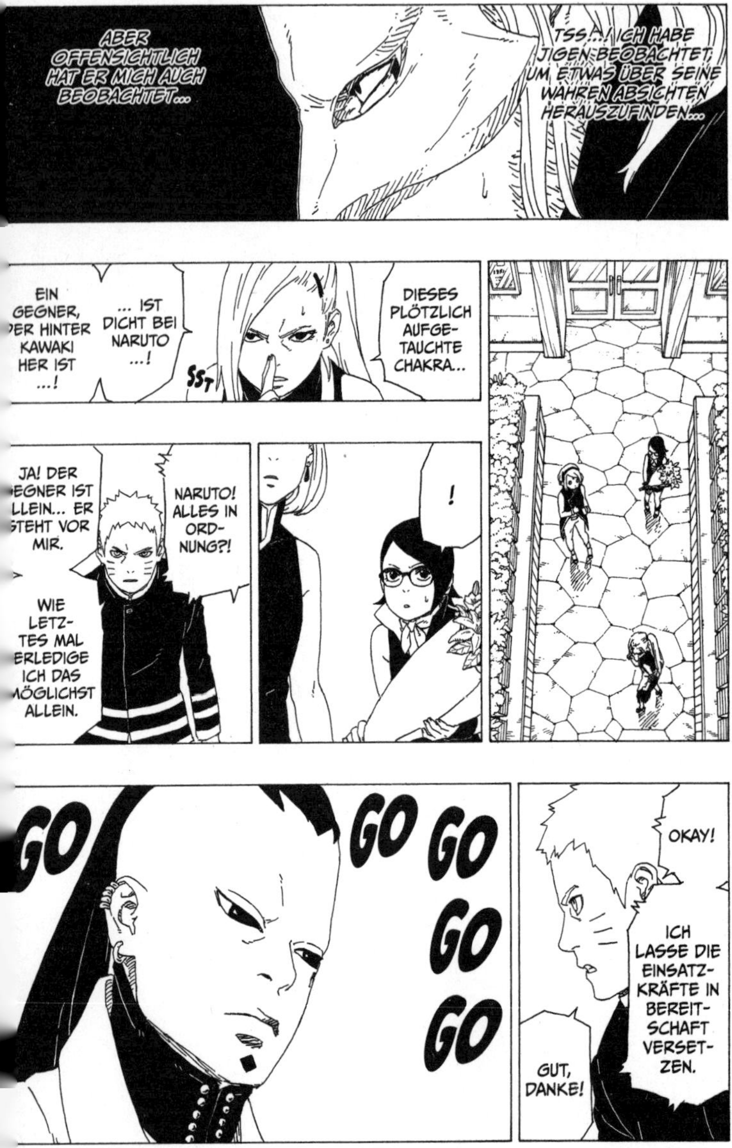

TSS ...! ICH HABE JIGEN BEOBACHTET, UM ETWAS ÜBER SEINE WAHREN ABSICHTEN HERAUSZUFINDEN ...
ABER OFFENSICHTLICH HAT ER MICH AUCH BEOBACHTET ...
DIESES PLÖTZLICH AUFGETAUCHTE CHAKRA ...
SST
... IST DICHT BEI NARUTO ...!
EIN GEGNER, DER HINTER KAWAKI HER IST ...!
!
NARUTO! ALLES IN ORDNUNG?!
JA! DER GEGNER IST ALLEIN ... ER STEHT VOR MIR.
WIE LETZTES MAL ERLEDIGE ICH DAS MÖGLICHST ALLEIN.
OKAY!
ICH LASSE DIE EINSATZKRÄFTE IN BEREITSCHAFT VERSETZEN.
GUT, DANKE!
GO GO GO GO GO GO

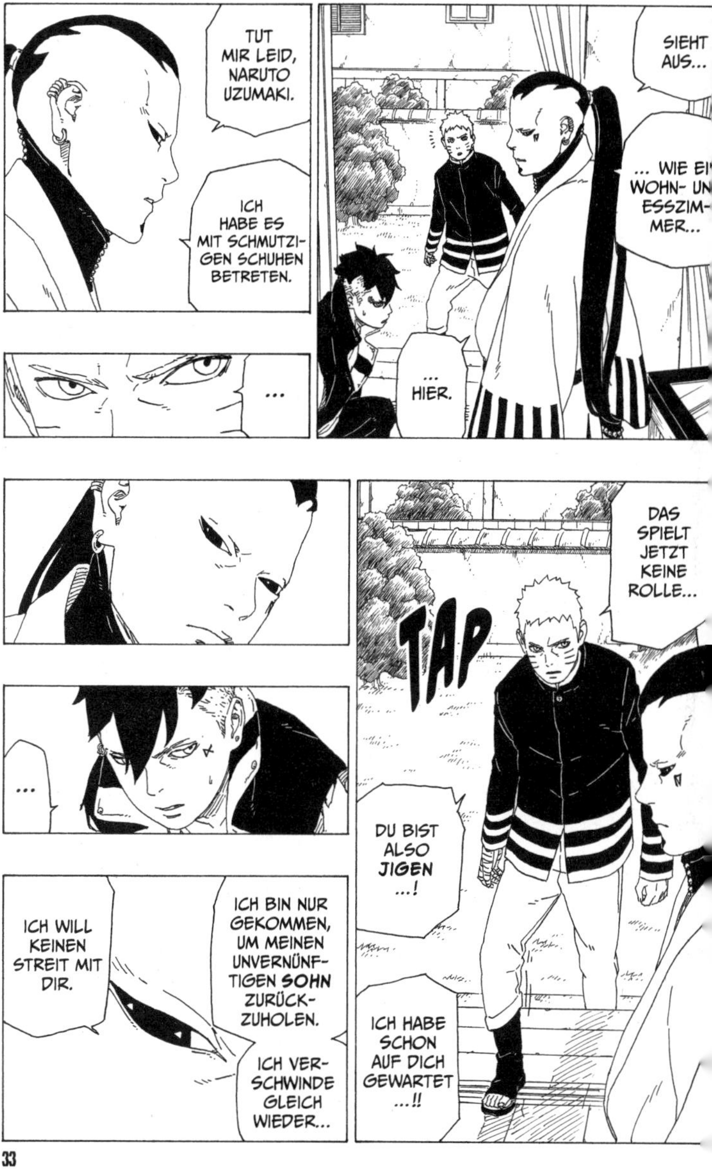
SIEHT AUS...
... WIE EI WOHN- UN ESSZIM-MER...
... HIER.
TUT MIR LEID, NARUTO UZUMAKI.
ICH HABE ES MIT SCHMUTZIGEN SCHUHEN BETRETEN.
...
DAS SPIELT JETZT KEINE ROLLE...
TAP
DU BIST ALSO JIGEN ...!
ICH HABE SCHON AUF DICH GEWARTET ...!!
...
ICH BIN NUR GEKOMMEN, UM MEINEN UNVERNÜNFTIGEN SOHN ZURÜCKZUHOLEN.
ICH VERSCHWINDE GLEICH WIEDER...
ICH WILL KEINEN STREIT MIT DIR.

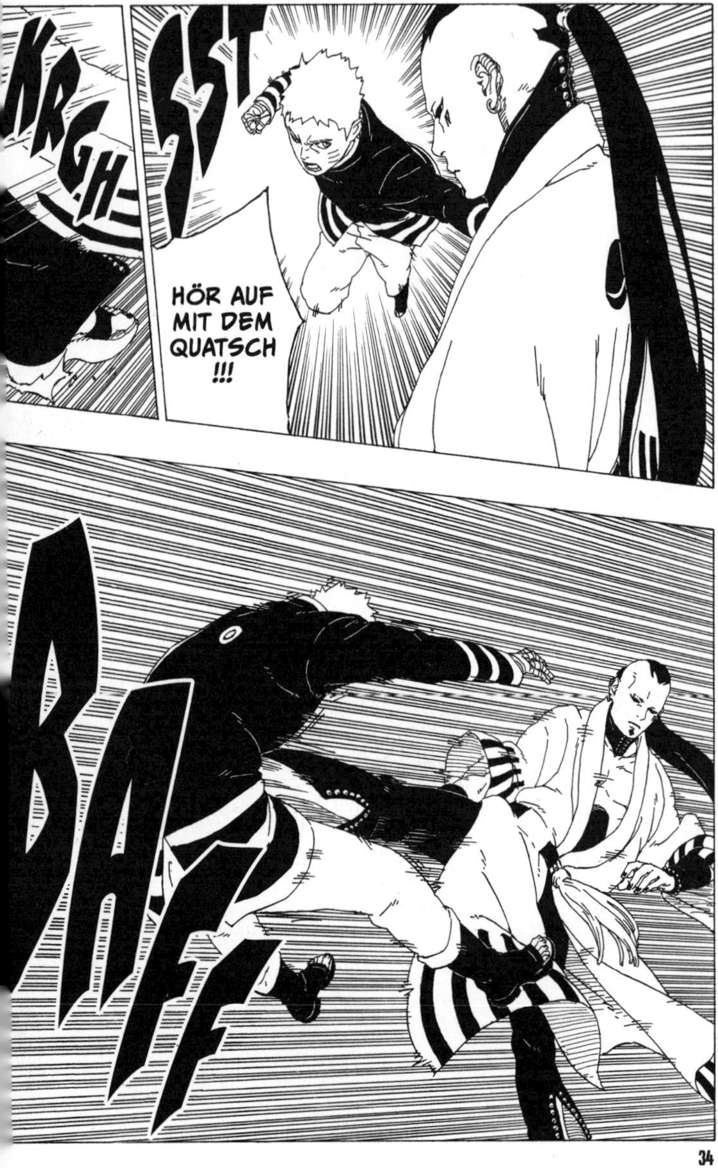
KRGH
SST
HÖR AUF MIT DEM QUATSCH !!!
BAFF

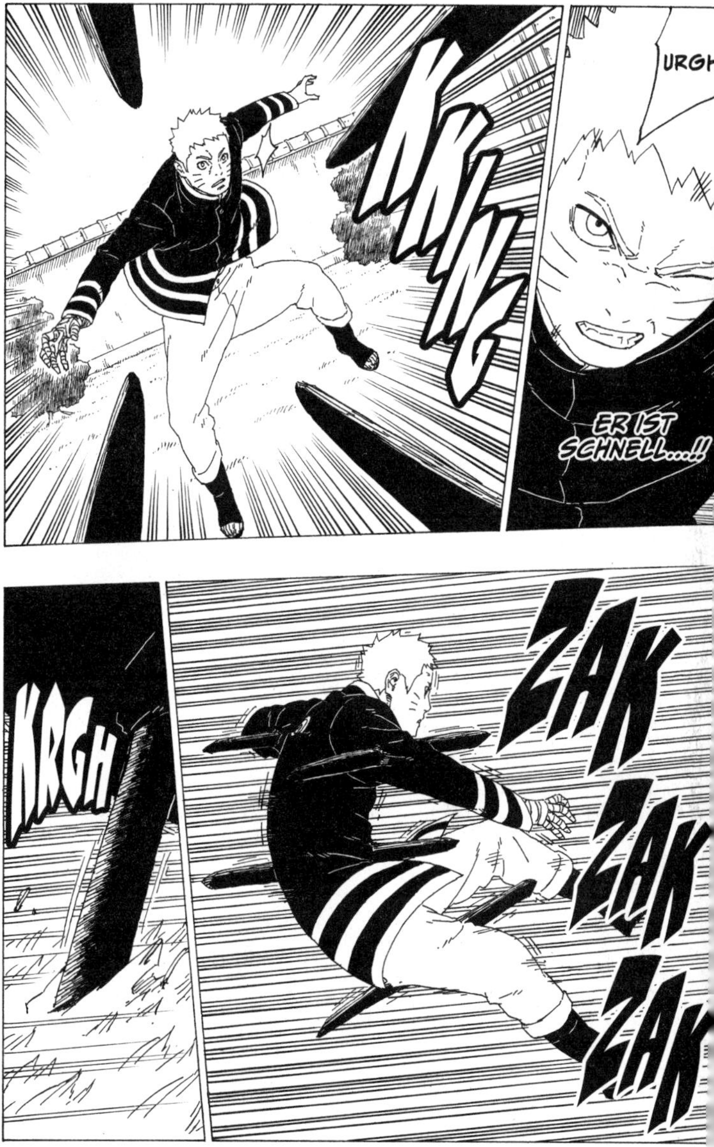

URGH
ER IST SCHNELL...!!
KKLING
ZAK ZAK ZAK
KRGH

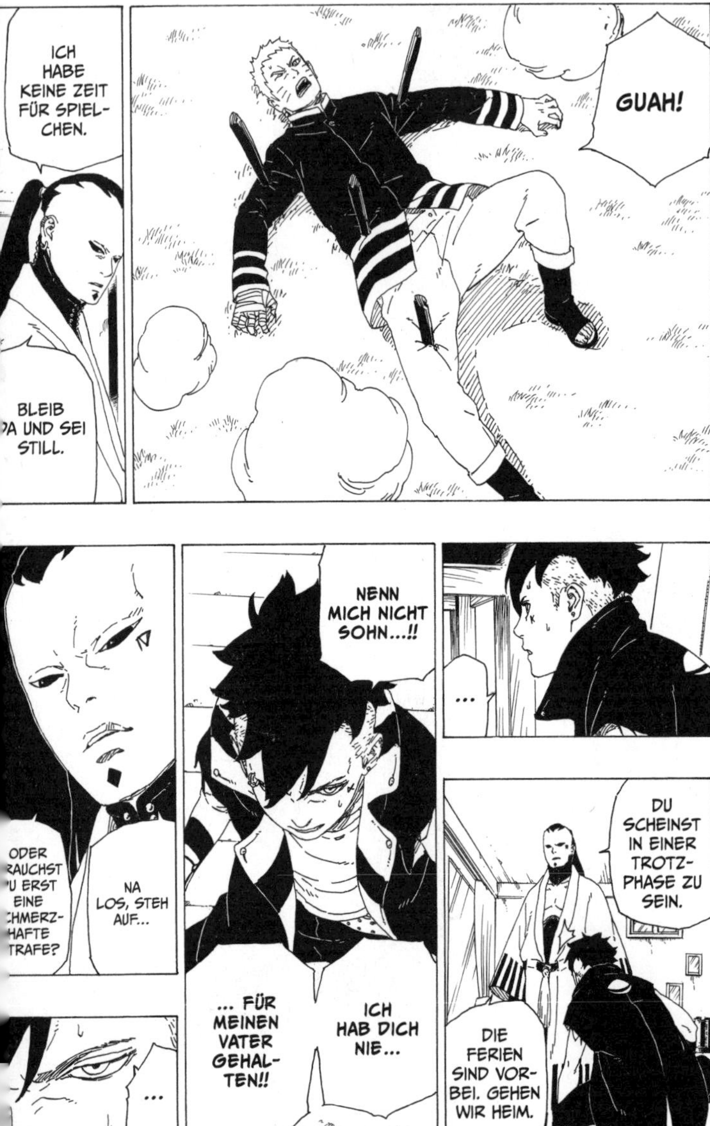
GUAH!
ICH HABE KEINE ZEIT FÜR SPIEL-CHEN.
BLEIB DA UND SEI STILL.
...
NENN MICH NICHT SOHN...!!
NA LOS, STEH AUF...
ODER RAUCHST U ERST EINE CHMERZ-HAFTE TRAFE?
DU SCHEINST IN EINER TROTZ-PHASE ZU SEIN.
DIE FERIEN SIND VOR-BEI. GEHEN WIR HEIM.
ICH HAB DICH NIE...
... FÜR MEINEN VATER GEHAL-TEN!!
...

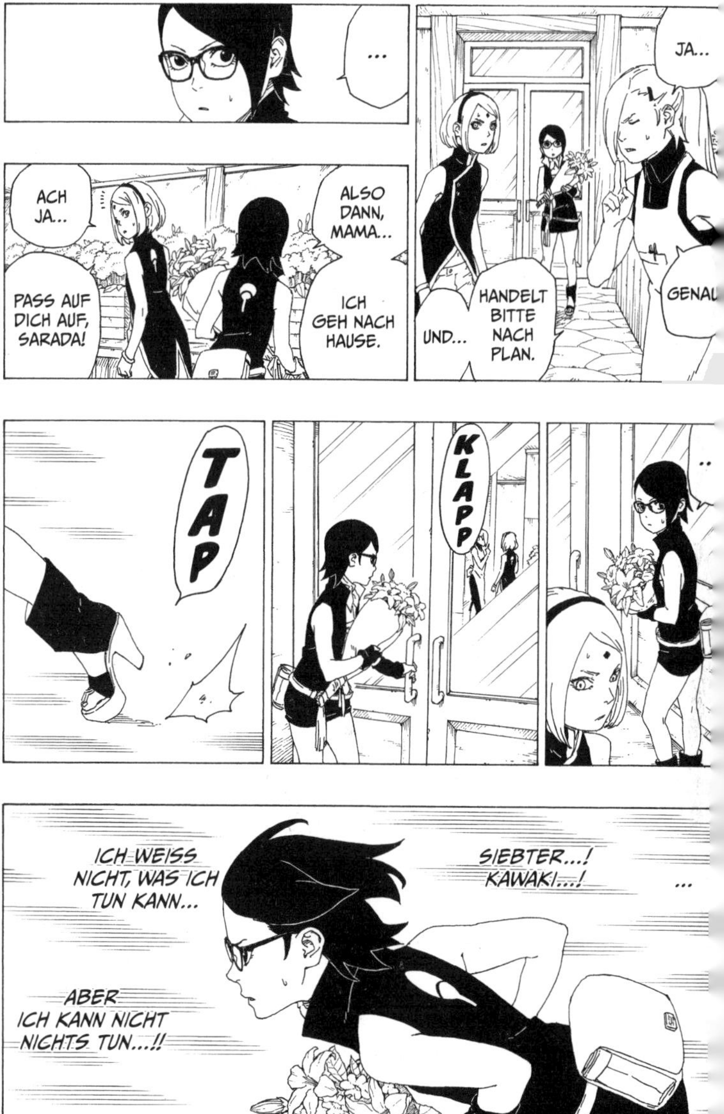
JA...
GENA
UND...
HANDELT BITTE NACH PLAN.
...
ALSO DANN, MAMA...
ICH GEH NACH HAUSE.
ACH JA...
PASS AUF DICH AUF, SARADA!
..
KLAPP
TAP
...
SIEBTER...! KAWAKI...!
ICH WEISS NICHT, WAS ICH TUN KANN...
ABER ICH KANN NICHT NICHTS TUN...!!

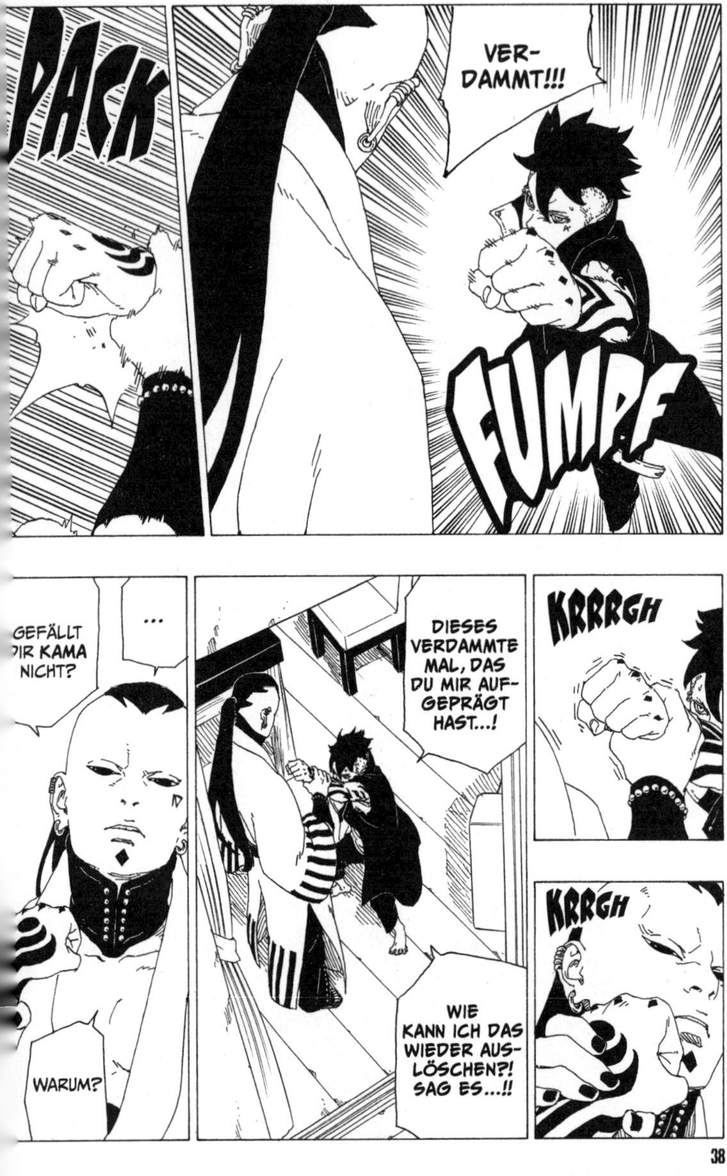
VER-
DAMMT!!!
FUMPF
PACK
KRRRGH
KRRGH
DIESES VERDAMMTE MAL, DAS DU MIR AUF-GEPRÄGT HAST…!
WIE KANN ICH DAS WIEDER AUS-LÖSCHEN?! SAG ES…!!
…
GEFÄLLT DIR KAMA NICHT?
WARUM?

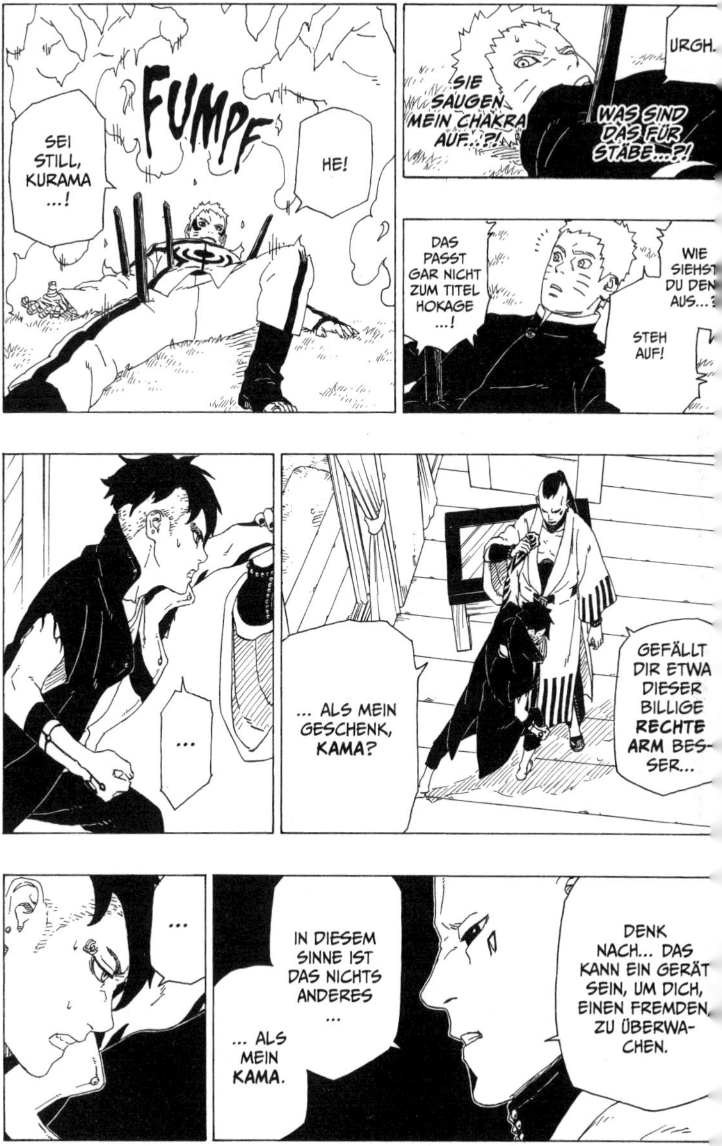
URGH.
SIE SAUGEN MEIN CHAKRA AUF...?!
WAS SIND DAS FÜR STÄBE...?!
WIE SIEHST DU DEN AUS...?
STEH AUF!
DAS PASST GAR NICHT ZUM TITEL HOKAGE ...!
HE!
FUMPF
SEI STILL, KURAMA ...!
GEFÄLLT DIR ETWA DIESER BILLIGE RECHTE ARM BES-SER...
... ALS MEIN GESCHENK, KAMA?
...
DENK NACH... DAS KANN EIN GERÄT SEIN, UM DICH, EINEN FREMDEN, ZU ÜBERWACHEN.
IN DIESEM SINNE IST DAS NICHTS ANDERES ...
... ALS MEIN KAMA.
...

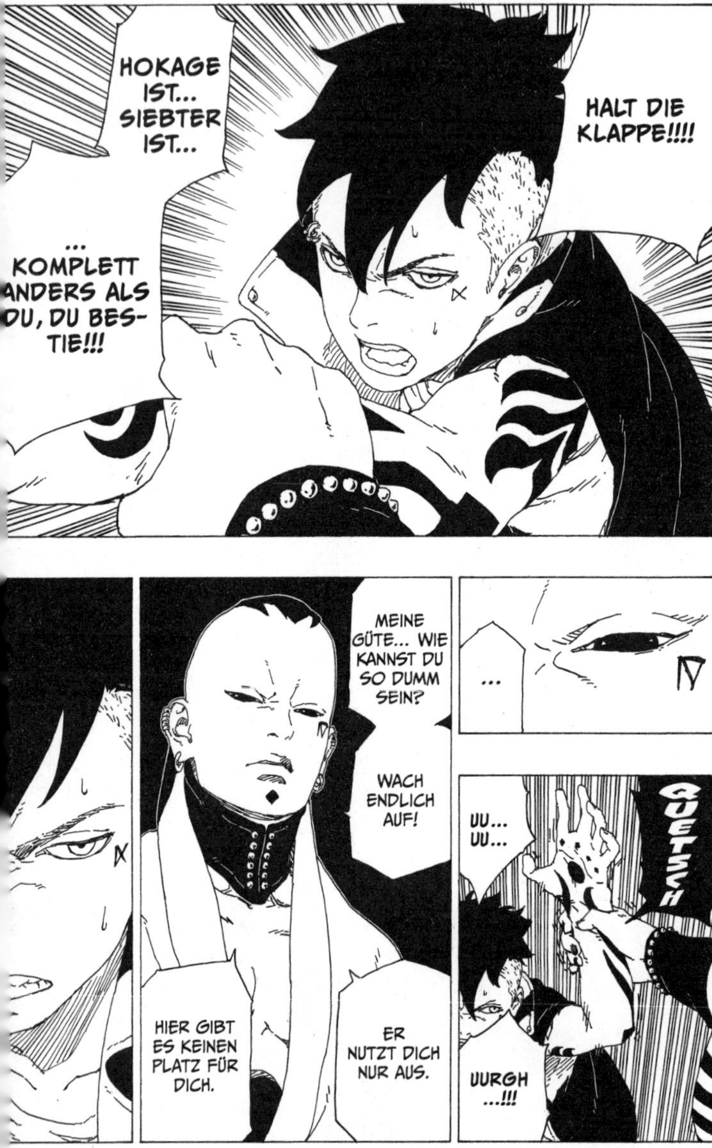
HALT DIE KLAPPE!!!!
HOKAGE IST... SIEBTER IST...
... KOMPLETT ANDERS ALS DU, DU BES-TIE!!!
...
MEINE GÜTE... WIE KANNST DU SO DUMM SEIN?
WACH ENDLICH AUF!
ER NUTZT DICH NUR AUS.
HIER GIBT ES KEINEN PLATZ FÜR DICH.
QUETSCH
UU... UU...
UURGH ...!!!

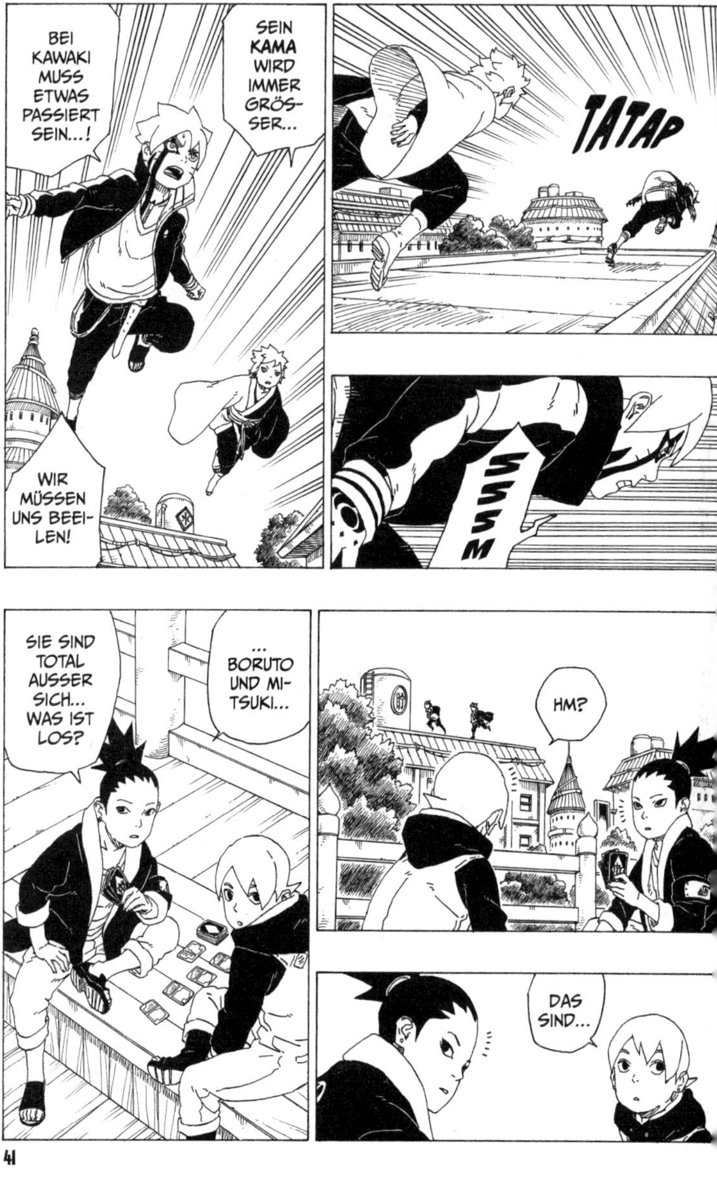
TATAP
SSSM
SEIN KAMA WIRD IMMER GRÖS-SER...
BEI KAWAKI MUSS ETWAS PASSIERT SEIN...!
WIR MÜSSEN UNS BEEI-LEN!
HM?
DAS SIND...
... BORUTO UND MI-TSUKI...
SIE SIND TOTAL AUSSER SICH... WAS IST LOS?

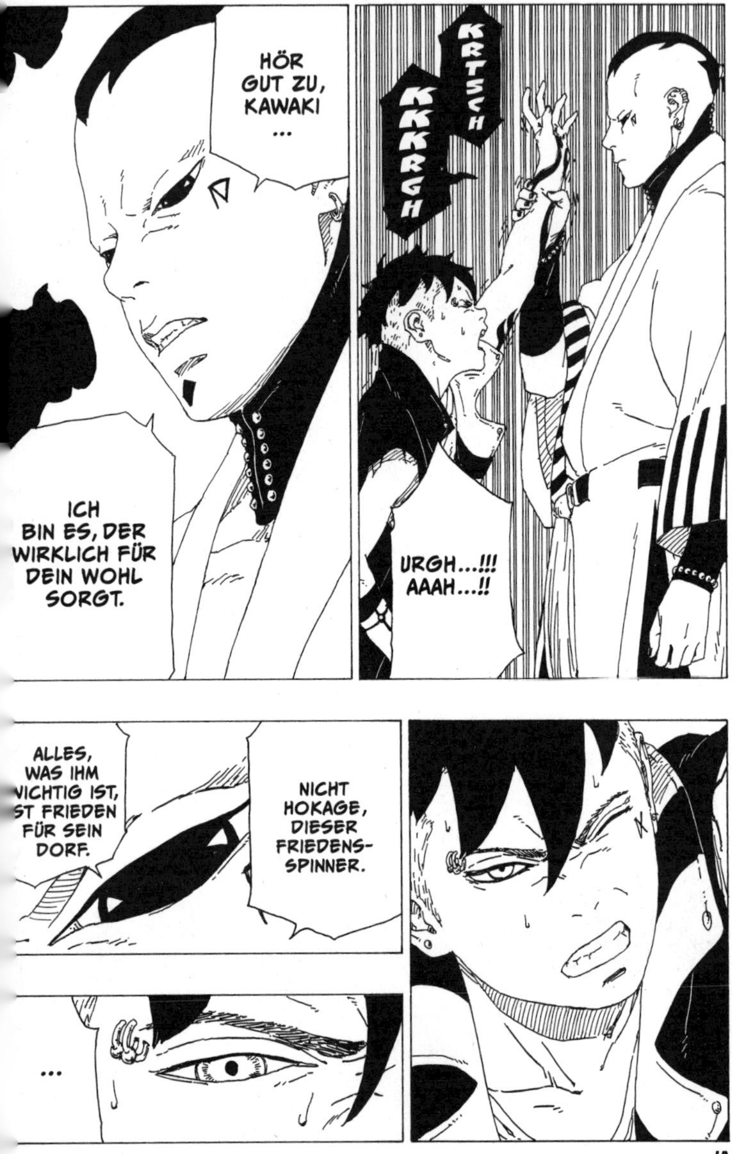
HÖR GUT ZU, KAWAKI ...
KRTSCH
KKKRGH
URGH...!!! AAAH...!!
ICH BIN ES, DER WIRKLICH FÜR DEIN WOHL SORGT.
NICHT HOKAGE, DIESER FRIEDENS-SPINNER.
ALLES, WAS IHM WICHTIG IST, IST FRIEDEN FÜR SEIN DORF.
...

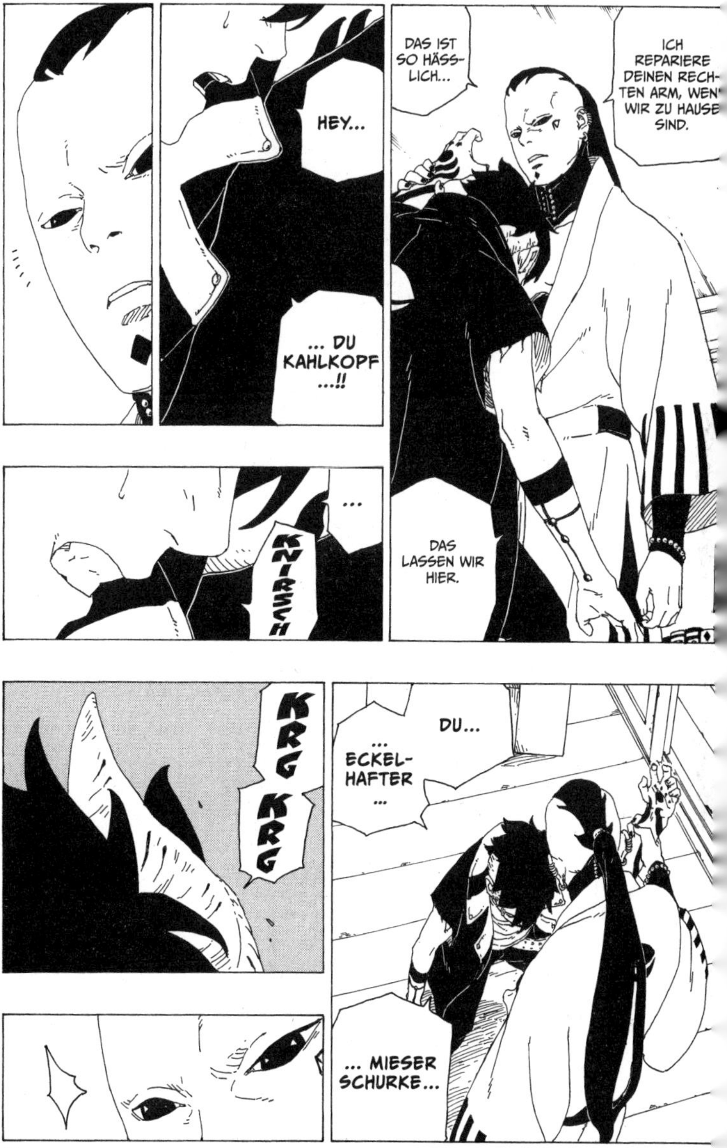
ICH REPARIERE DEINEN RECH- TEN ARM, WEN WIR ZU HAUSE SIND.
DAS IST SO HÄSS- LICH...
DAS LASSEN WIR HIER.
HEY...
... DU KAHLKOPF ...!!
...
KNIRSCH
DU...
... ECKEL- HAFTER ...
... MIESER SCHURKE...
KRG KRG KRG

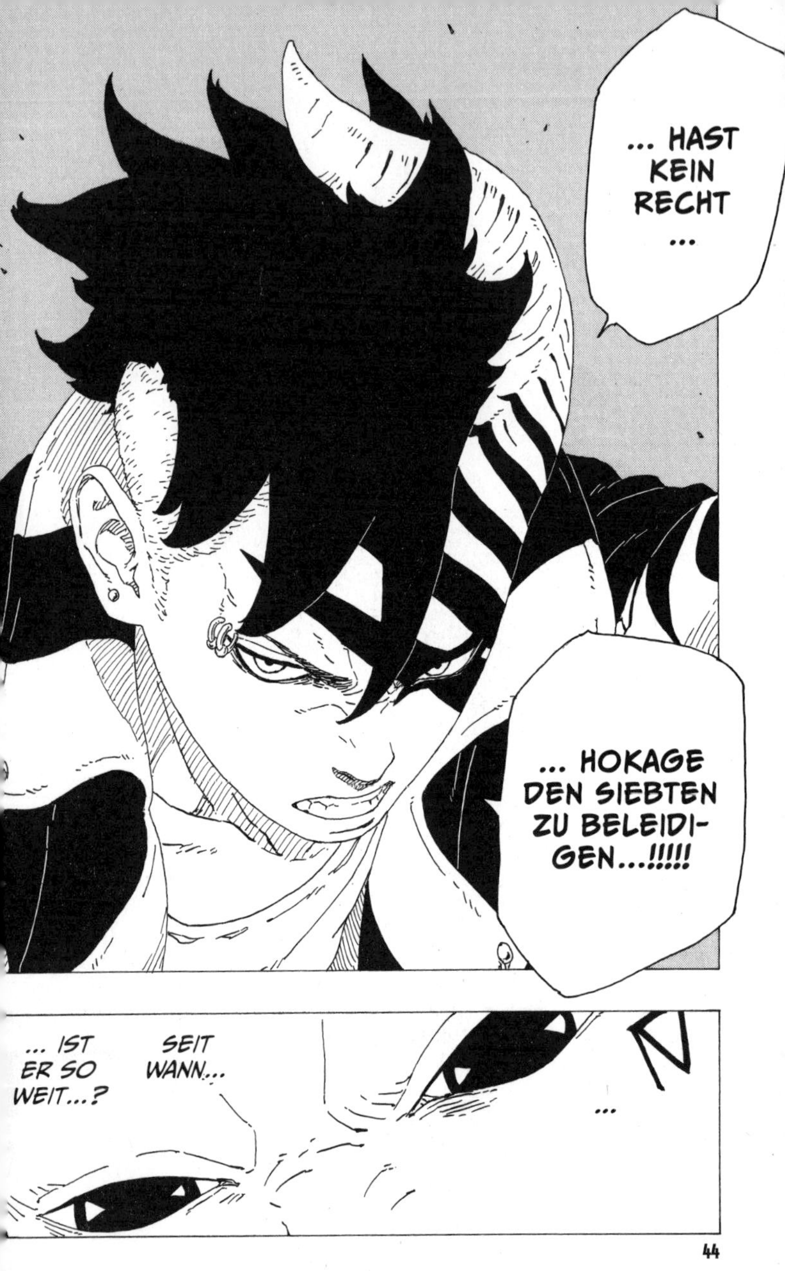
... HAST KEIN RECHT ...
... HOKAGE DEN SIEBTEN ZU BELEIDI-GEN...!!!!!
...
SEIT WANN...
... IST ER SO WEIT...?

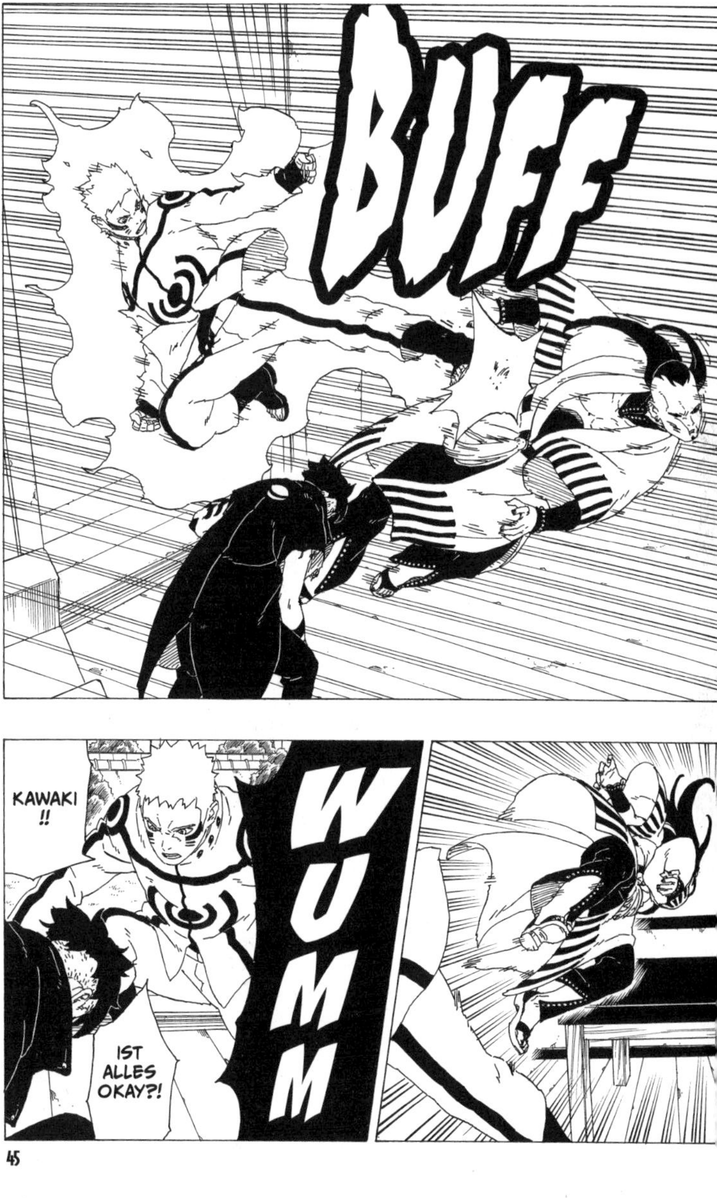
BUFF
WUMM
KAWAKI !!
IST ALLES OKAY?!

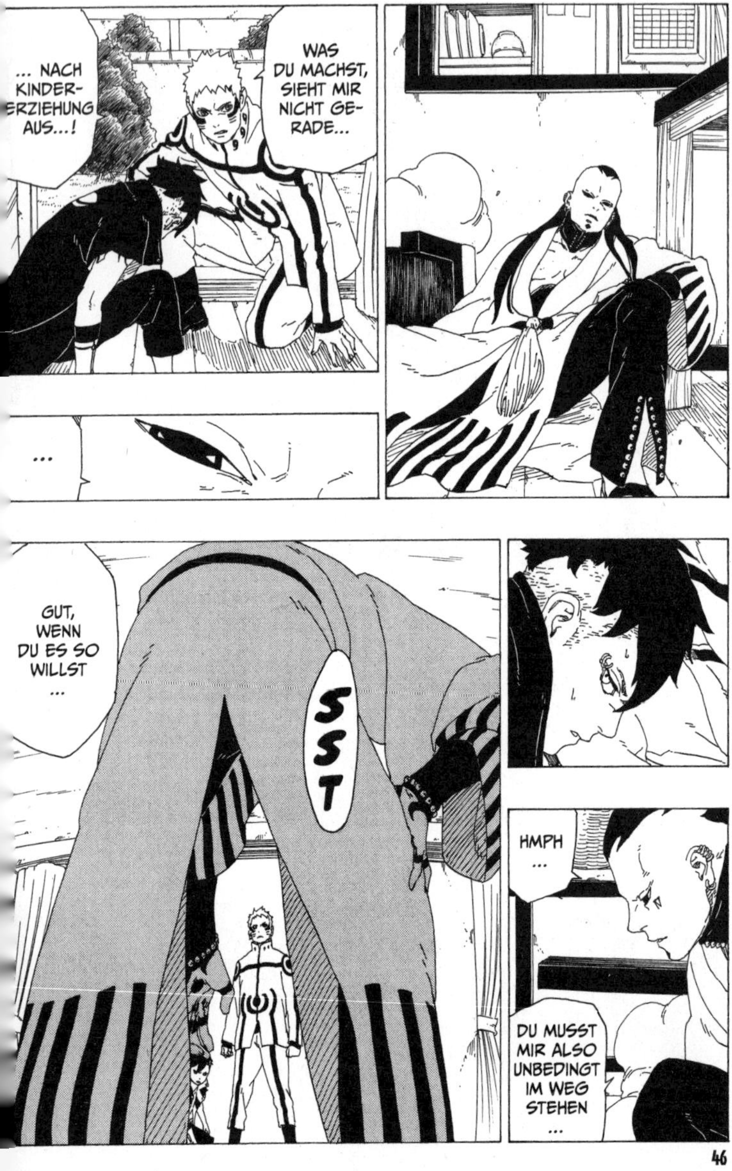
WAS DU MACHST, SIEHT MIR NICHT GE- RADE...
... NACH KINDER- ERZIEHUNG AUS...!
...
HMPH ...
DU MUSST MIR ALSO UNBEDINGT IM WEG STEHEN ...
GUT, WENN DU ES SO WILLST ...
SST

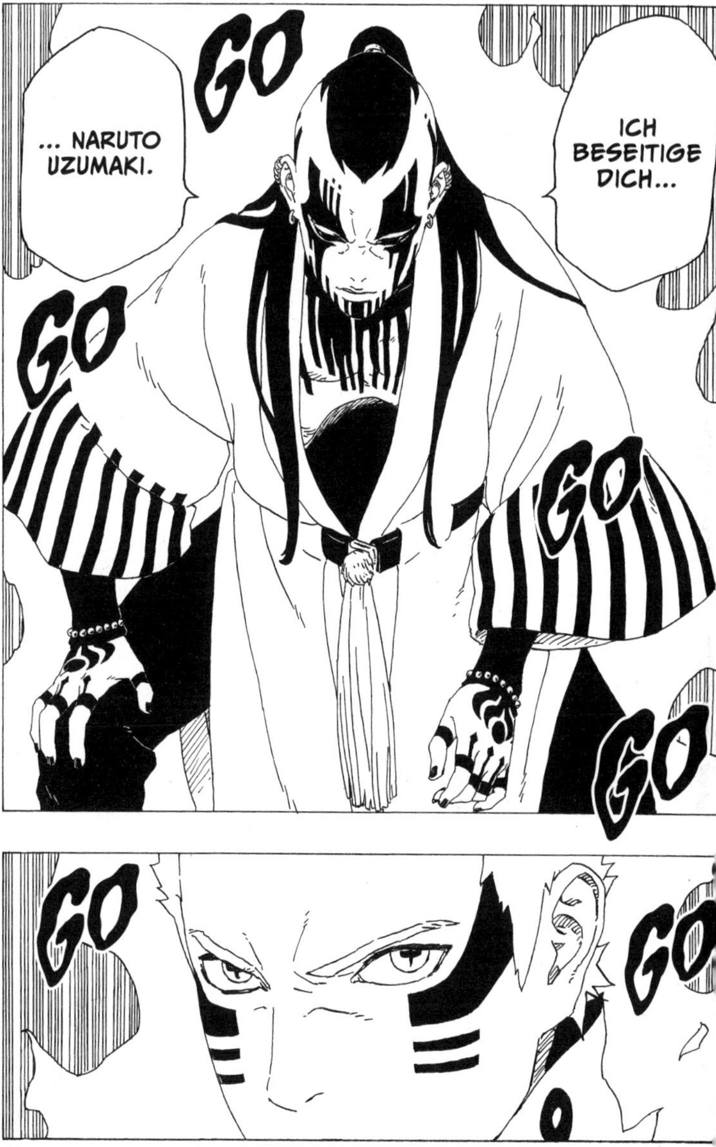
ICH BESEITIGE DICH...
... NARUTO UZUMAKI.
GO
GO
GO
GO
GO
GO
GO

GEHEIMÜBERLIEFERUNG DER NINJA, TEIL 5: DIE NINJA UND DER DAIMYO

DIE NINJA UND IHR STAAT STEHEN IN EINEM VERTRAGSVERHÄLTNIS. OFFIZIELL DIENEN DIE NINJA ALS UNTERTANEN DEM DAIMYO, DEM REGENT DES STAATES, IN DEM SICH IHR DORF BEFINDET. ABER PRAKTISCH SIND SIE GLEICHBERECHTIGT MIT DEM DAIMYO. IHR DORF SCHLIESST EINEN VERTRAG MIT DEM DAIMYO, UND SIE ERFÜLLEN DIE VEREINBARTE AUFGABE.

EIN NINJA-DORF IST DIE GRÖSSTE STREITKRAFT IN SEINEM STAAT. ABER ES MACHT NICHT DIE GANZE STREITKRAFT DES STAATES AUS. DIE NORMALEN SOLDATEN, DIE MIT LANZEN, SCHWERTERN UND PFEILEN KÄMPFEN, ERLEDIGEN DIE WENIGER GEFÄHRLICHEN AUFGABEN WIE GRENZÜBERWACHUNG ODER AUFRECHTERHALTUNG DER ÖFFENTLICHEN SICHERHEIT.

NICHT JEDER DAIMYO VERFÜGT ÜBER SO VIEL REICHTUM, DASS ER STÄNDIG MIT DEM NINJA-DORF VERTRÄGE SCHLIESSEN KANN. MILITÄRAKTIONEN MITHILFE DER NINJA KOSTEN ENORM VIEL GELD. SCHNELLE ZERSTÖRUNGSAKTIONEN KOSTEN WENIGER, ABER UM DIE NINJA IN EINEM LANG ANDAUERNDEN KRIEG ANZUSTELLEN, BENÖTIGT EIN STAAT EINE RIESIGE SUMME, DIE IHN FINANZIELL GEFÄHRDEN KANN.

DARUM MÜSSEN KLEINE LÄNDER WIE EINST NAMI-NO-KUNI*, DIE KEIN EIGENES NINJA-DORF HABEN, IN FRIEDLICHEREN ZEITEN IHRE MILITÄRISCHE BEREITSCHAFT GEWÖHNLICHEN SOLDATEN ÜBERLASSEN UND KÖNNEN NUR IN KRISEN NINJA ANSTELLEN. GEGEN NINJA KOMMEN NUR NINJA AN.

IN FRIEDENSZEITEN WOLLEN ALLE DAIMYO DIE RÜSTUNGSAUSGABEN ALLERDINGS VERMINDERN, DA SIE DIE VOM VOLK EINGESAMMELTEN STEUERN SINNVOLL VERWENDEN MÜSSEN. DIE »KONOHA-ZERSTÖRUNG«, DIE SUNAGAKURE ANGERICHTET HAT, UM SEINEN STAAT KAZE-NO-KUNI VOR DER GEFAHR VON KONOHAGAKURE ZU WARNEN UND GEGEN DIE ABRÜSTUNG ZU PROTESTIEREN, LIEGT NICHT ALLZU LANGE ZURÜCK UND ZEUGT VON DIESEM DILEMMA.

DIE FÄLLE VON KAGUYA UND MOMOSHIKI OTSUTSUKI HABEN ALLE DAIMYOS WIEDER SEHR EINDRINGLICH AN DIE WICHTIGKEIT DER NINJA ERINNERT. DER DERZEITIGE DAIMYO VON HI-NO-KUNI, IKKYU, WEISS NARUTO ZU SCHÄTZEN UND UNTERSTÜTZT DEN HOKAGE IN JEDER BEZIEHUNG. SEINE REGIERUNG IST ALLERDINGS NICHT GANZ STABIL. EINIGE SENATSMITGLIEDER WOLLEN DEN SUPERHELDEN NARUTO UZUMAKI BESEITIGEN UND IKKYU STÜRZEN.

NICHT WENIGE DIESER SENATSMITGLIEDER STEHEN UNTER DEM EINFLUSS DER ORGANISATION KARA, MIT DER SIE DURCH DEREN ÄUSSERES VERBUNDEN SIND. AUCH ANDERE POLITIKER UND KAUFLEUTE, DIE GEGEN DAS IKKYU-NARUTO-SYSTEM SIND, ERMÖGLICHEN ES DEN KARA-MITGLIEDERN, SICH HALB ÖFFENTLICH IN HI-NO-KUNI ZU BEWEGEN.

TEXT: UKYO KODACHI

* INZWISCHEN HAT SICH NAMI-NO-KUNI ZU EINER WIRTSCHAFTSMACHT ENTWICKELT – AUCH DANK NARUTO UND DER 7. GRUPPE, DIE DAS »WELLENREICH« IN IHREM ERST GROSSEN AUFTRAG VON DER VERBRECHERISCHEN HERRSCHAFT DER GATEAU-COMPANY BEFREITEN (IN »NARUTO« BAND 2).

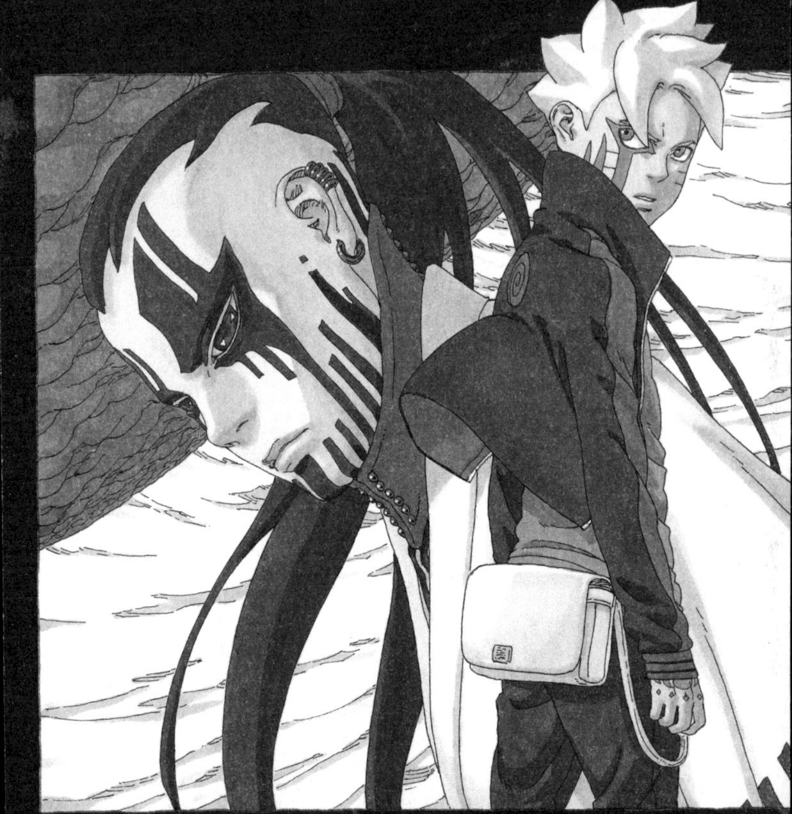

37: GEMEINSAMER KAMPF

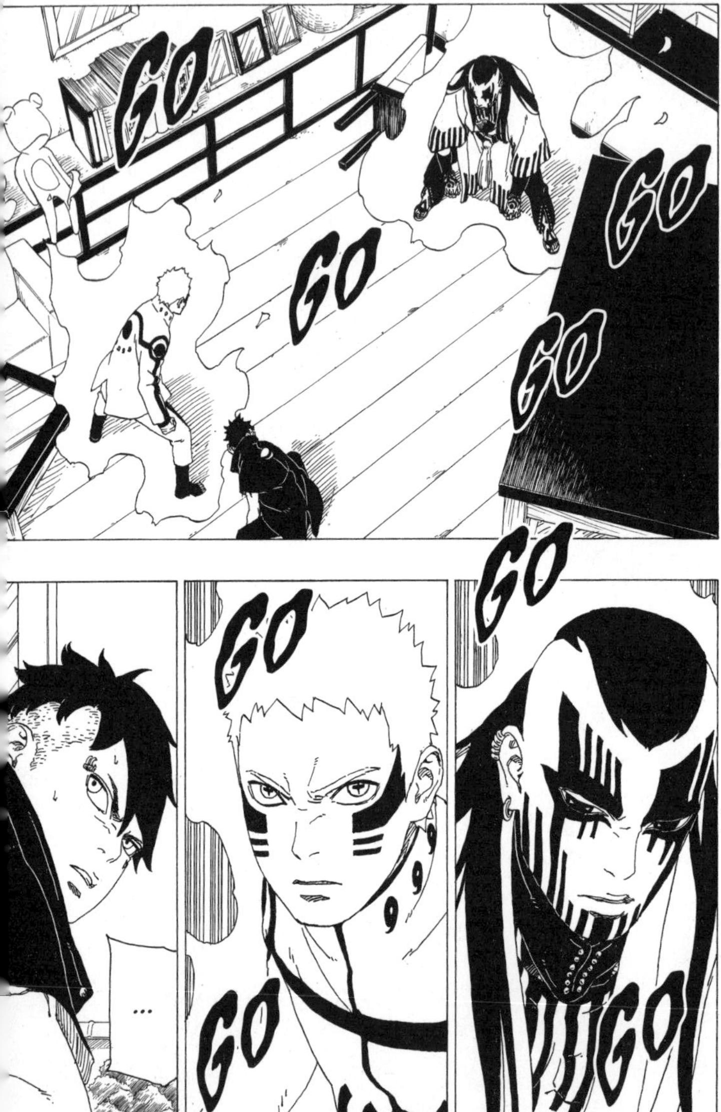
GO
GO
GO
GO
GO
GO
GO
GO
GO
...

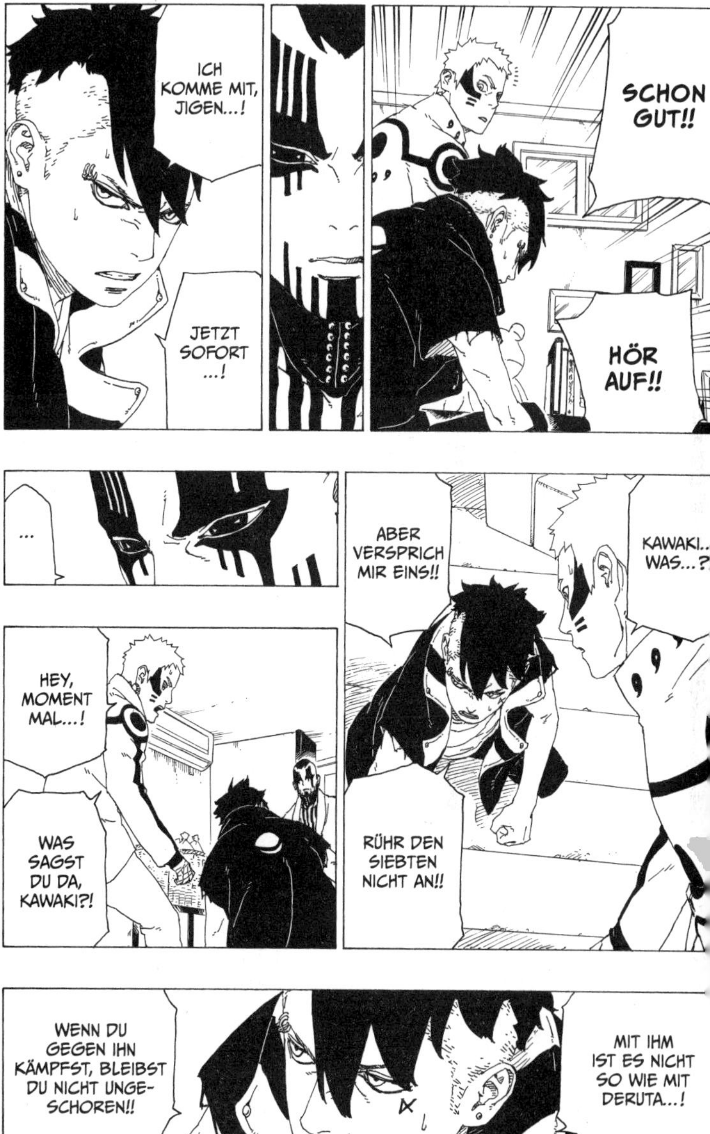
SCHON GUT!!
HÖR AUF!!
ICH KOMME MIT, JIGEN...!
JETZT SOFORT ...!
KAWAKI... WAS...?
ABER VERSPRICH MIR EINS!!
RÜHR DEN SIEBTEN NICHT AN!!
...
HEY, MOMENT MAL...!
WAS SAGST DU DA, KAWAKI?!
MIT IHM IST ES NICHT SO WIE MIT DERUTA...!
WENN DU GEGEN IHN KÄMPFST, BLEIBST DU NICHT UNGE-SCHOREN!!

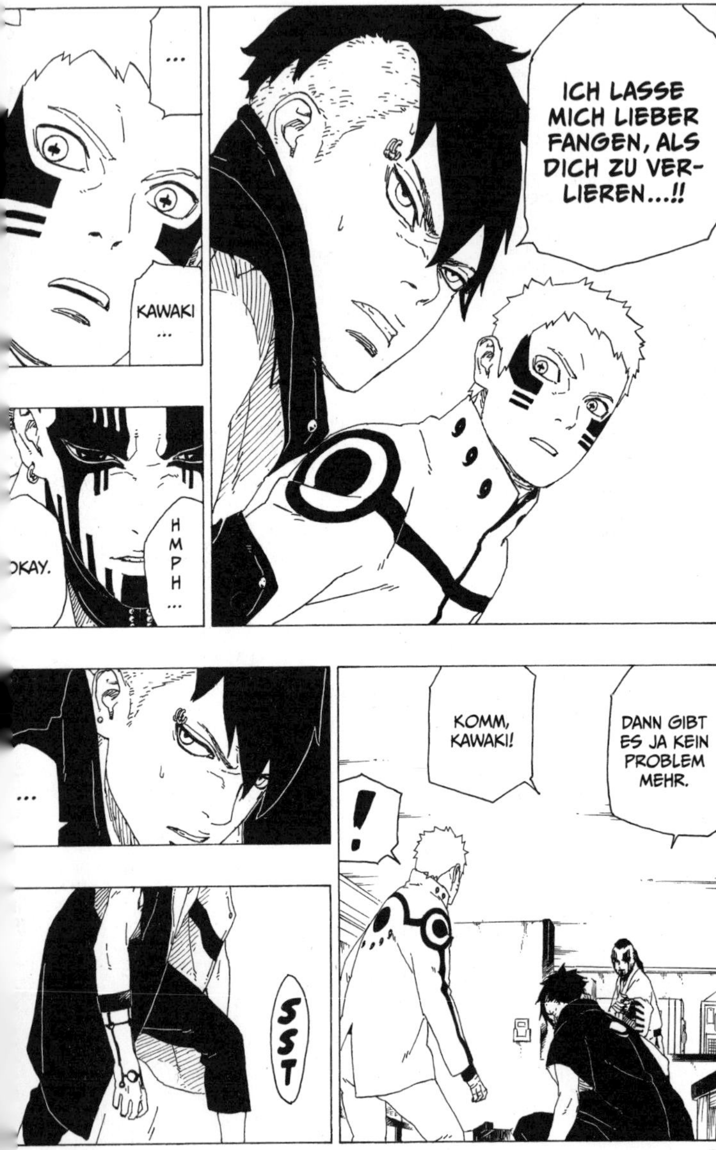
ICH LASSE MICH LIEBER FANGEN, ALS DICH ZU VERLIEREN...!!
...
KAWAKI ...
HMPH ...
OKAY.
DANN GIBT ES JA KEIN PROBLEM MEHR.
KOMM, KAWAKI!
!
...
SST

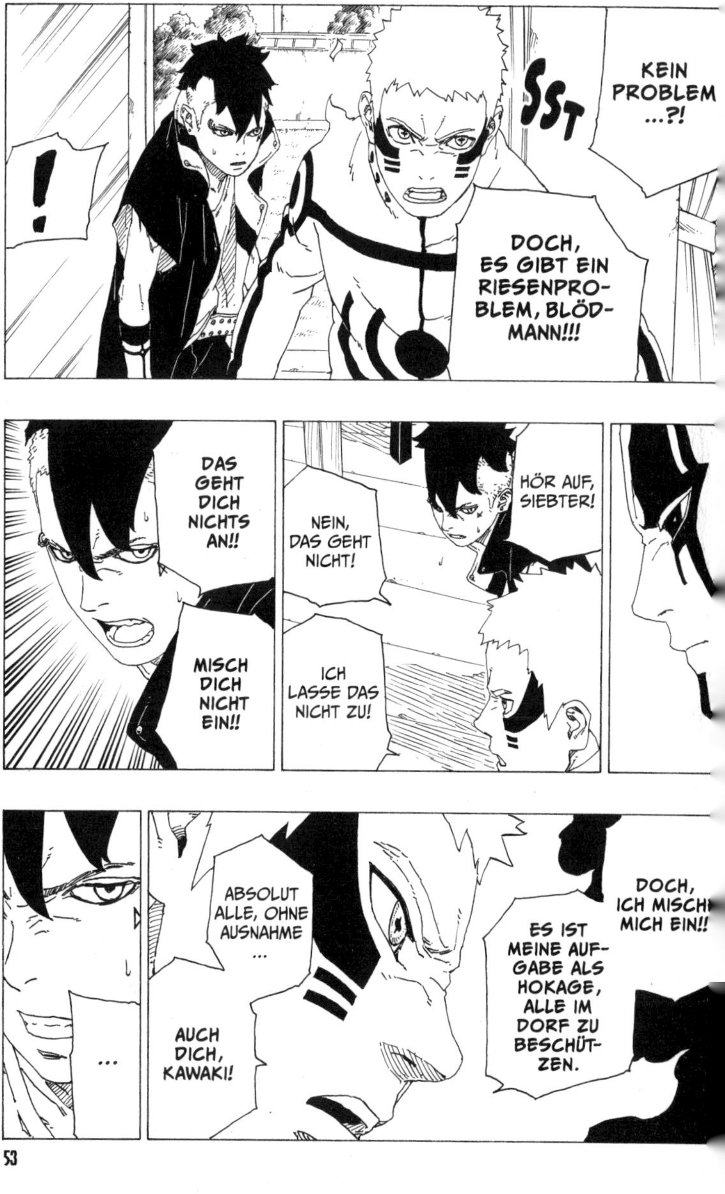
KEIN PROBLEM ...?!
SST
DOCH, ES GIBT EIN RIESENPROBLEM, BLÖDMANN!!!
!
HÖR AUF, SIEBTER!
NEIN, DAS GEHT NICHT!
ICH LASSE DAS NICHT ZU!
DAS GEHT DICH NICHTS AN!!
MISCH DICH NICHT EIN!!
DOCH, ICH MISCH MICH EIN!!
ES IST MEINE AUFGABE ALS HOKAGE, ALLE IM DORF ZU BESCHÜTZEN.
ABSOLUT ALLE, OHNE AUSNAHME ...
AUCH DICH, KAWAKI!
...

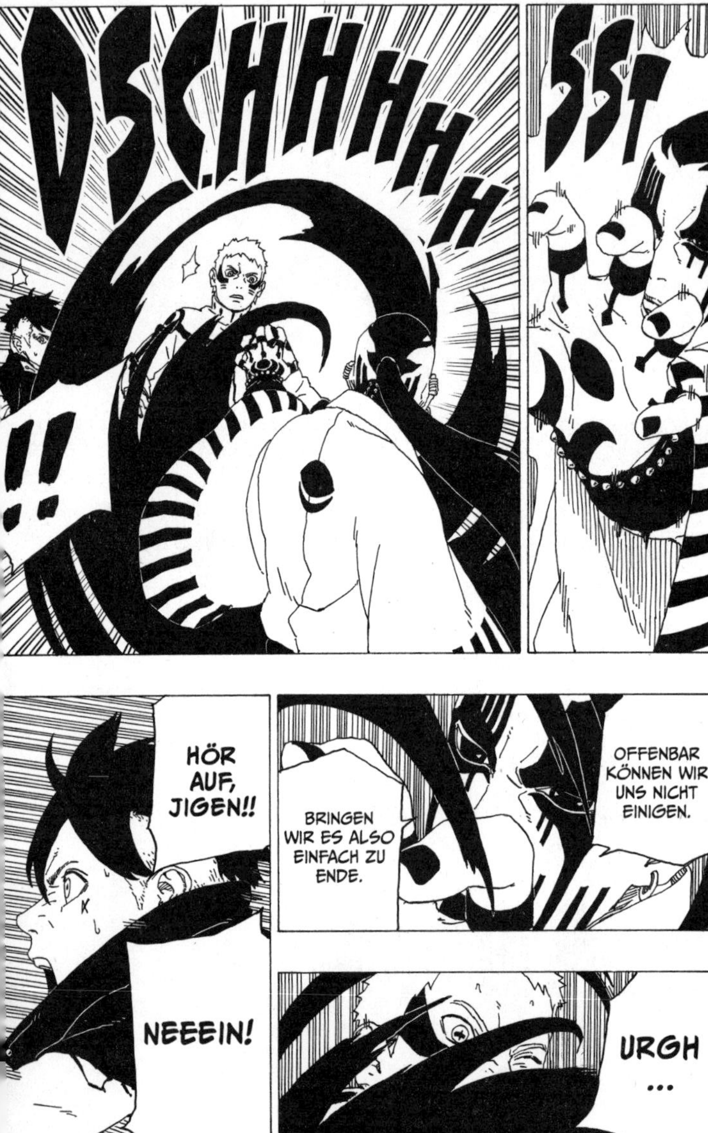
DSCHHHHHH
SST
!!
OFFENBAR KÖNNEN WIR UNS NICHT EINIGEN.
BRINGEN WIR ES ALSO EINFACH ZU ENDE.
URGH ...
HÖR AUF, JIGEN!!
NEEEIN!

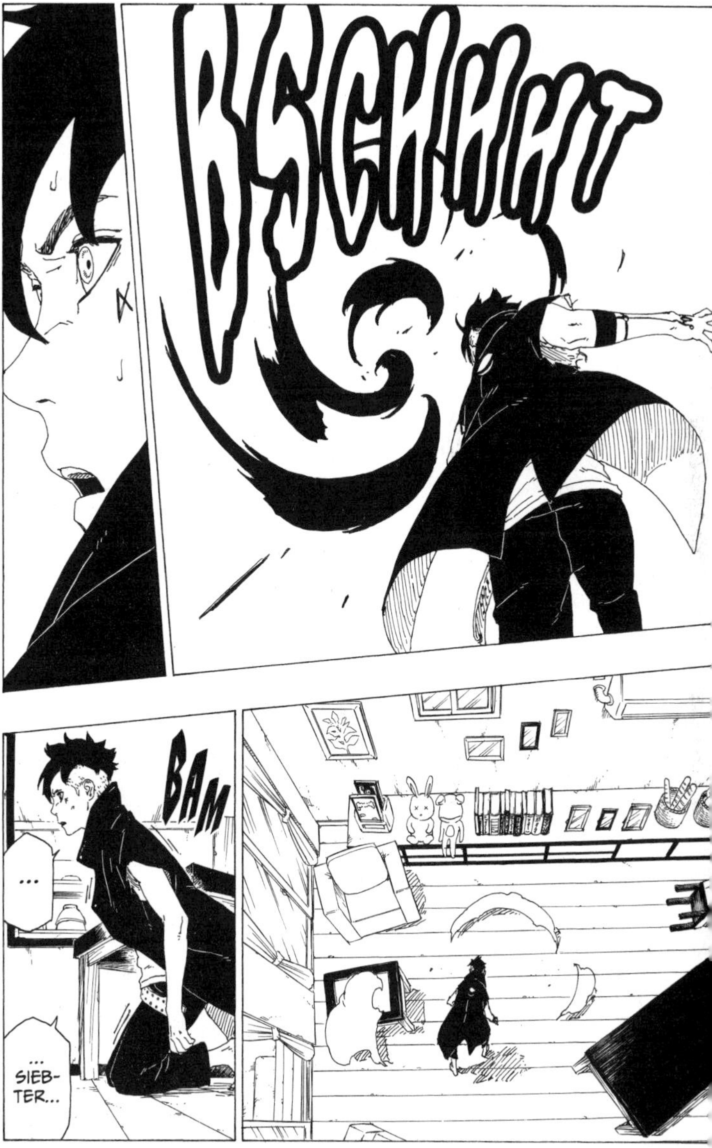
BSCHHHT
BAM
...
... SIEB-TER...

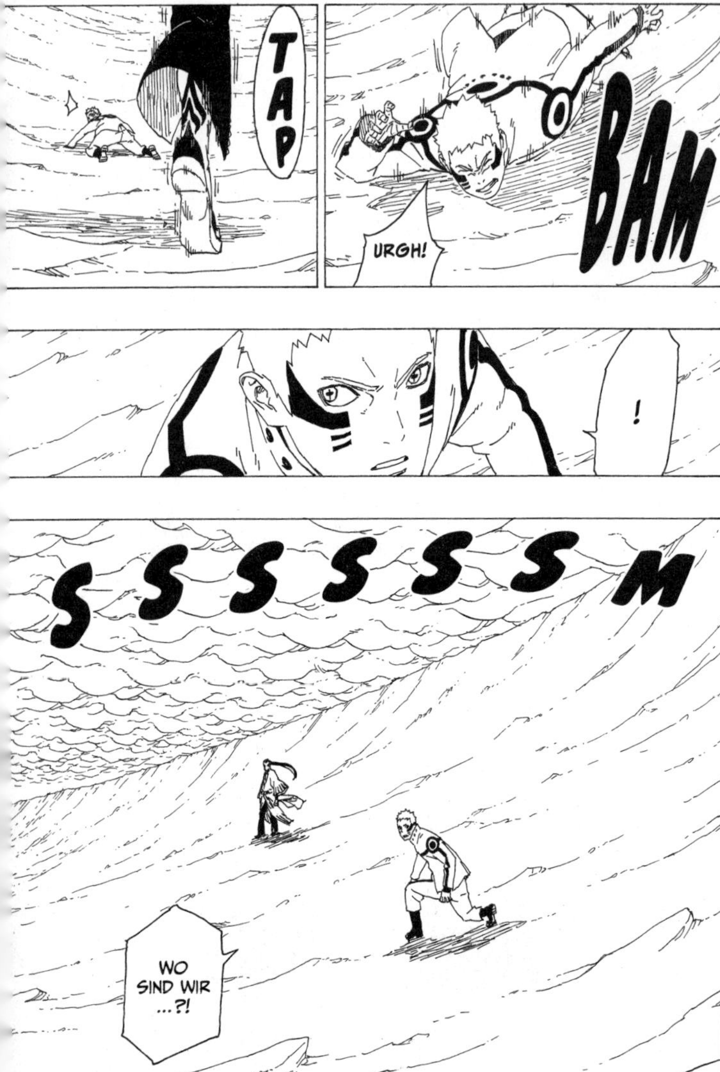
BAM
URGH!
TAP
!
SSSSSSM
WO SIND WIR ...?!

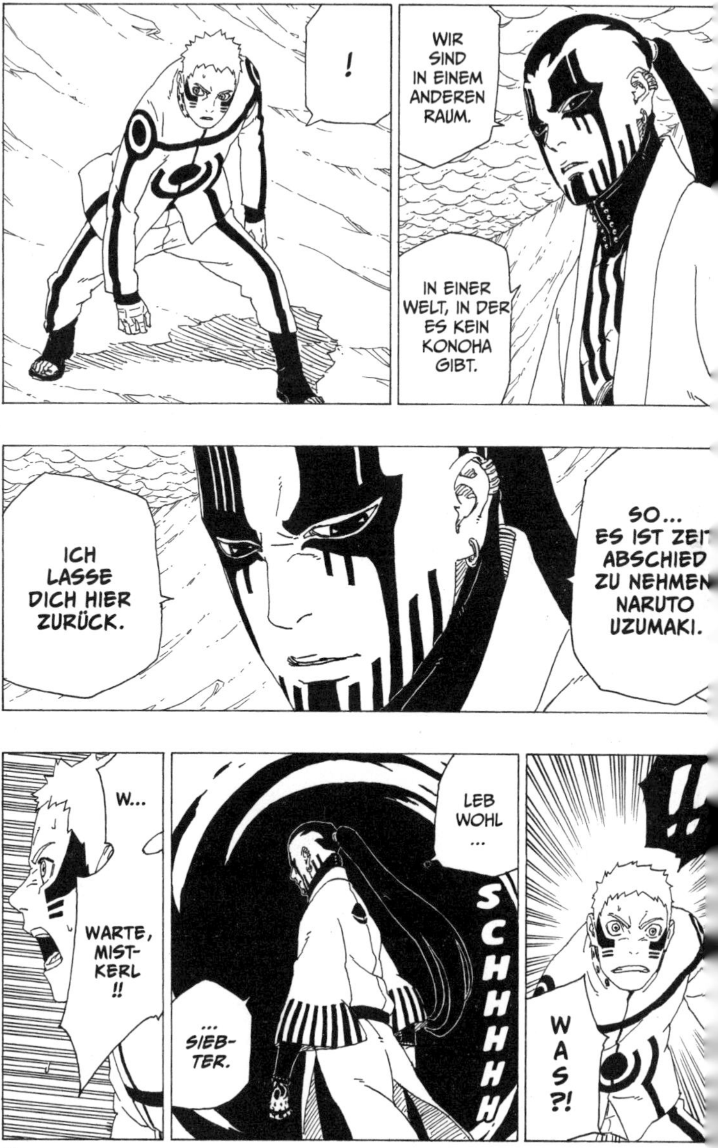
WIR SIND IN EINEM ANDEREN RAUM.
IN EINER WELT, IN DER ES KEIN KONOHA GIBT.
!
SO… ES IST ZEI ABSCHIED ZU NEHMEN NARUTO UZUMAKI.
ICH LASSE DICH HIER ZURÜCK.
!!
WAS?!
LEB WOHL …
SCHHHHH
… SIEB-TER.
W…
WARTE, MIST-KERL!!

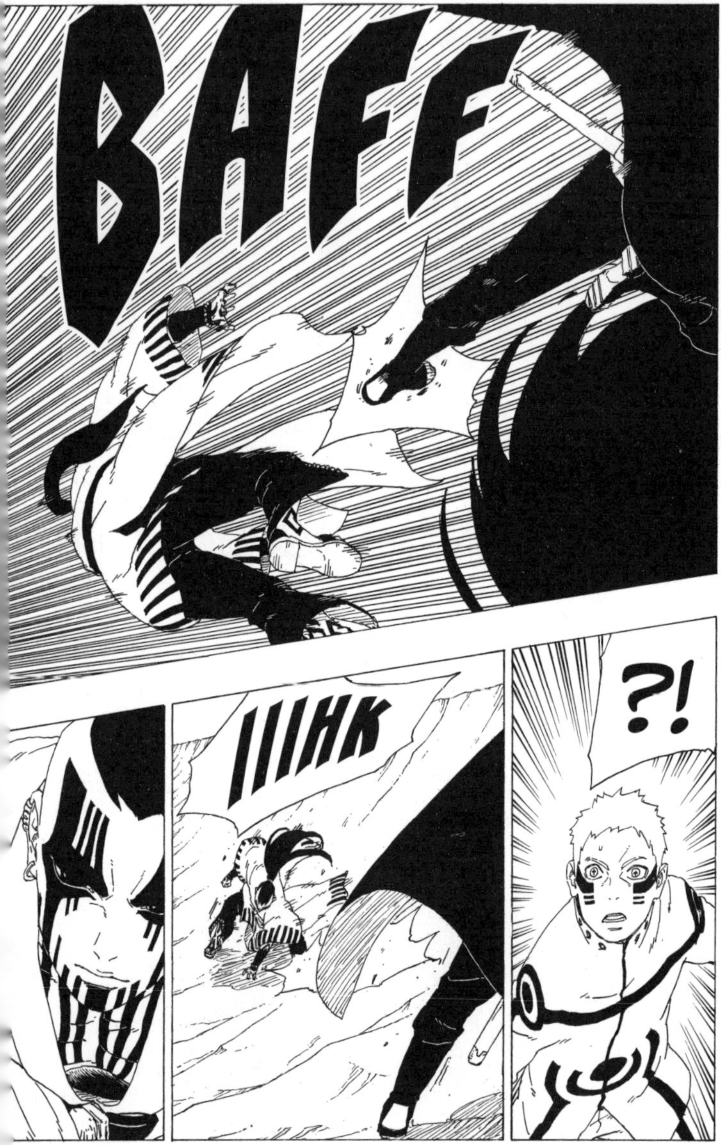
BAFF
IIIHK
?!

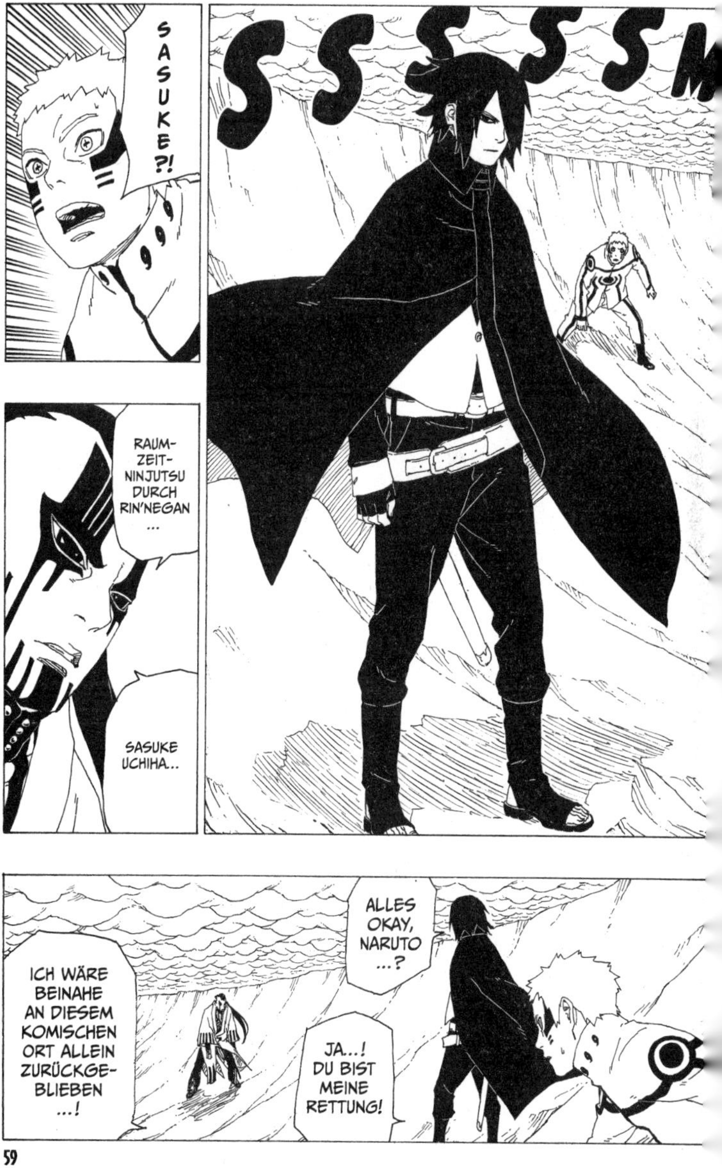
SSSSSM
SASUKE?!
RAUM-ZEIT-NINJUTSU DURCH RIN'NEGAN …
SASUKE UCHIHA…
ALLES OKAY, NARUTO …?
JA…! DU BIST MEINE RETTUNG!
ICH WÄRE BEINAHE AN DIESEM KOMISCHEN ORT ALLEIN ZURÜCKGE-BLIEBEN …!

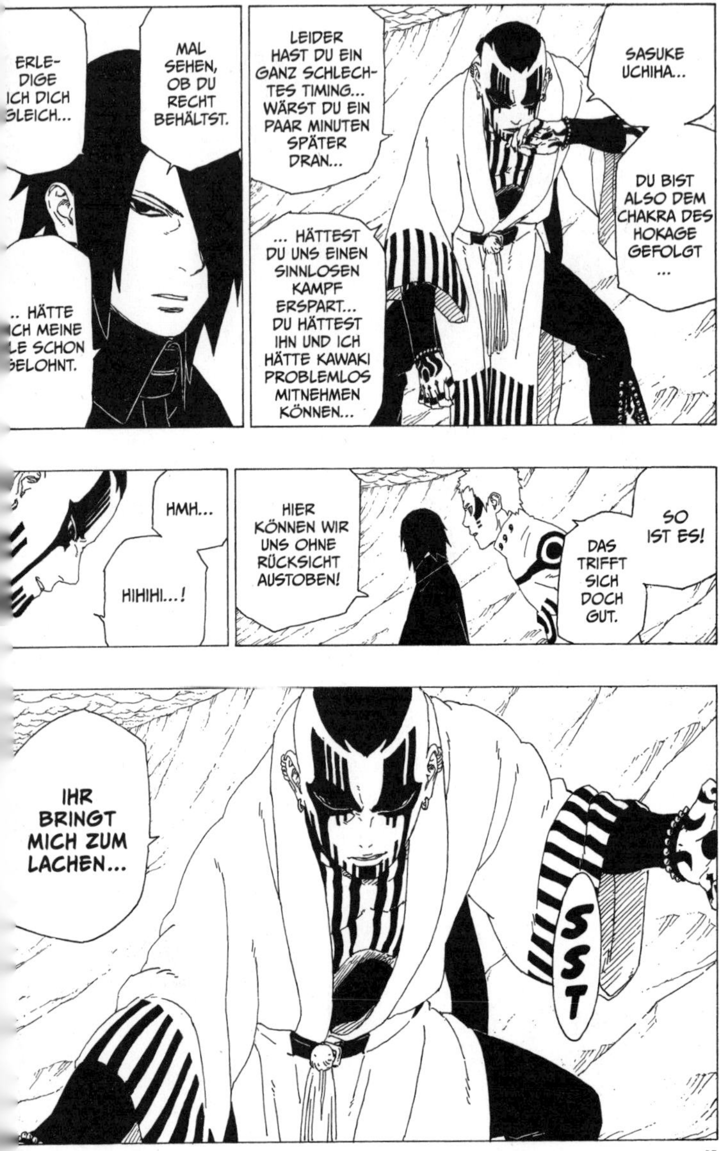
SASUKE UCHIHA...
DU BIST ALSO DEM CHAKRA DES HOKAGE GEFOLGT ...
LEIDER HAST DU EIN GANZ SCHLECHTES TIMING... WÄRST DU EIN PAAR MINUTEN SPÄTER DRAN...
... HÄTTEST DU UNS EINEN SINNLOSEN KAMPF ERSPART... DU HÄTTEST IHN UND ICH HÄTTE KAWAKI PROBLEMLOS MITNEHMEN KÖNNEN...
MAL SEHEN, OB DU RECHT BEHÄLTST.
ERLE- DIGE ICH DICH
.. HÄTTE ICH MEINE
SO IST ES!
DAS TRIFFT SICH DOCH GUT.
HIER KÖNNEN WIR UNS OHNE RÜCKSICHT AUSTOBEN!
HMH...
HIHIHI...!
IHR BRINGT MICH ZUM LACHEN...
SST

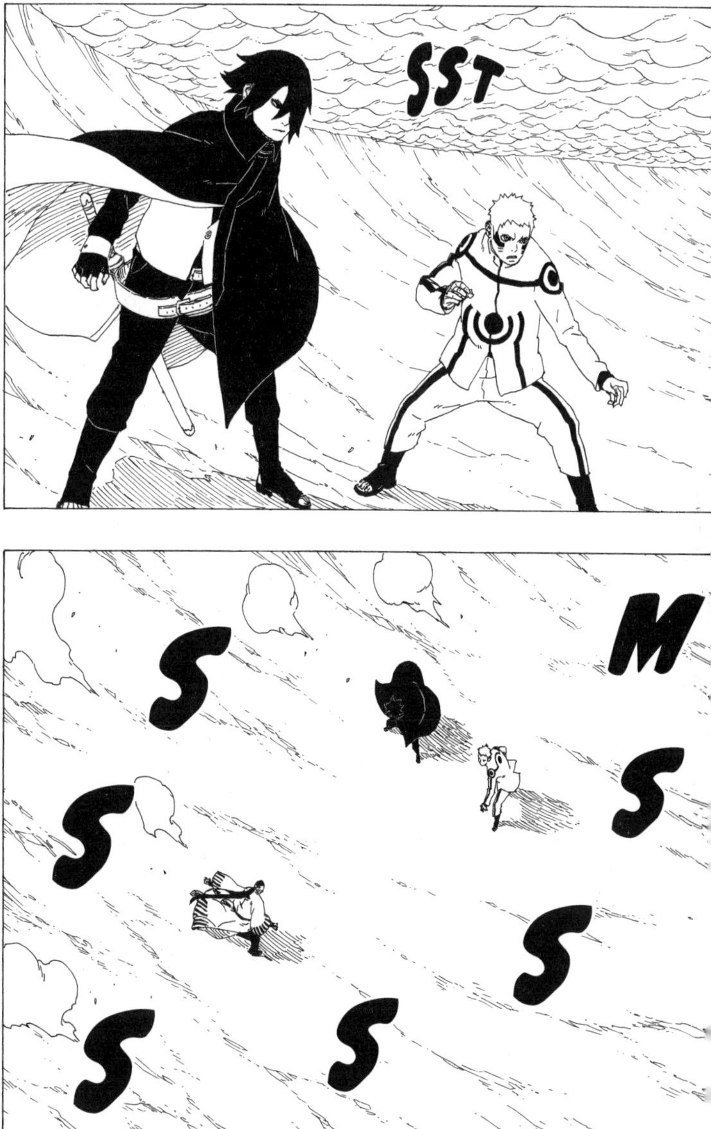
SST
M
S
S
S
S
S
S

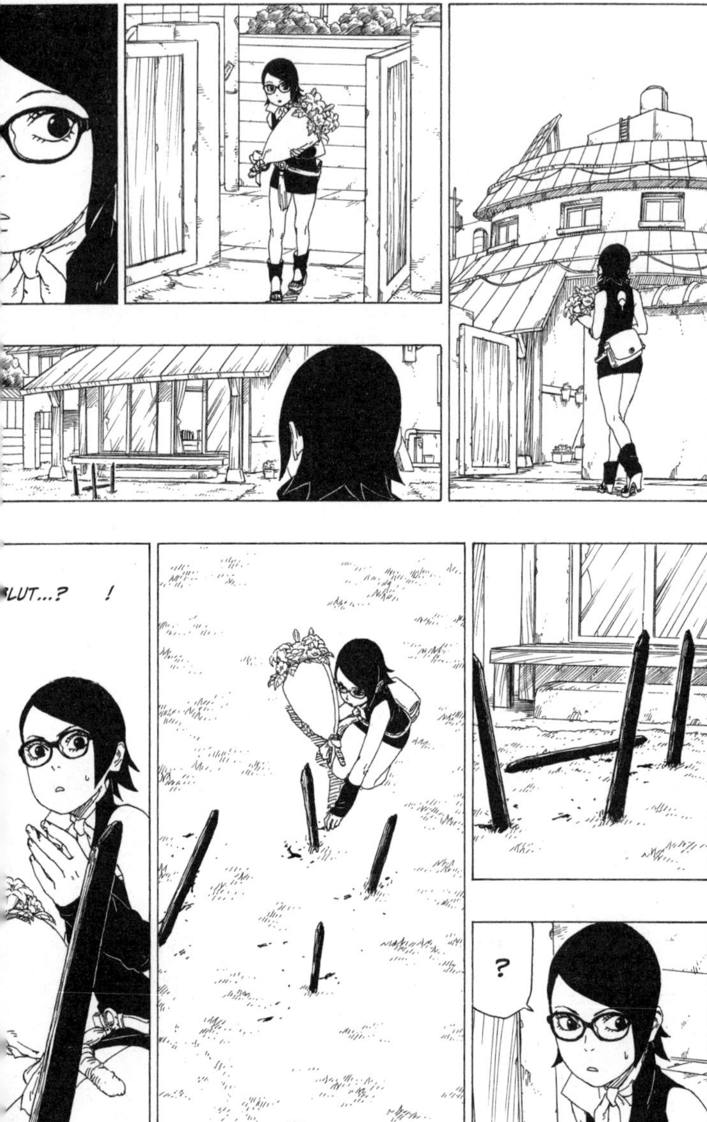
?
LUT...?
!

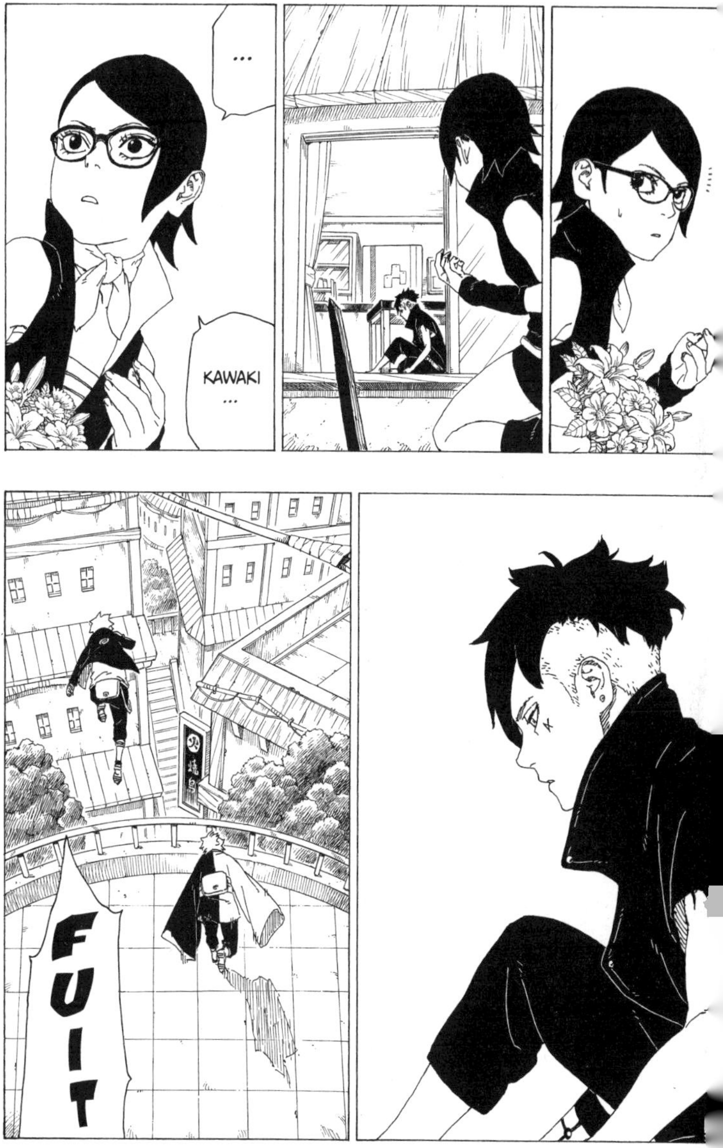
...
KAWAKI ...
FUIT

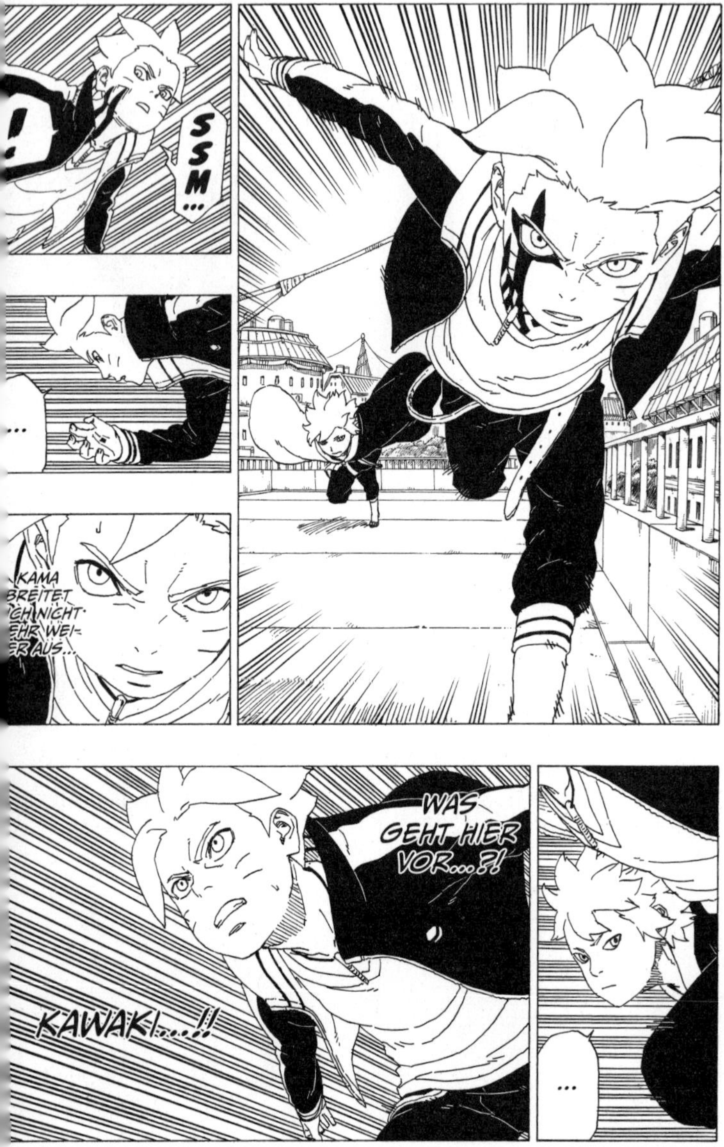
!
SSM...
...
KAMA BREITET ICH NICHT EHR WEI ER AUS...
...
WAS GEHT HIER VOR...?!
KAWAKI...!!

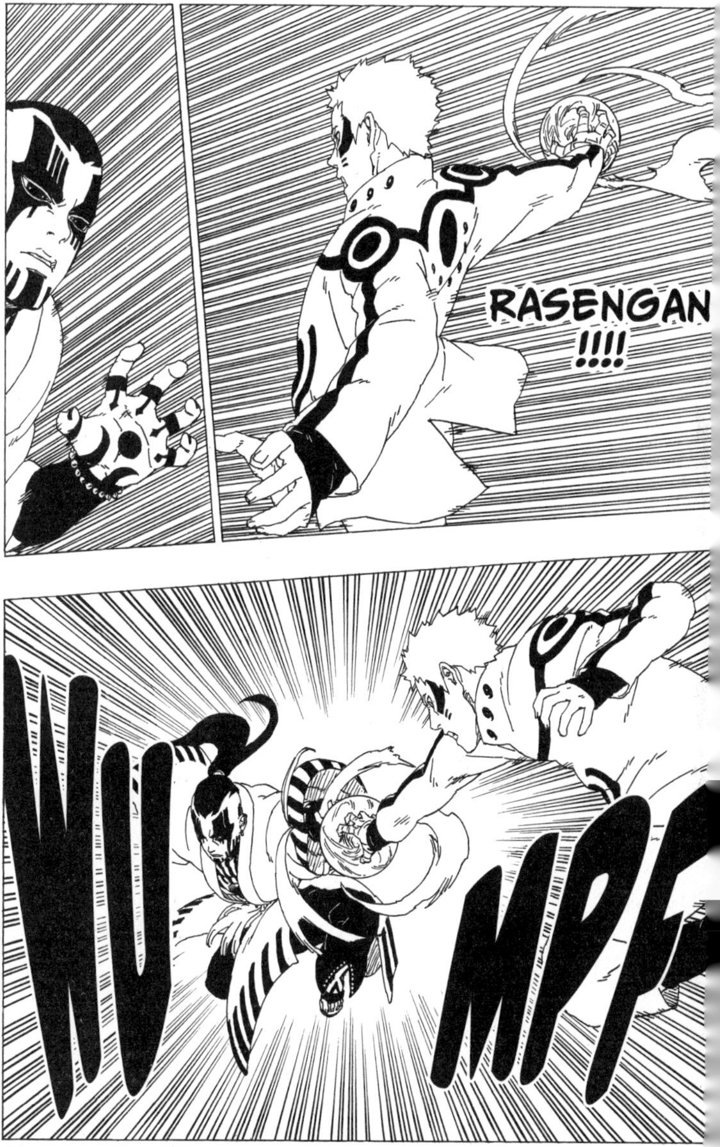
RASENGAN !!!!
WUMPF

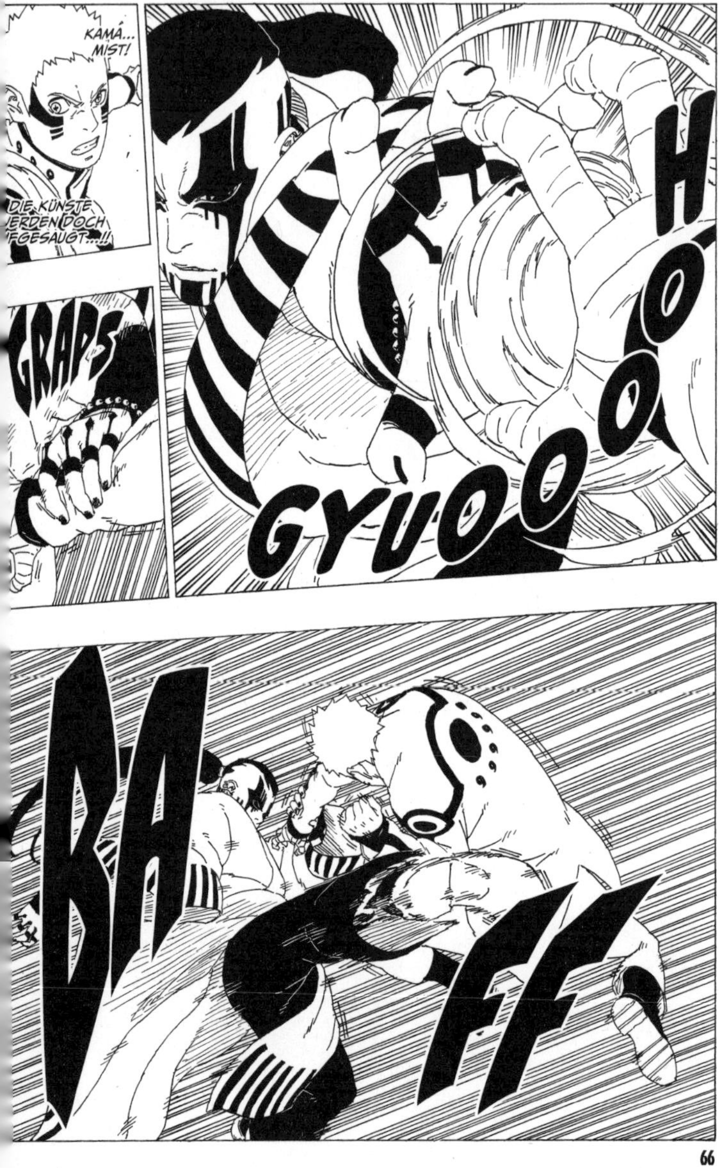
HOOOOOO
GYUOOOO
KAMÁ... MIST!
DIE KÜNSTE
ERDEN DOCH
FGESAUGT...!!
GRAPS
BAFF

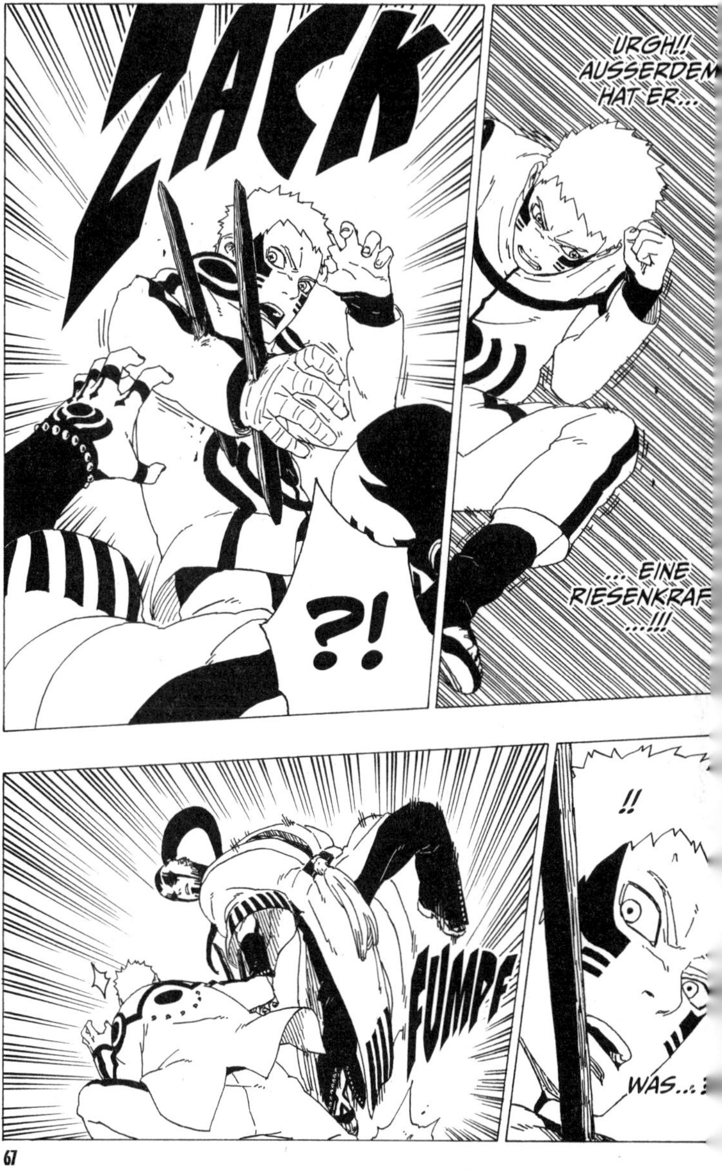
URGH!! AUSSERDEM HAT ER...
... EINE RIESENKRAF
...!!!
ZACK
?!
!!
WAS...
FUMPF

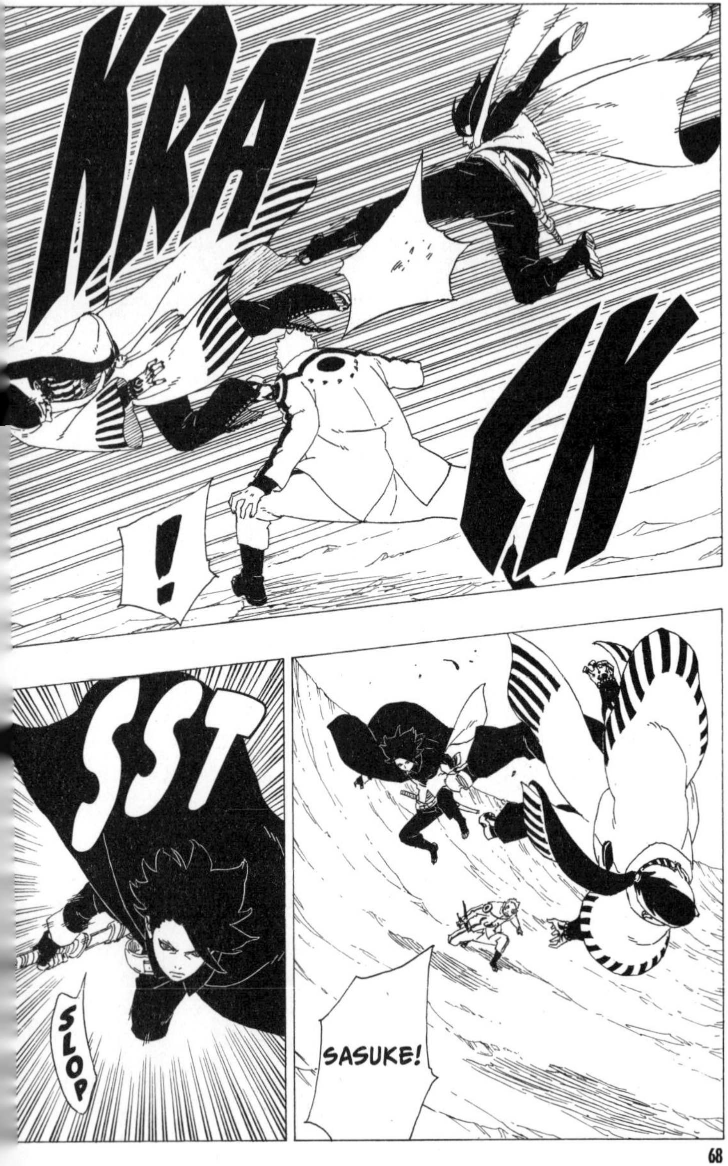
KRA
CK
!
SST
SLOP
SASUKE!

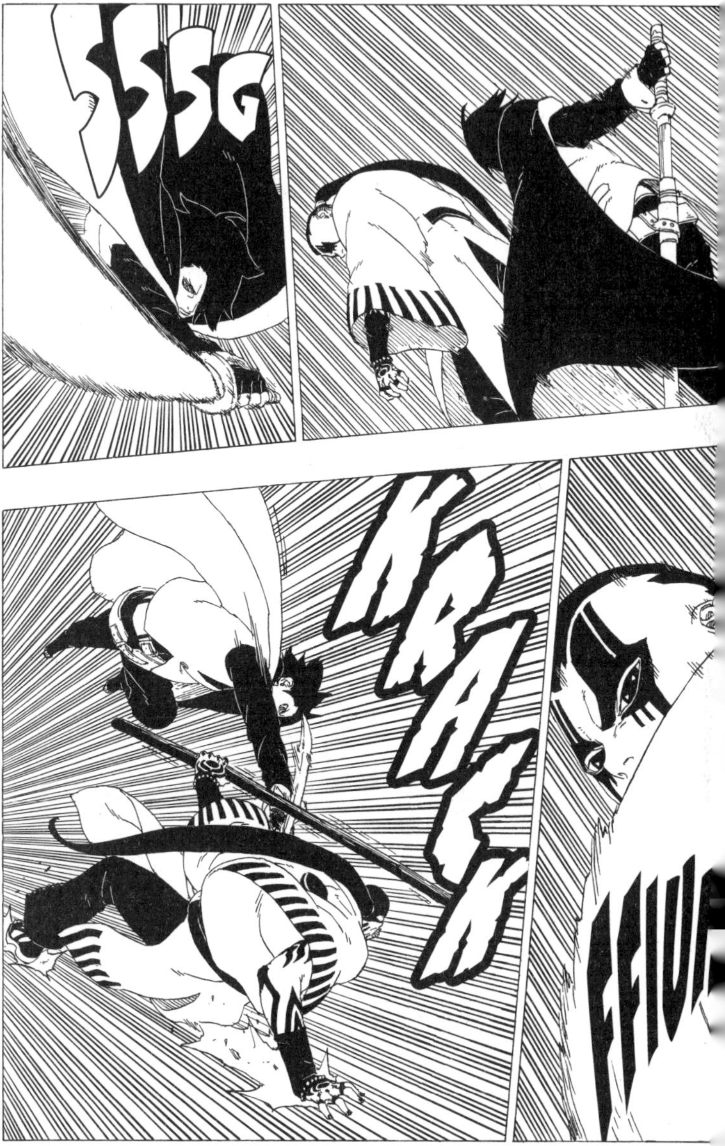
SSSG
FFIU
KRACK

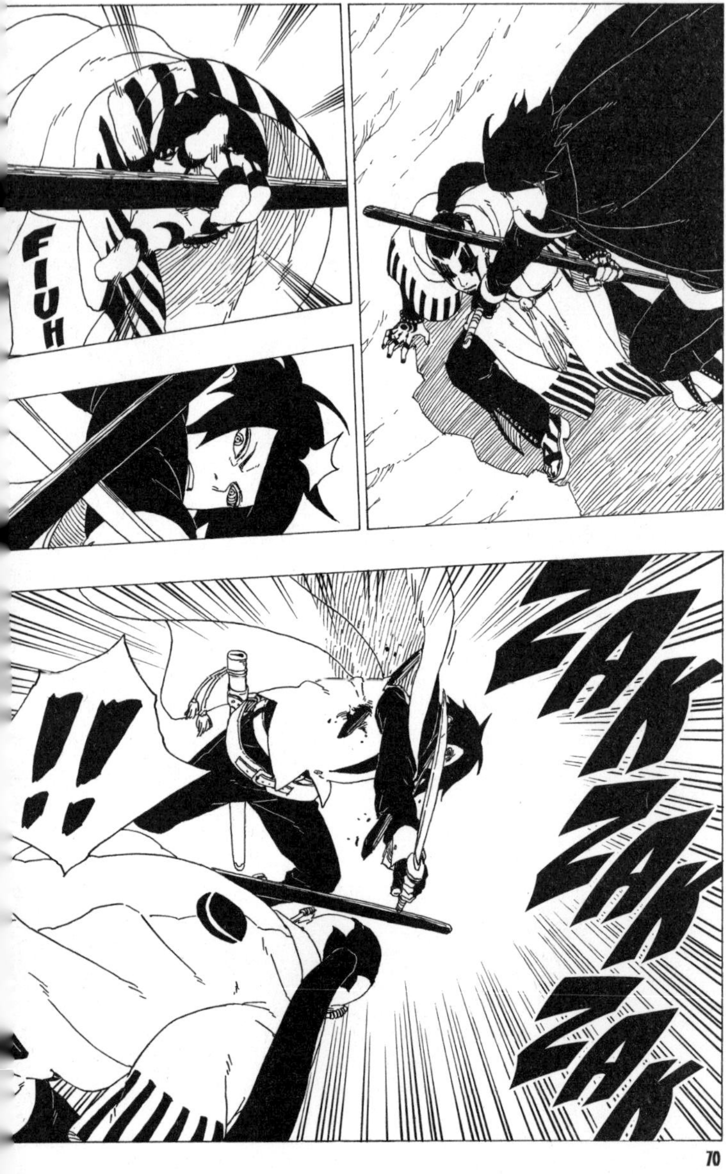
FIUH
!!
ZAK ZAK ZAK ZAK

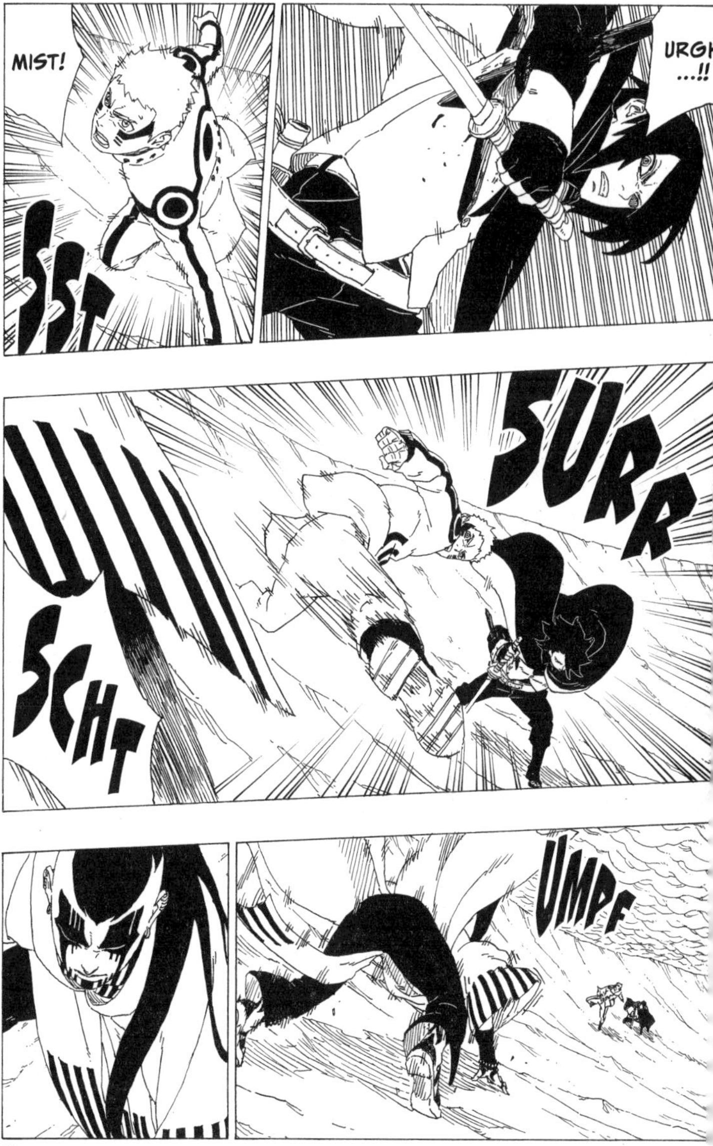
URGH ...!!
MIST!
SST
SURR
SCHT
UMPF

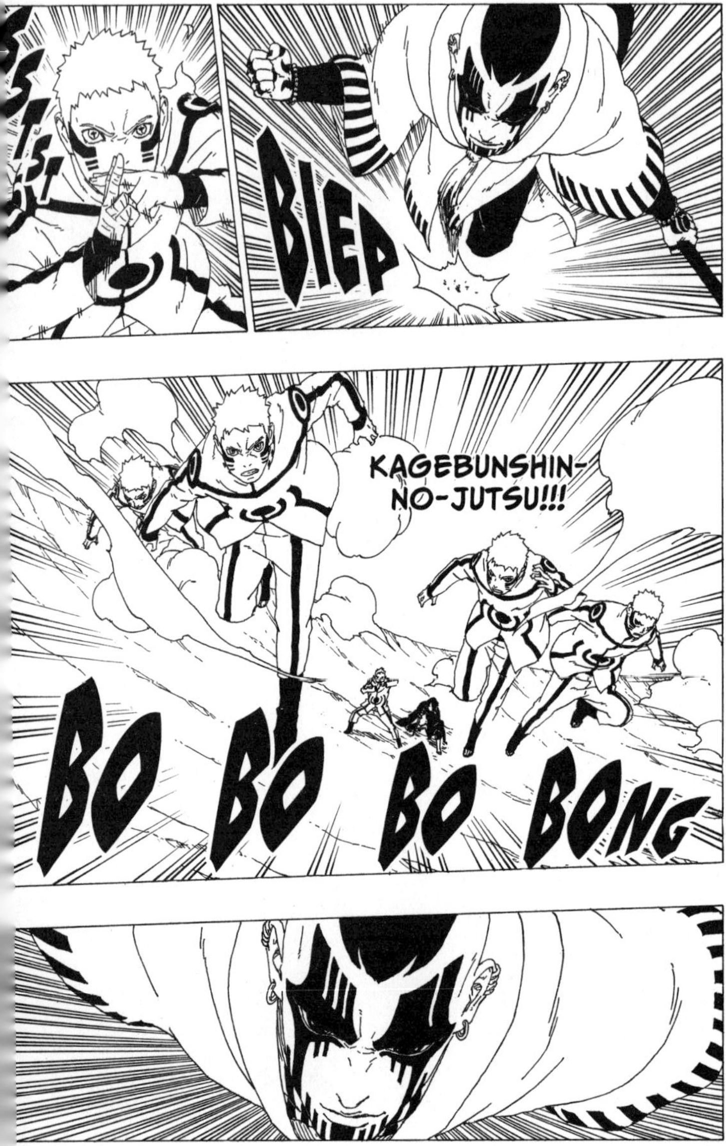
BIEP
KAGEBUNSHIN-NO-JUTSU!!!
BO BO BO BONG

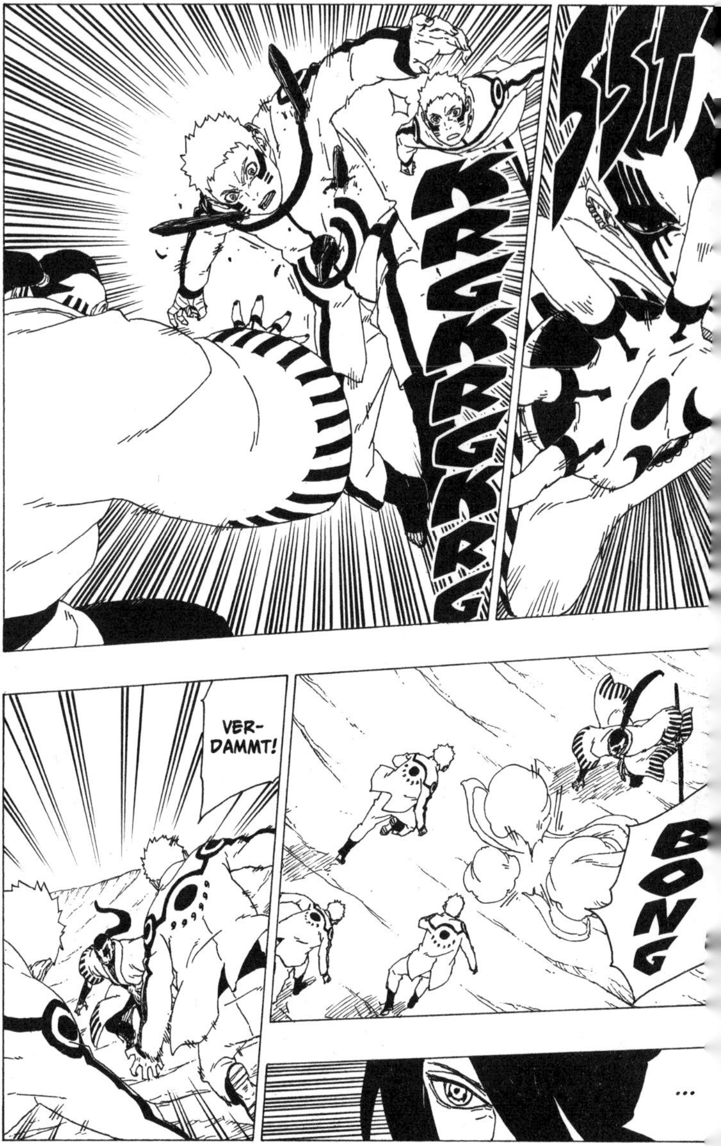
SSSSTT
KRGKRGKRG
VER-DAMMT!
BONG
...

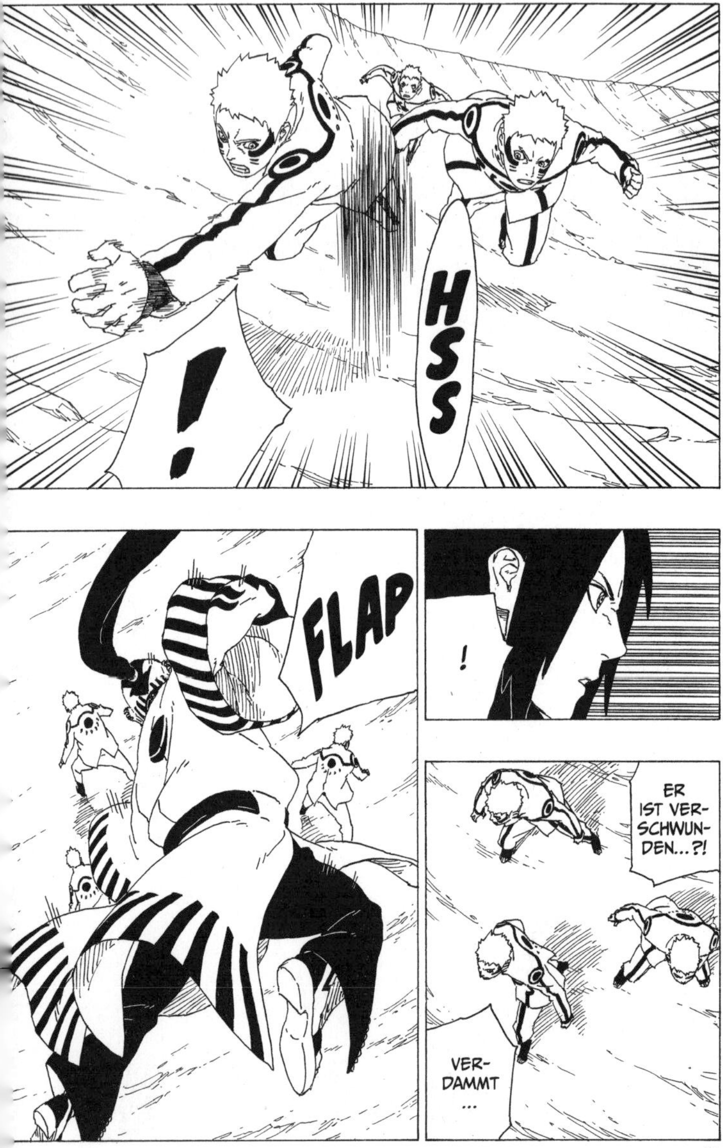
HSS
!
FLAP
!
ER IST VER-SCHWUN-DEN...?!
VER-DAMMT ...

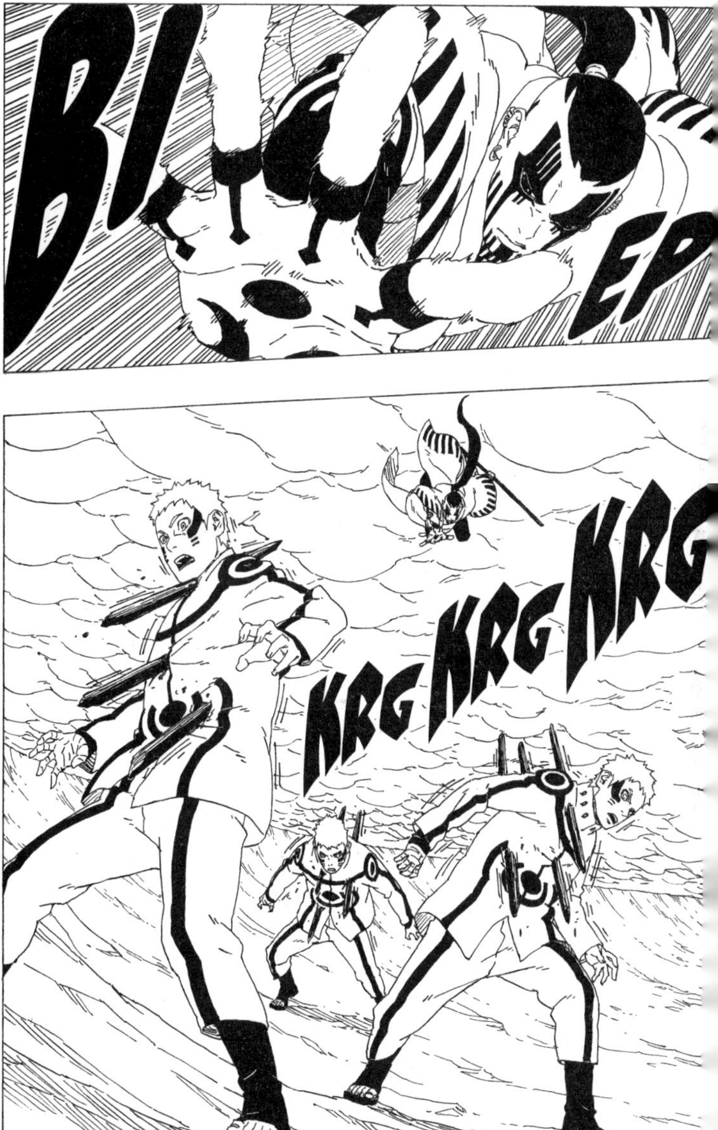
KRG KRG KRG KRG

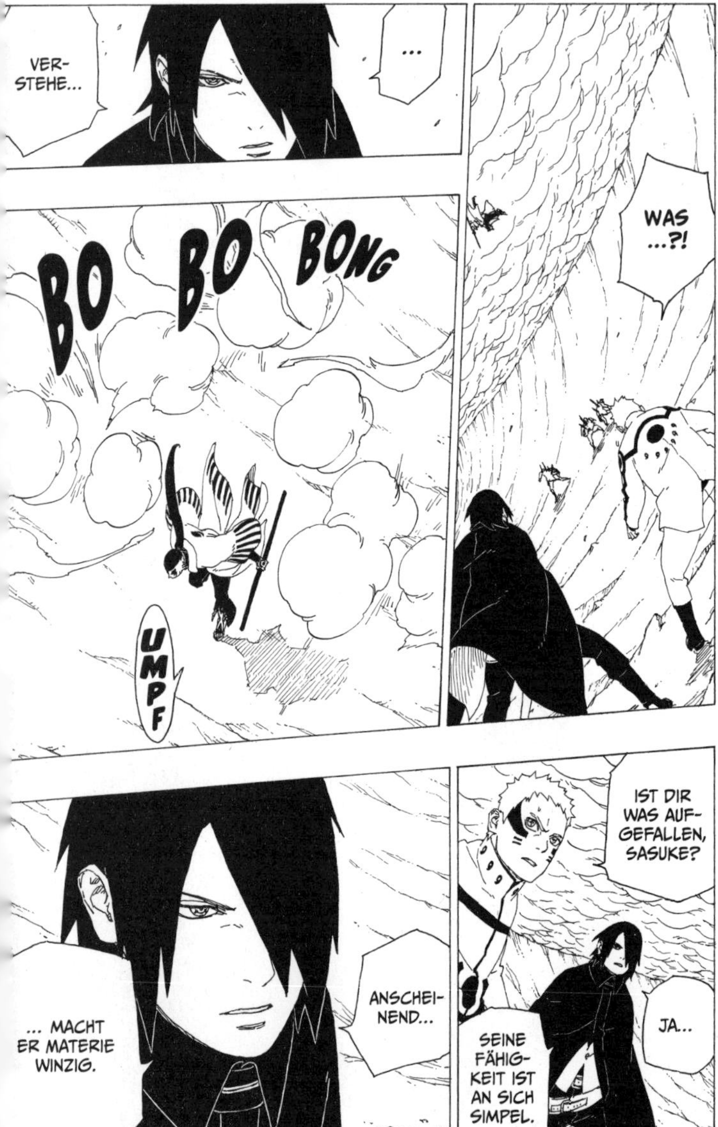
...
VERSTEHE...
WAS ...?!
BO BO BONG
UMPF
IST DIR WAS AUFGEFALLEN, SASUKE?
JA...
SEINE FÄHIGKEIT IST AN SICH SIMPEL.
ANSCHEINEND...
... MACHT ER MATERIE WINZIG.

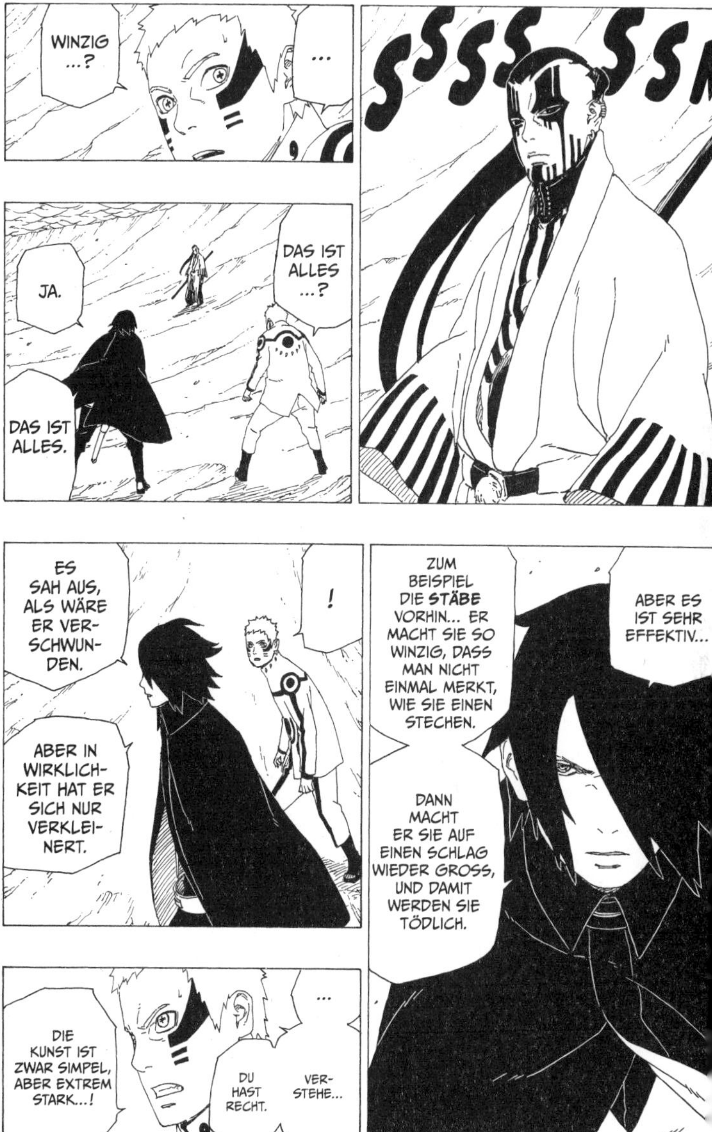
SSSS SSN
...
WINZIG ...?
DAS IST ALLES ...?
JA.
DAS IST ALLES.
!
ES SAH AUS, ALS WÄRE ER VER-SCHWUN-DEN.
ABER IN WIRKLICH-KEIT HAT ER SICH NUR VERKLEI-NERT.
ABER ES IST SEHR EFFEKTIV...
ZUM BEISPIEL DIE **STÄBE** VORHIN... ER MACHT SIE SO WINZIG, DASS MAN NICHT EINMAL MERKT, WIE SIE EINEN STECHEN.
DANN MACHT ER SIE AUF EINEN SCHLAG WIEDER GROSS, UND DAMIT WERDEN SIE TÖDLICH.
...
VER-STEHE...
DU HAST RECHT.
DIE KUNST IST ZWAR SIMPEL, ABER EXTREM STARK...!

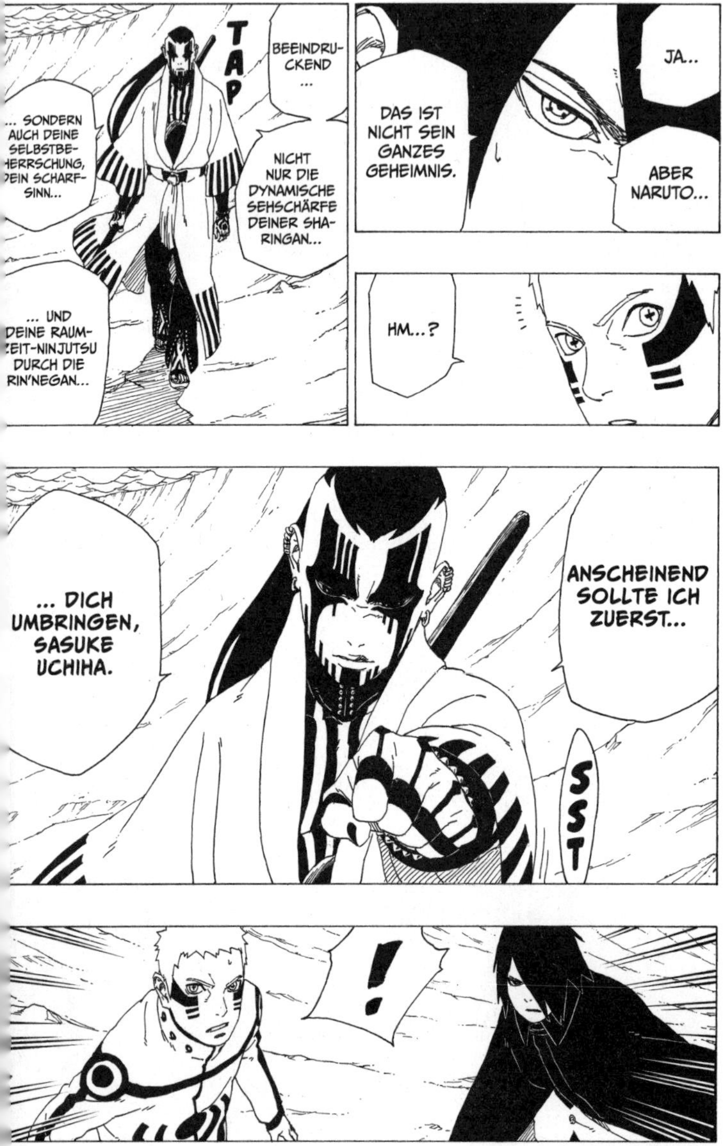
JA...
ABER NARUTO...
DAS IST NICHT SEIN GANZES GEHEIMNIS.
HM...?
BEEINDRUCKEND ...
TAP
NICHT NUR DIE DYNAMISCHE SEHSCHÄRFE DEINER SHARINGAN...
... SONDERN AUCH DEINE SELBSTBEHERRSCHUNG, DEIN SCHARFSINN...
... UND DEINE RAUM-ZEIT-NINJUTSU DURCH DIE RIN'NEGAN...
ANSCHEINEND SOLLTE ICH ZUERST...
SST
... DICH UMBRINGEN, SASUKE UCHIHA.
!

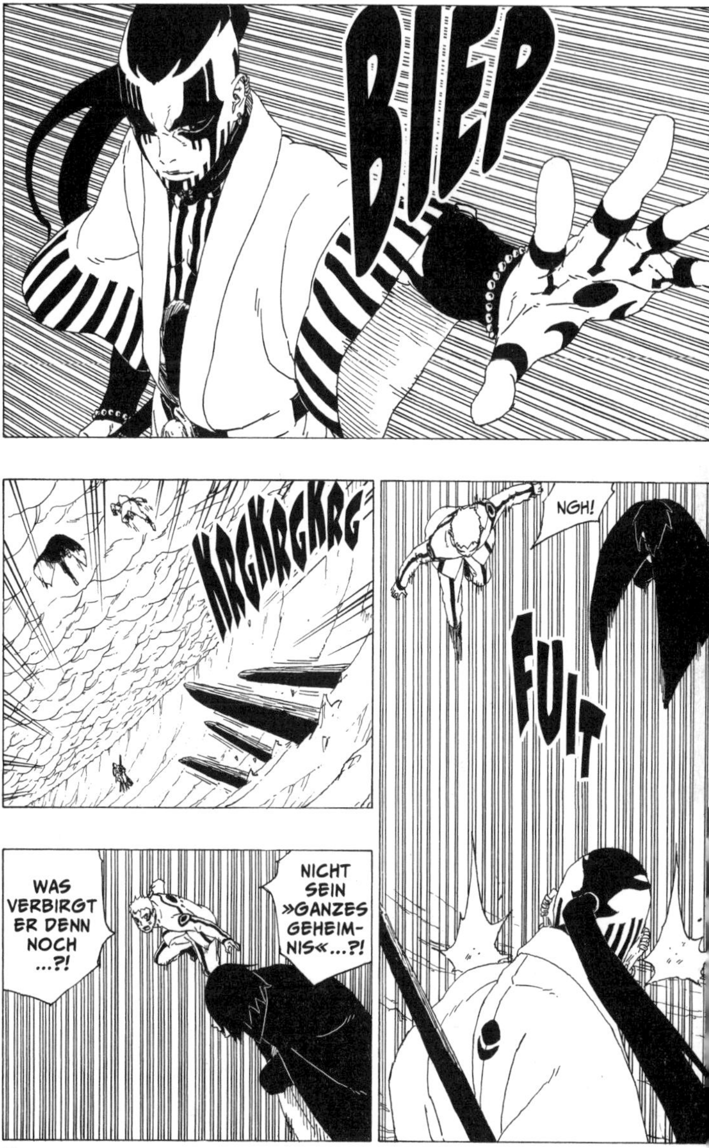
BIEP
NGH!
FUIT
KRGKRGKRG
NICHT SEIN »GANZES GEHEIM-NIS«...?!
WAS VERBIRGT ER DENN NOCH ...?!

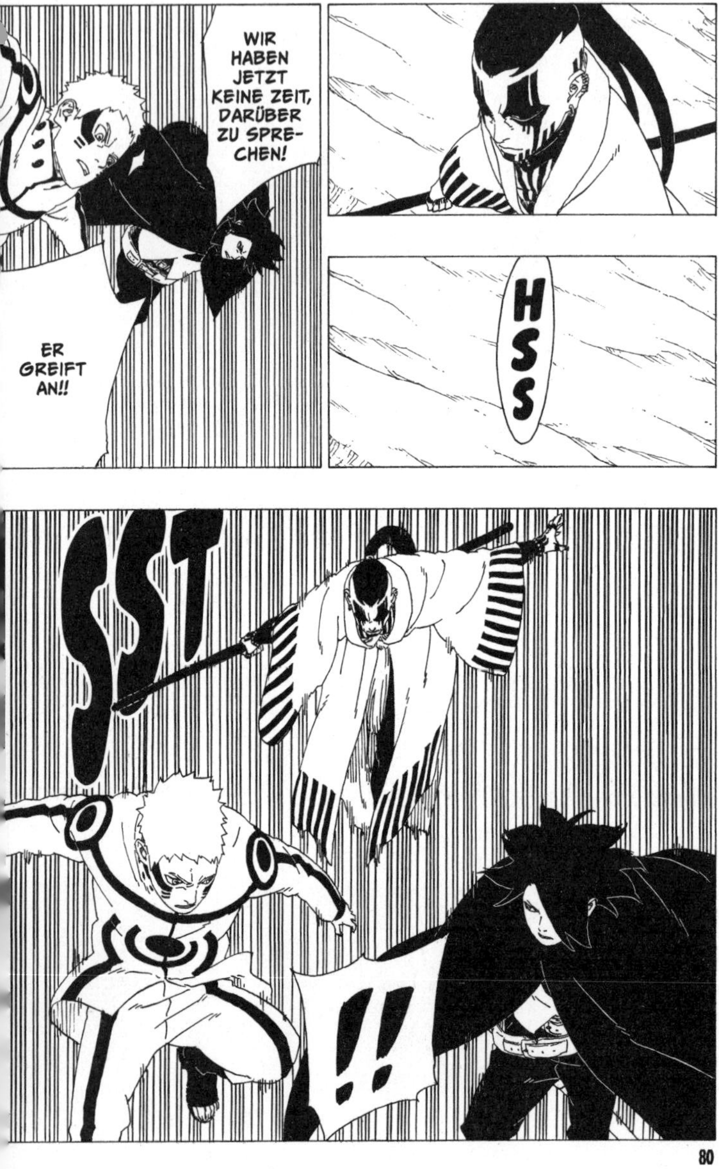
WIR HABEN JETZT KEINE ZEIT, DARÜBER ZU SPRECHEN!
ER GREIFT AN!!
HSS
SST
!!

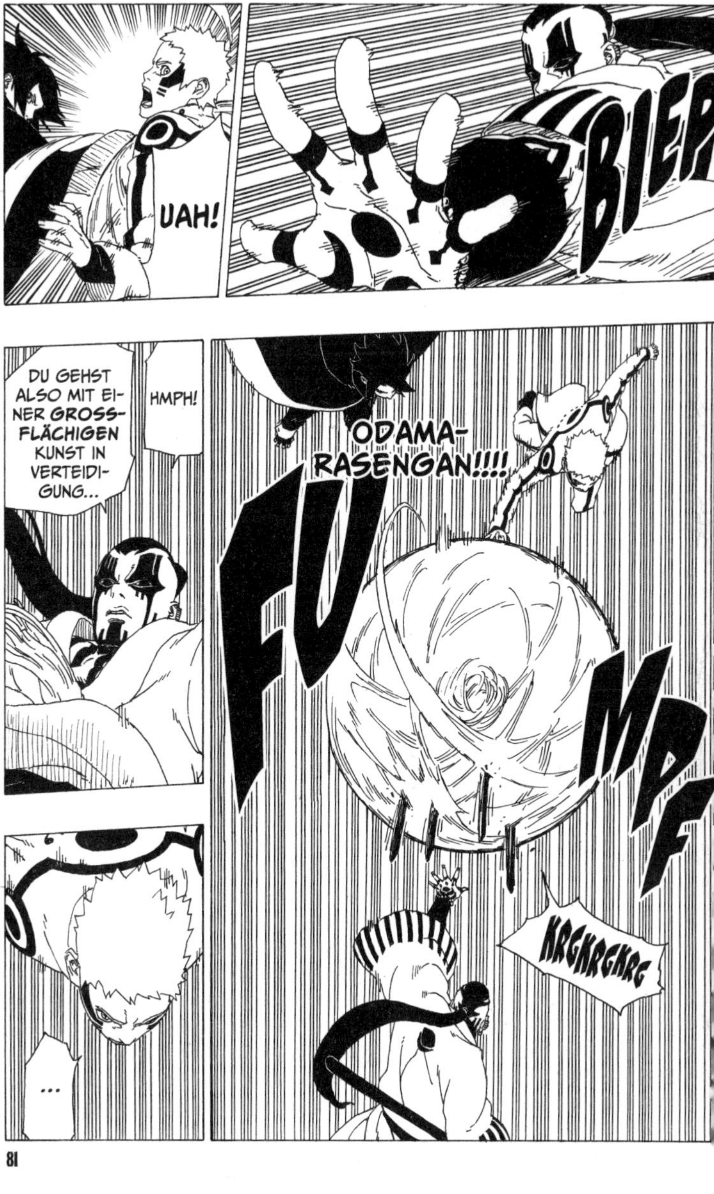
BIEP
UAH!
ODAMA-RASENGAN!!!!
FUMPF
KRGKRGKRG
HMPH!
DU GEHST ALSO MIT EINER GROSSFLÄCHIGEN KUNST IN VERTEIDIGUNG...
...

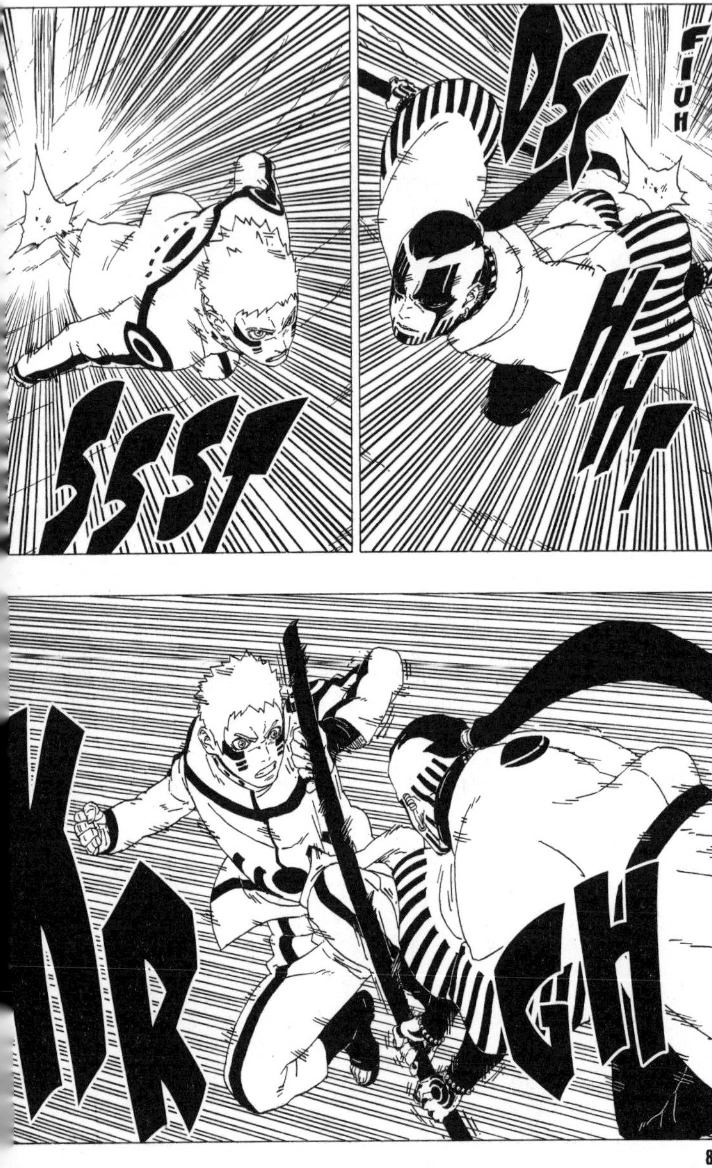
FIUH

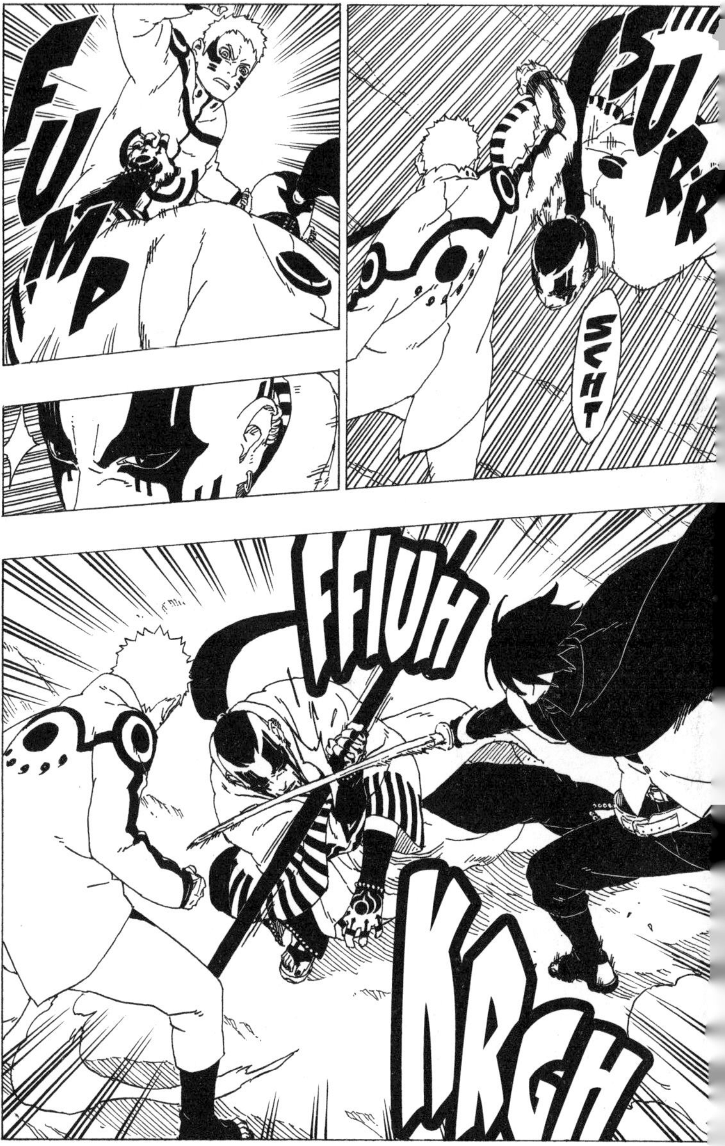
SURR
SCHT
FUMP
FFIUH
KRGH

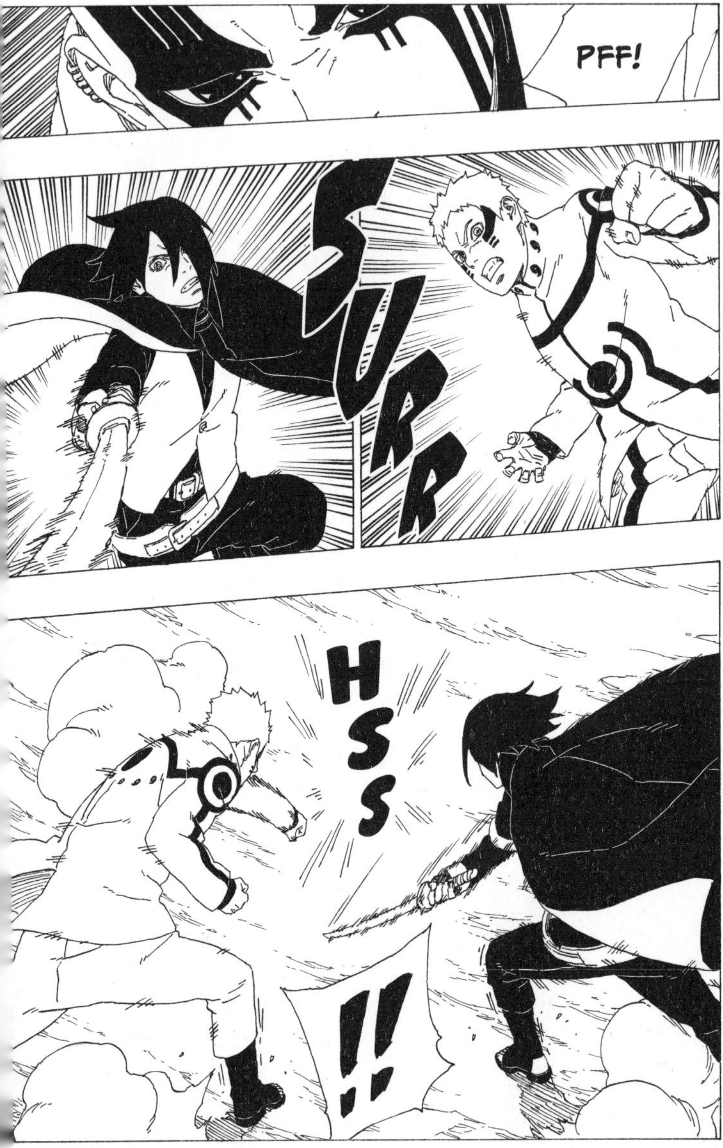
PFF!
SURR
HSS
!!

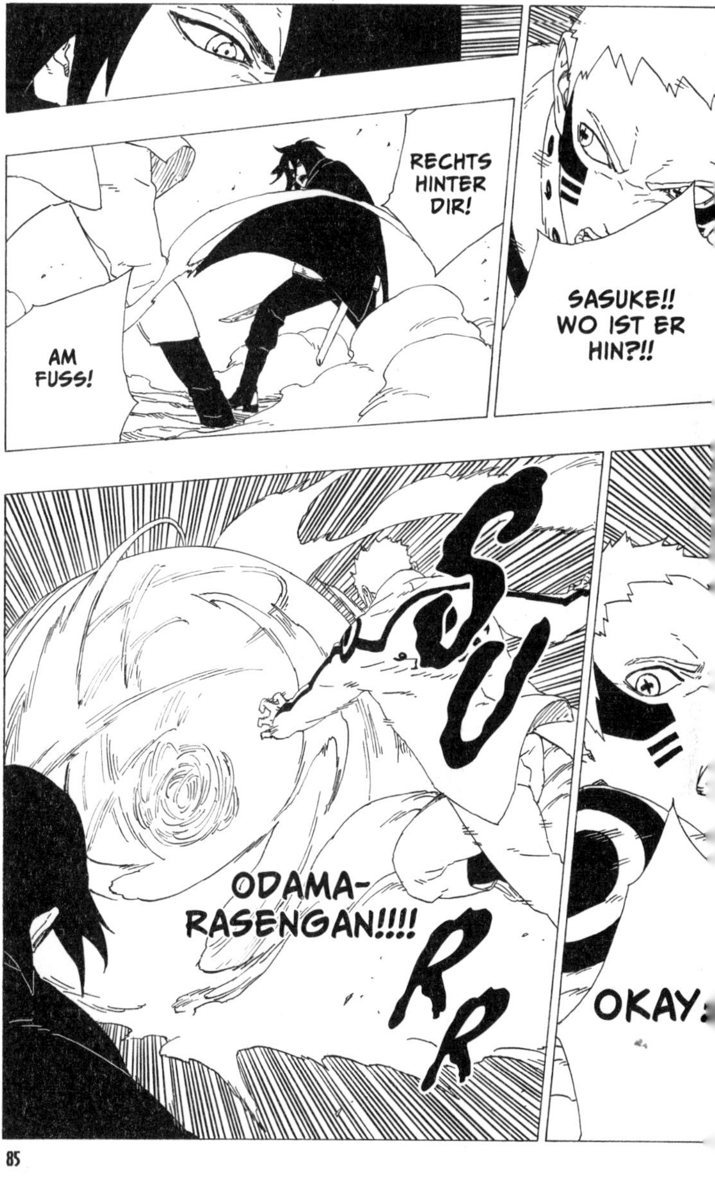
SASUKE!!
WO IST ER HIN?!!
RECHTS HINTER DIR!
AM FUSS!
OKAY
ODAMA-RASENGAN!!!!
SURR

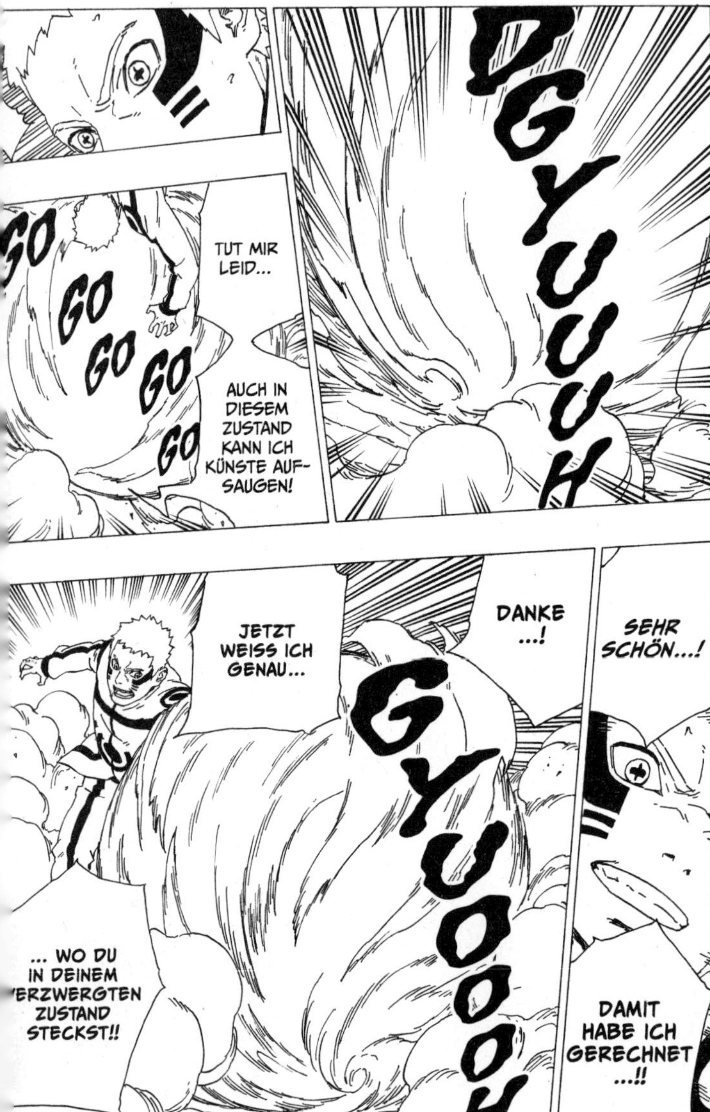
DGYUUUH
GO GO GO GO GO
TUT MIR LEID...
AUCH IN DIESEM ZUSTAND KANN ICH KÜNSTE AUF-SAUGEN!
SEHR SCHÖN...!
DAMIT HABE ICH GERECHNET ...!!
DANKE ...!
JETZT WEISS ICH GENAU...
... WO DU IN DEINEM VERZWERGTEN ZUSTAND STECKST!!
GYUOOOH

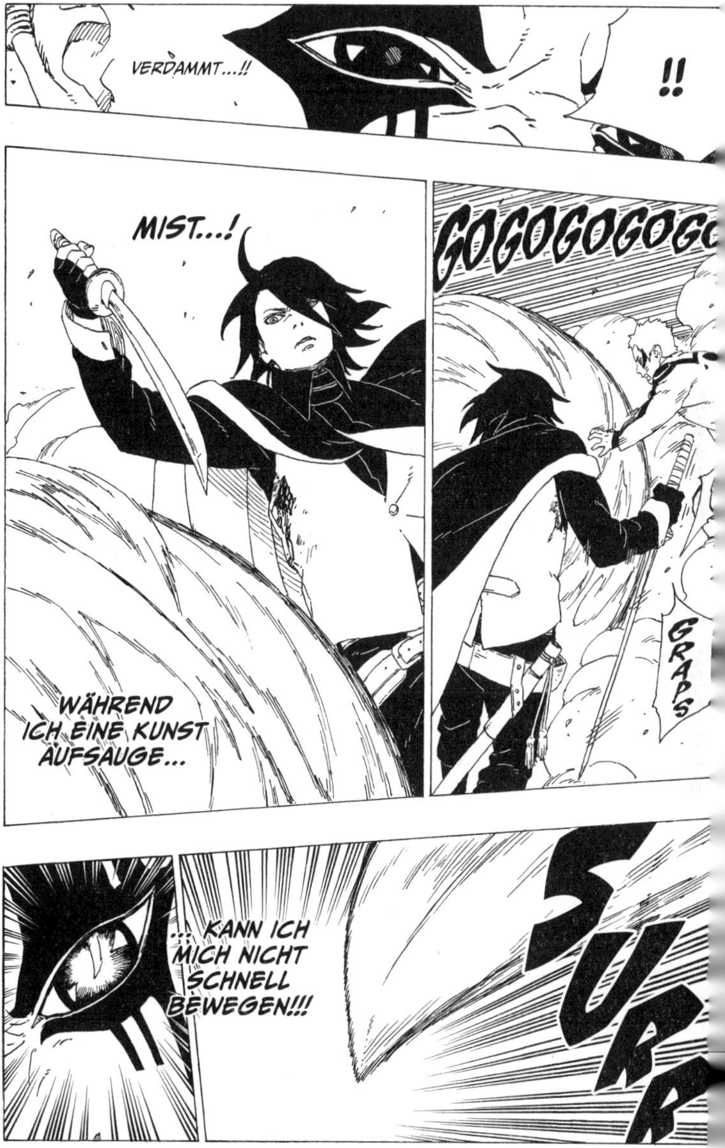
!!
VERDAMMT...!!
GOGOGOGOGOGO
GRAPS
MIST...!
WÄHREND ICH EINE KUNST AUFSAUGE...
SURR
... KANN ICH MICH NICHT SCHNELL BEWEGEN!!!

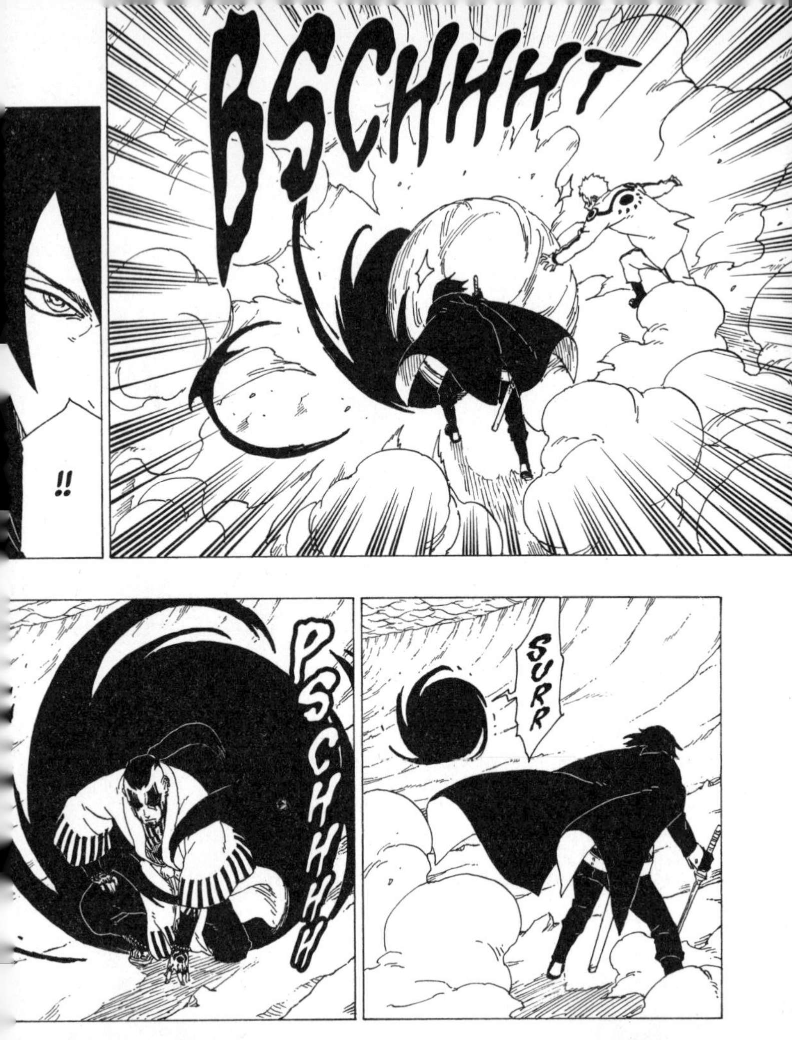
BSCHHHT
!!
SURR
PSCHHHH
TSS!
ER IST MIT EINEM RAUM-ZEIT-SPRUNG AUSGEWI-CHEN...!
...

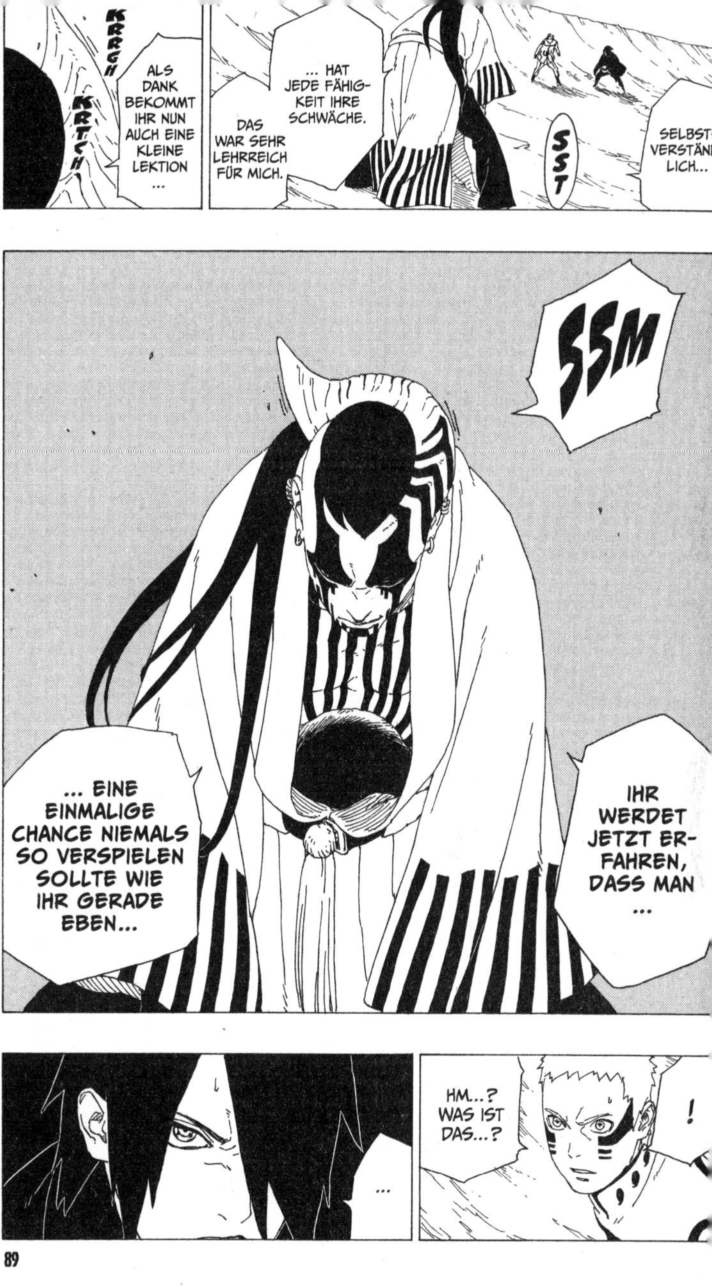
SELBST-VERSTÄND LICH...
SST
... HAT JEDE FÄHIGKEIT IHRE SCHWÄCHE.
DAS WAR SEHR LEHRREICH FÜR MICH.
KRRGH
KRTCH
ALS DANK BEKOMMT IHR NUN AUCH EINE KLEINE LEKTION ...
SSM
IHR WERDET JETZT ERFAHREN, DASS MAN ...
... EINE EINMALIGE CHANCE NIEMALS SO VERSPIELEN SOLLTE WIE IHR GERADE EBEN...
!
HM...? WAS IST DAS...?
...

GEHEIMÜBERLIEFERUNG DER NINJA, TEIL 6: DIE NINJA UND IHRE VERBRECHER

NUR NINJA KÖNNEN VERBRECHER AUS IHREN EIGENEN REIHEN BEKÄMPFEN. POLIZISTEN ODER SOLDATEN, DIE KEINE NINJUTSU BEHERRSCHEN, KOMMEN GEGEN DIE ÜBERLEGENEN KAMPFTECHNIKEN DER NINJA NICHT AN.

DESHALB WURDE IN JEDEM NINJA-DORF EINE EIGENE POLIZEI EINGERICHTET, UM VERBRECHEN ZU BEKÄMPFEN. IM DORF KONOHA ÜBERNAHM EINST DER UCHIHA-CLAN WIDERWILLIG DIESE AUFGABE, NACHDEM ER EINE POLITISCHE AUSEINANDERSETZUNG VERLOREN HATTE. HEUTE ERFÜLLEN DIESE AUFGABE DIE MITGLIEDER DES FUMA-CLANS, ENTFERNTE VERWANDTE DER UCHIHA, DIE ABER KEINE SHARINGAN BESITZEN. DIE POLIZEI HAT WENIGER RECHTE ALS DIE ANBU, DIE EINHEIT FÜR GEHEIMOPERATIONEN, UND ZWISCHEN DER POLIZEI UND DER ANBU HERRSCHT EINE GEWISSE SPANNUNG.

SCHWERVERBRECHER – WIE BEISPIELSWEISE EIN DAIMYO-MÖRDER ODER EIN PUTSCHIST – WERDEN DURCH DAS INTERNATIONALE NETZWERK DER DAIMYO STECKBRIEFLICH GESUCHT UND ALS INTERNATIONALE VERBRECHER BEHANDELT. SIE HABEN DAS RECHT, SICH VOR GERICHT ZU VERANTWORTEN, ABER IN DEN MEISTEN FÄLLEN WIRD EIN SCHNELLVERFAHREN DURCH DIE NINJA AN IHREM HEIMATORT DURCHGEFÜHRT. SOLCHE SCHWERVERBRECHER WERDEN DANN AN IHR ENTSPRECHENDES HEIMATLAND ODER HEIMATDORF AUSGELIEFERT, UM SIE DORT VOR GERICHT ZU BRINGEN – UND VOR ALLEM ZU VERHÖREN. AUF SOLCHE INTERNATIONALEN VERBRECHER WERDEN HOHE KOPFGELDER AUSGESETZT UND SIE WERDEN IN ALLEN LÄNDERN GESUCHT. MEIST SIND SIE NINJA. UND SOLCHE IN DER UNTERWELT AGIERENDEN VERBRECHER-NINJA AUS DEM FAHNDUNGSBUCH KÖNNEN NUR NINJA JAGEN.

ZUGLEICH IST AUCH DIE UNTERWELT IMMER AUF DIE FÄHIGKEITEN DER NINJA ANGEWIESEN. DROGENHÄNDLER ODER MENSCHENHÄNDLER, DIE OFFIZIELL KEIN NINJA-DORF BEAUFTRAGEN KÖNNEN, BESCHÄFTIGEN INTERNATIONALE VERBRECHER. ZUM BEISPIEL HATTE ***AKATSUKI*** STARKE VERBINDUNGEN ZUR UNTERWELT. AUCH HIER ZEIGT SICH ALSO, DASS NINJA OHNE SOZIALE BINDUNGEN KAUM EXISTIEREN KÖNNEN.

NINJA, DIE IHR DORF VERLASSEN HABEN UND IN DER UNTERWELT AGIEREN, WERDEN MANCHMAL NOBUSERI* GENANNT, UM SIE VON NUKE-NIN, DEN ABTRÜNNIGEN NINJA, ZU UNTERSCHEIDEN. MUJINA, EINER DER ENTFÜHRER VON TENTO, IST EIN TYPISCHES BEISPIEL FÜR EINEN ***NOBUSERI***. AUCH SASUKE UCHIHA, DER OFFIZIELL NICHT ZU KONOHA GEHÖRT UND EIN NUKENIN IST, KANN ALS NOBUSERI ANGESEHEN WERDEN.

SOLCHE FREI AGIERENDEN NINJA WERDEN BESONDERS RESPEKTIERT. DASS SIE UNABHÄNGIG ÜBERLEBEN KÖNNEN, IST EIN BEWEIS IHRER BESONDEREN FÄHIGKEITEN.

* NO = FELD, BUSERI = FUSERU = SICH VERBERGEN

38: SCHLECHTE NEUIGKEITEN

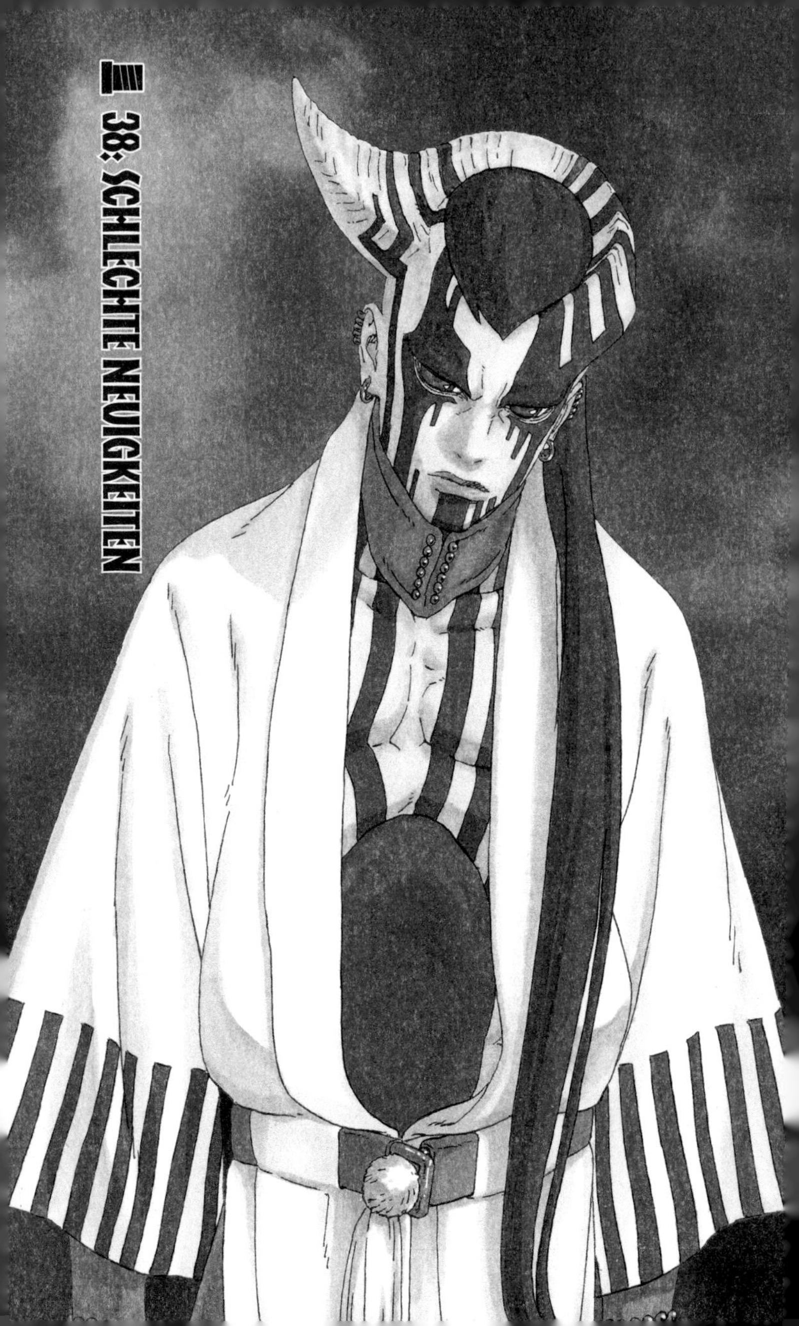

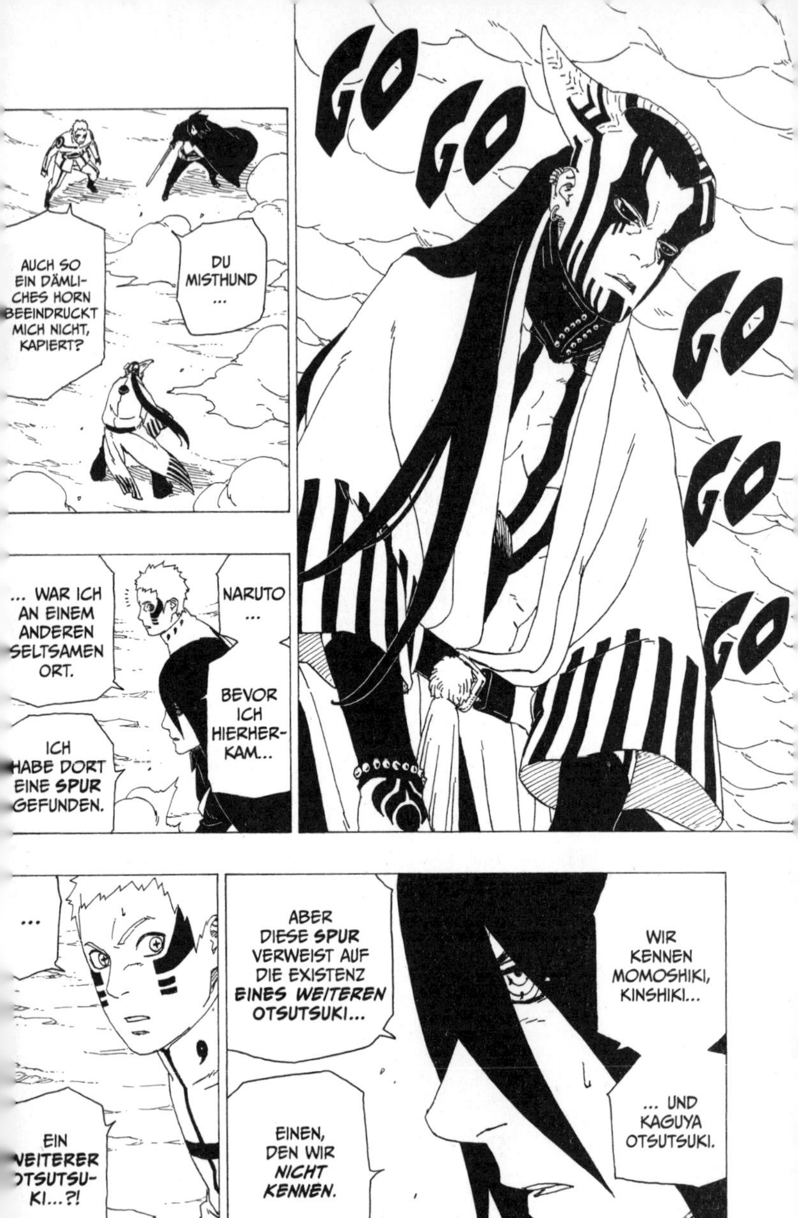
GO GO GO GO GO GO
DU MISTHUND ...
AUCH SO EIN DÄMLICHES HORN BEEINDRUCKT MICH NICHT, KAPIERT?
NARUTO ...
BEVOR ICH HIERHERKAM...
... WAR ICH AN EINEM ANDEREN SELTSAMEN ORT.
ICH HABE DORT EINE **SPUR** GEFUNDEN.
WIR KENNEN MOMOSHIKI, KINSHIKI...
... UND KAGUYA OTSUTSUKI.
ABER DIESE **SPUR** VERWEIST AUF DIE EXISTENZ **EINES *WEITEREN* OTSUTSUKI...**
EINEN, DEN WIR ***NICHT KENNEN.***
...
EIN WEITERER OTSUTSUKI...?!

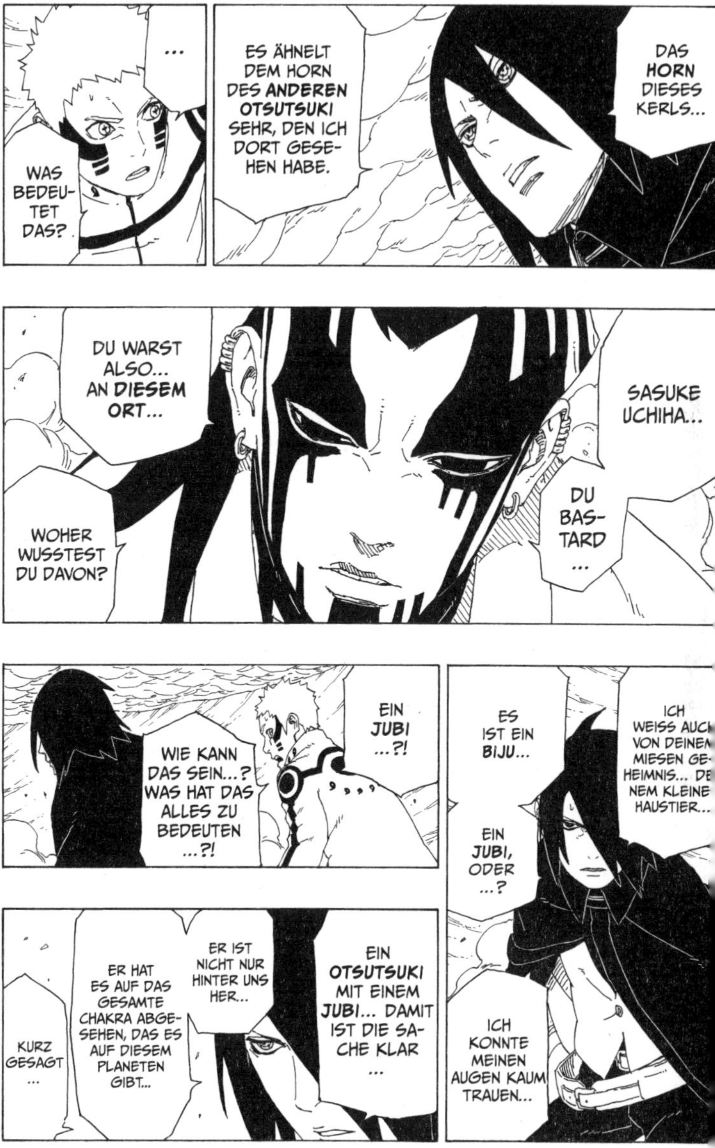
DAS HORN DIESES KERLS...
ES ÄHNELT DEM HORN DES ANDEREN OTSUTSUKI SEHR, DEN ICH DORT GESEHEN HABE.
...
WAS BEDEUTET DAS?
SASUKE UCHIHA...
DU BASTARD ...
DU WARST ALSO... AN DIESEM ORT...
WOHER WUSSTEST DU DAVON?
ICH WEISS AUC VON DEINEM MIESEN GEHEIMNIS... DE NEM KLEINE HAUSTIER...
ES IST EIN BIJU...
EIN JUBI, ODER ...?
ICH KONNTE MEINEN AUGEN KAUM TRAUEN...
EIN JUBI ...?!
WIE KANN DAS SEIN...? WAS HAT DAS ALLES ZU BEDEUTEN ...?!
EIN OTSUTSUKI MIT EINEM JUBI... DAMIT IST DIE SACHE KLAR ...
ER IST NICHT NUR HINTER UNS HER...
ER HAT ES AUF DAS GESAMTE CHAKRA ABGESEHEN, DAS ES AUF DIESEM PLANETEN GIBT...
KURZ GESAGT ...

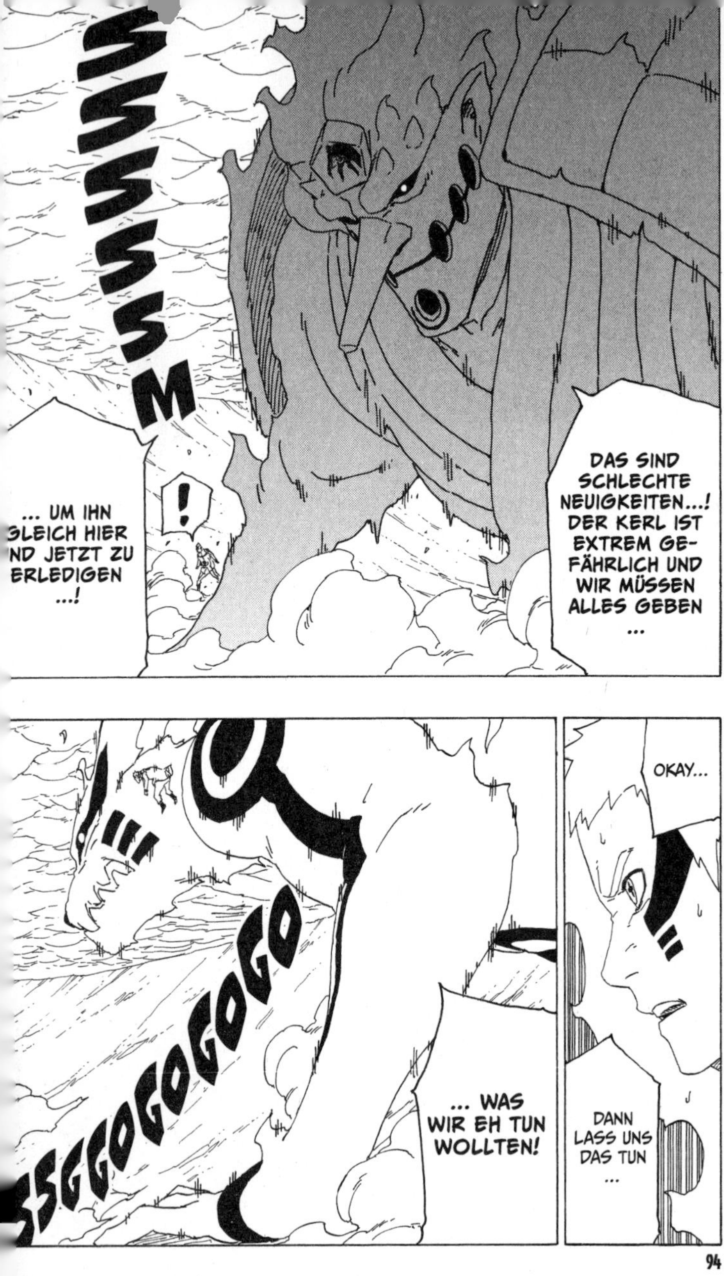
DAS SIND SCHLECHTE NEUIGKEITEN...! DER KERL IST EXTREM GEFÄHRLICH UND WIR MÜSSEN ALLES GEBEN ...
... UM IHN GLEICH HIER ND JETZT ZU ERLEDIGEN ...!
!
OKAY...
DANN LASS UNS DAS TUN ...
... WAS WIR EH TUN WOLLTEN!

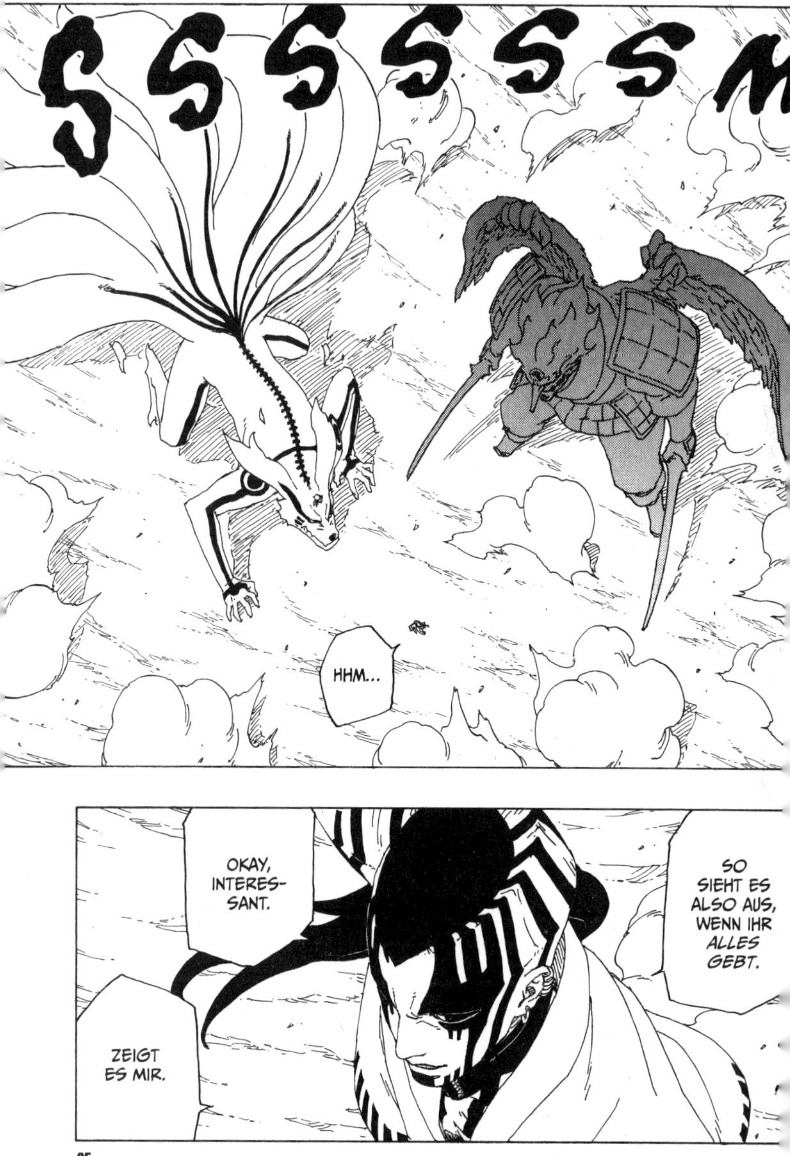
SSSSSSM
HHM...
SO SIEHT ES ALSO AUS, WENN IHR *ALLES* GEBT.
OKAY, INTERES-SANT.
ZEIGT ES MIR.

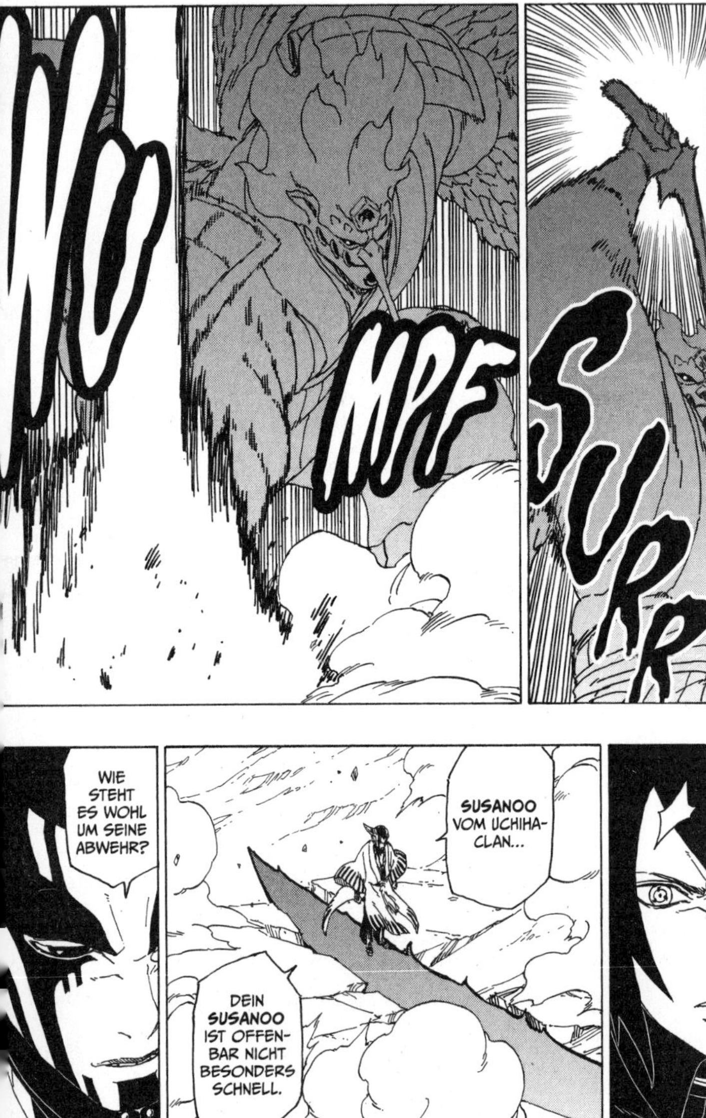
SURR
IMPF
WOO
SUSANOO VOM UCHIHA-CLAN...
DEIN SUSANOO IST OFFENBAR NICHT BESONDERS SCHNELL.
WIE STEHT ES WOHL UM SEINE ABWEHR?

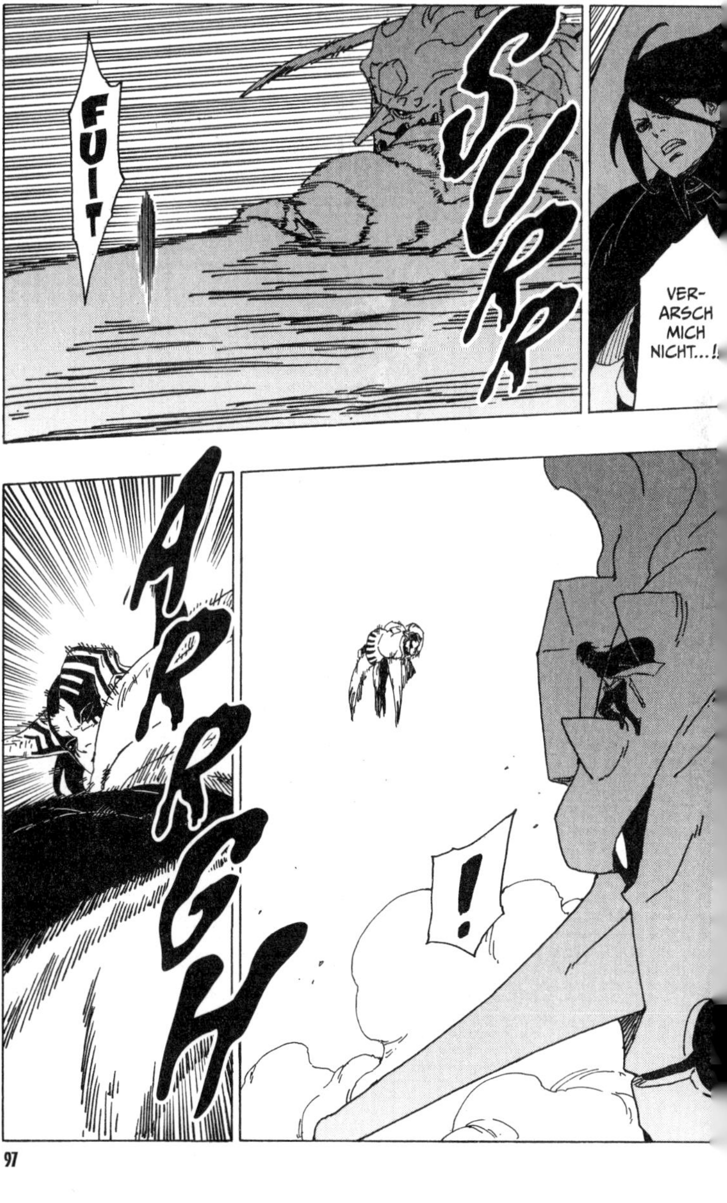
VER-
ARSCH
MICH
NICHT...!
SURR
FUIT
!
ARRGH

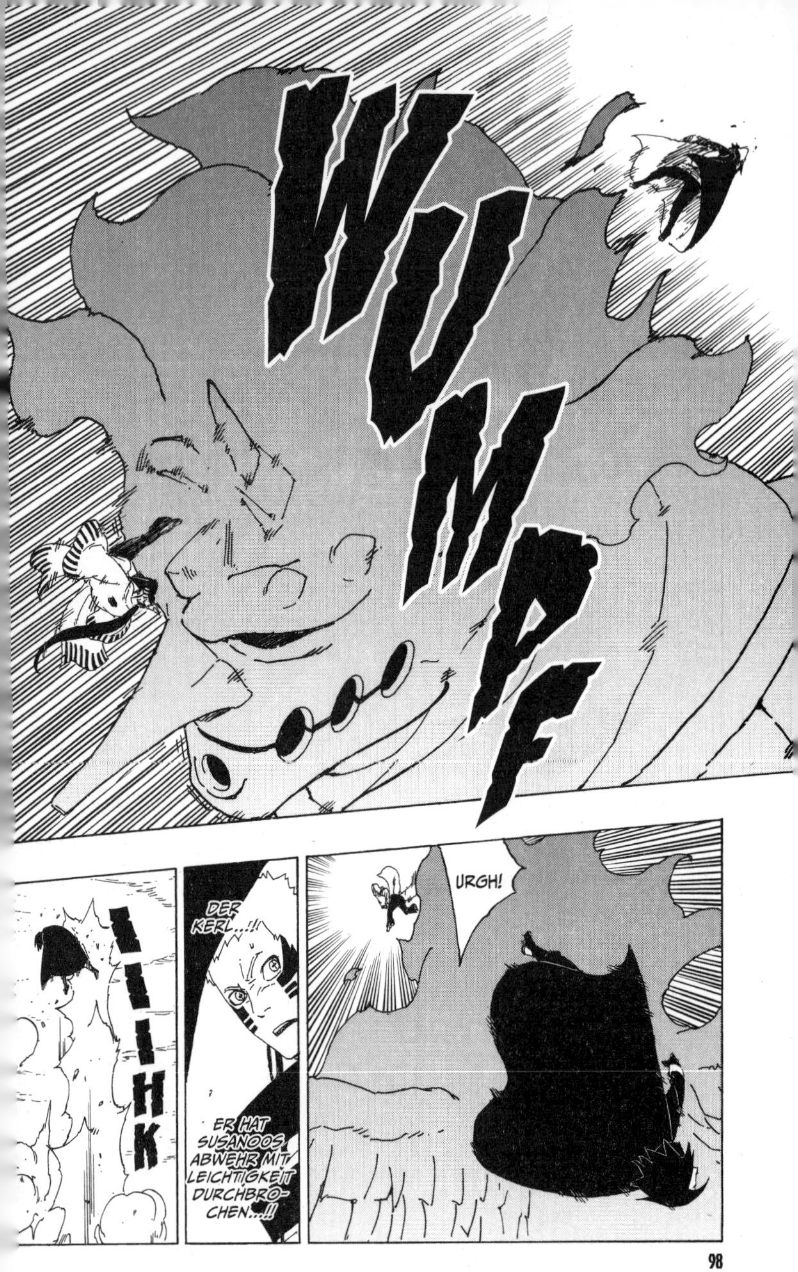
WOMPF
URGH!
DER KERL...!!
ER HAT SUSANOOS ABWEHR MIT LEICHTIGKEIT DURCHBROCHEN...!!

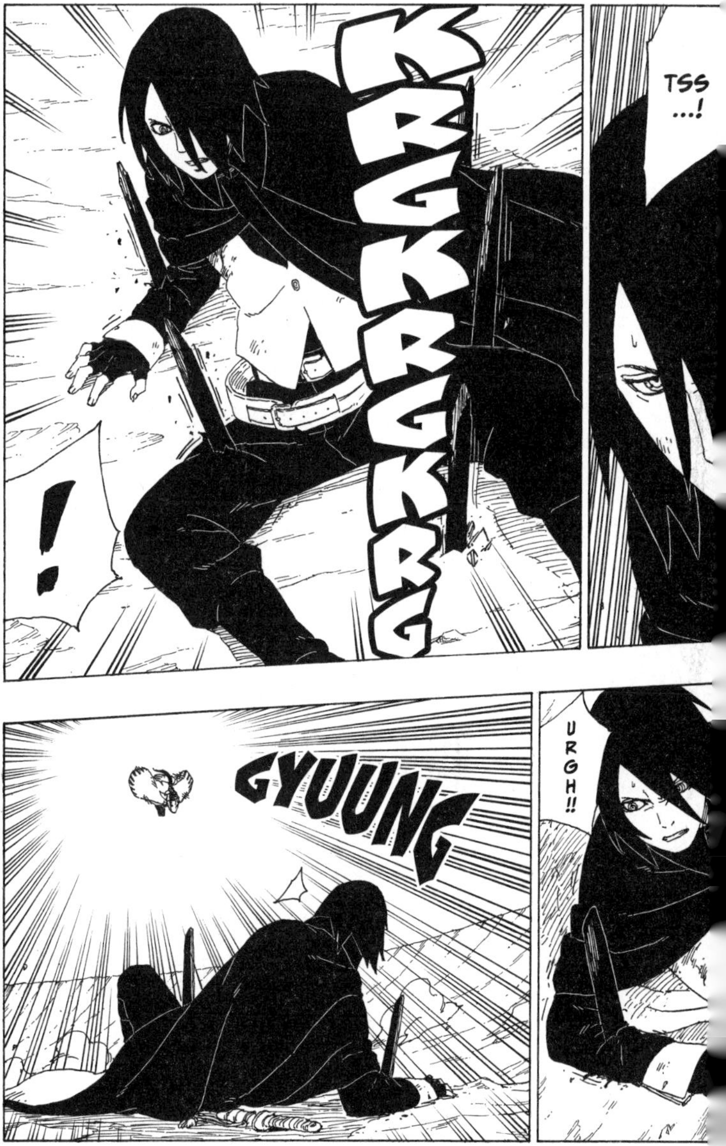
KRGKRGKRG
!
TSS ...!
URGH!!
GYUUNG

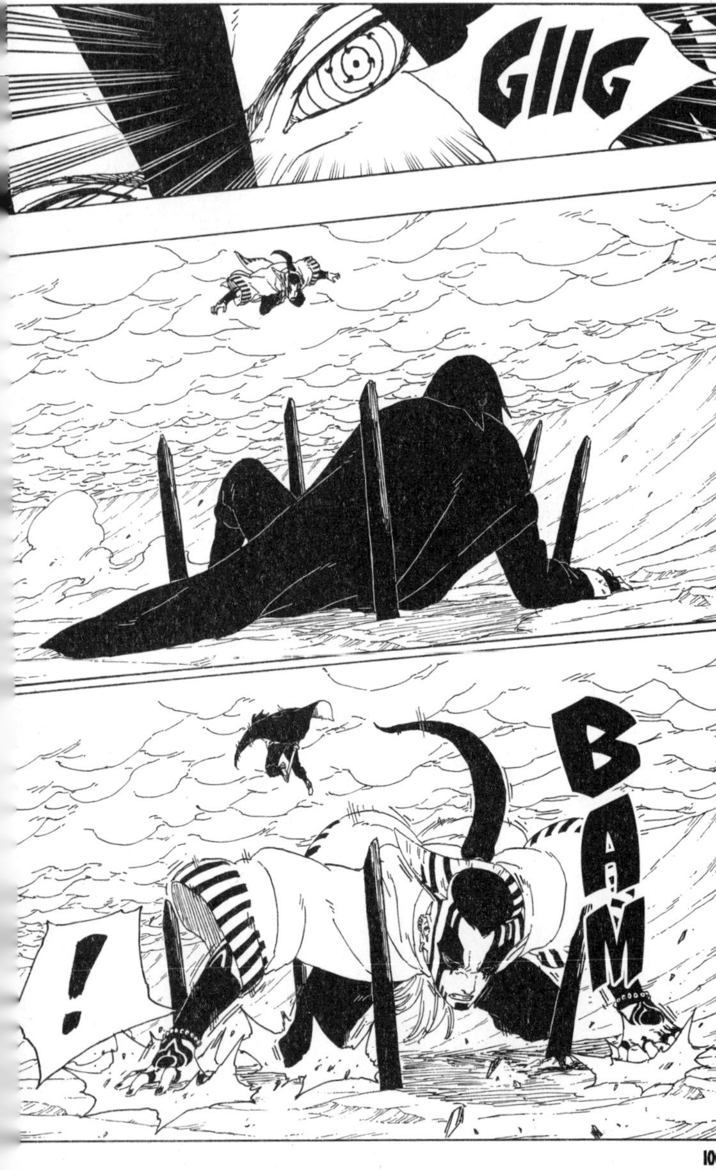

GIIG
BAM
!

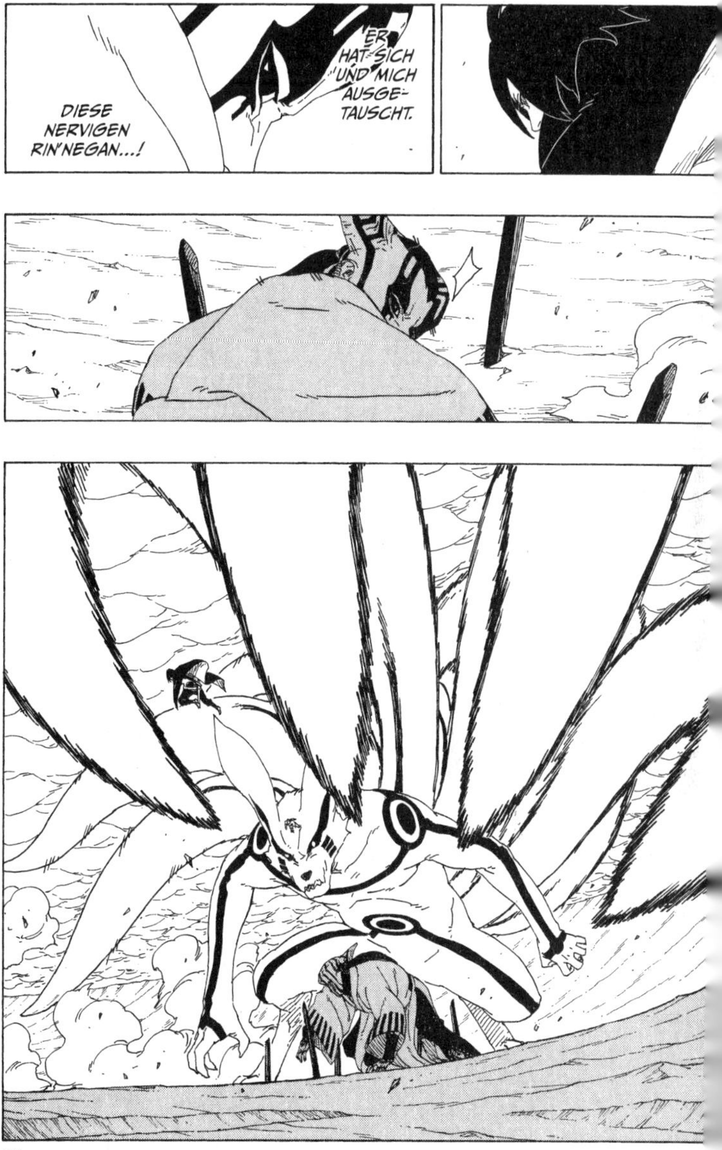
ER HAT SICH UND MICH AUSGETAUSCHT.
DIESE NERVIGEN RIN'NEGAN...!

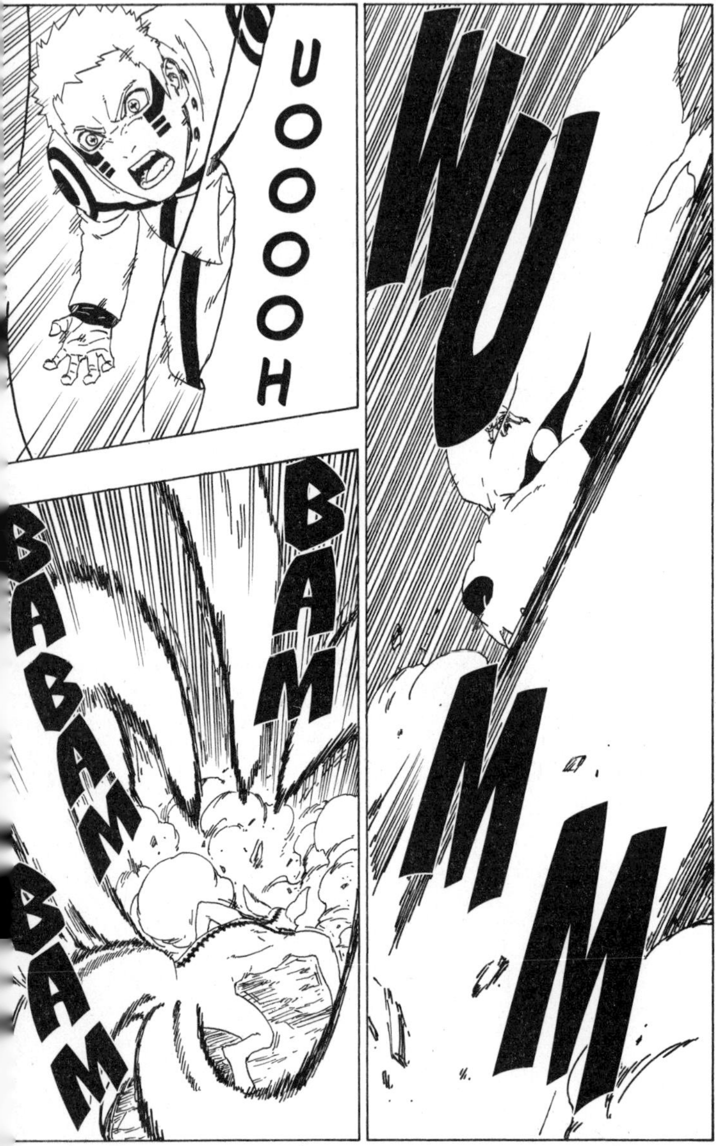
WUMMM
UOOOOH
BAM
BABAMBAM

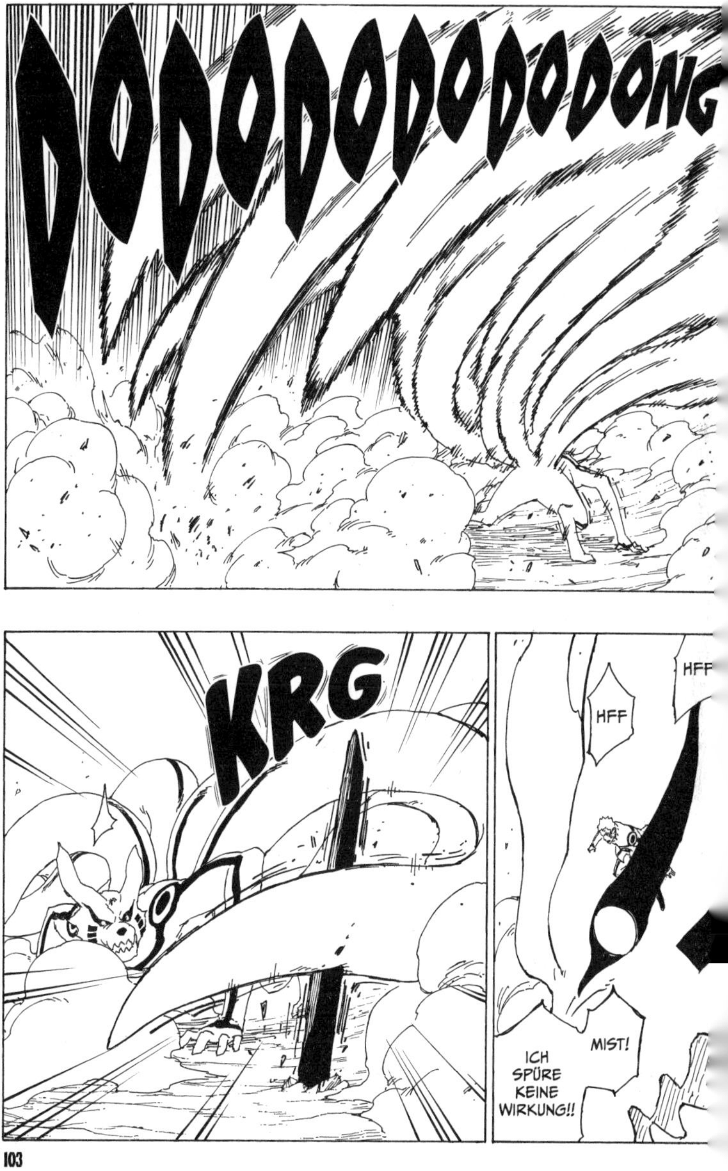
DODODODODODODONG
HFF
HFF
MIST!
ICH SPÜRE KEINE WIRKUNG!!
KRG

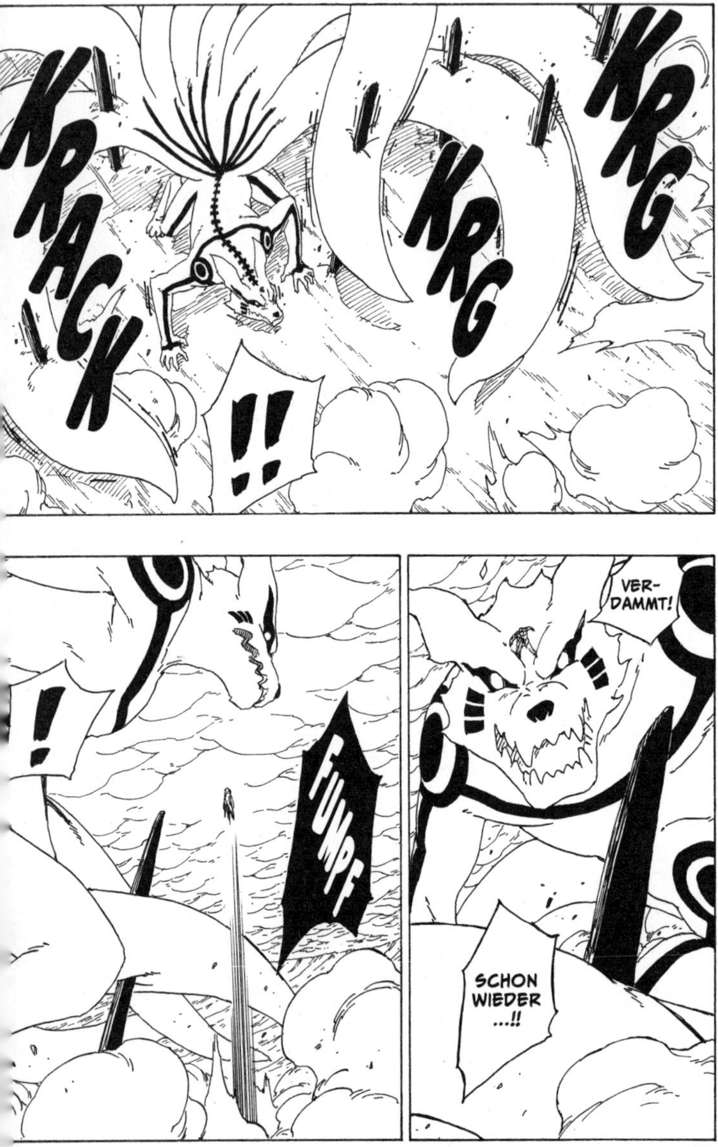
KRG
KRG
KRACK
!!
VER-
DAMMT!
SCHON
WIEDER
...!!
!
FUMPF

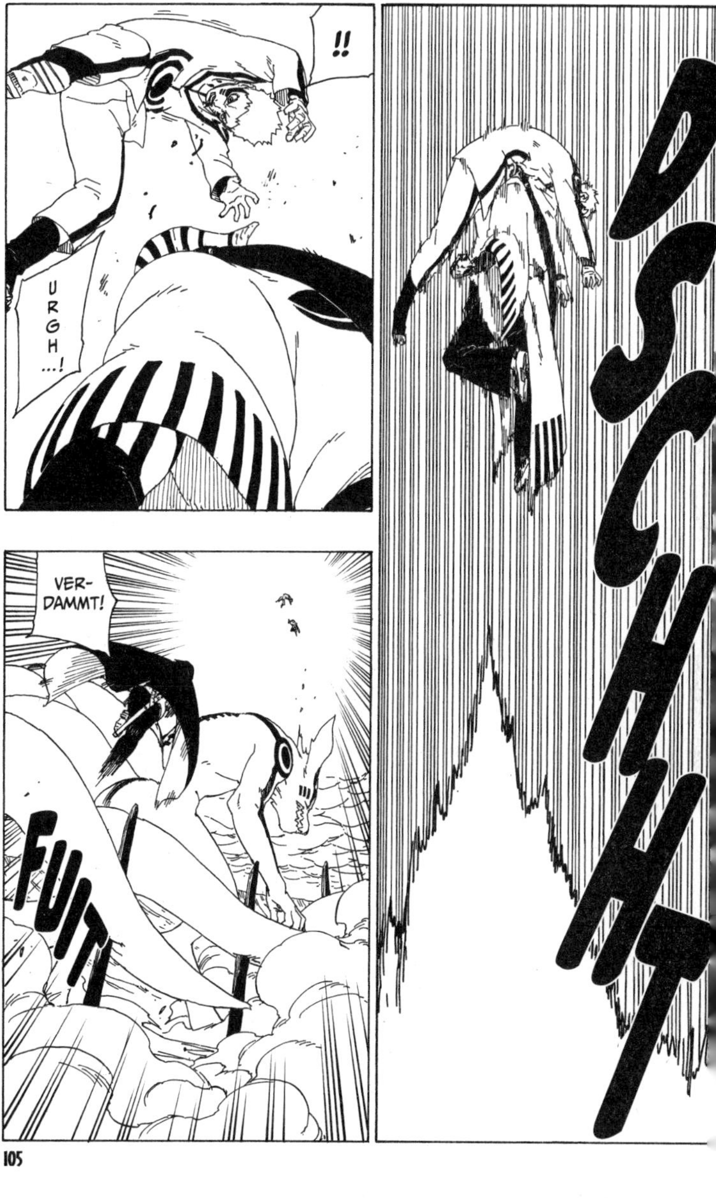
DSCHHHT
!!
URGH ...!
VER-
DAMMT!
FUIT!

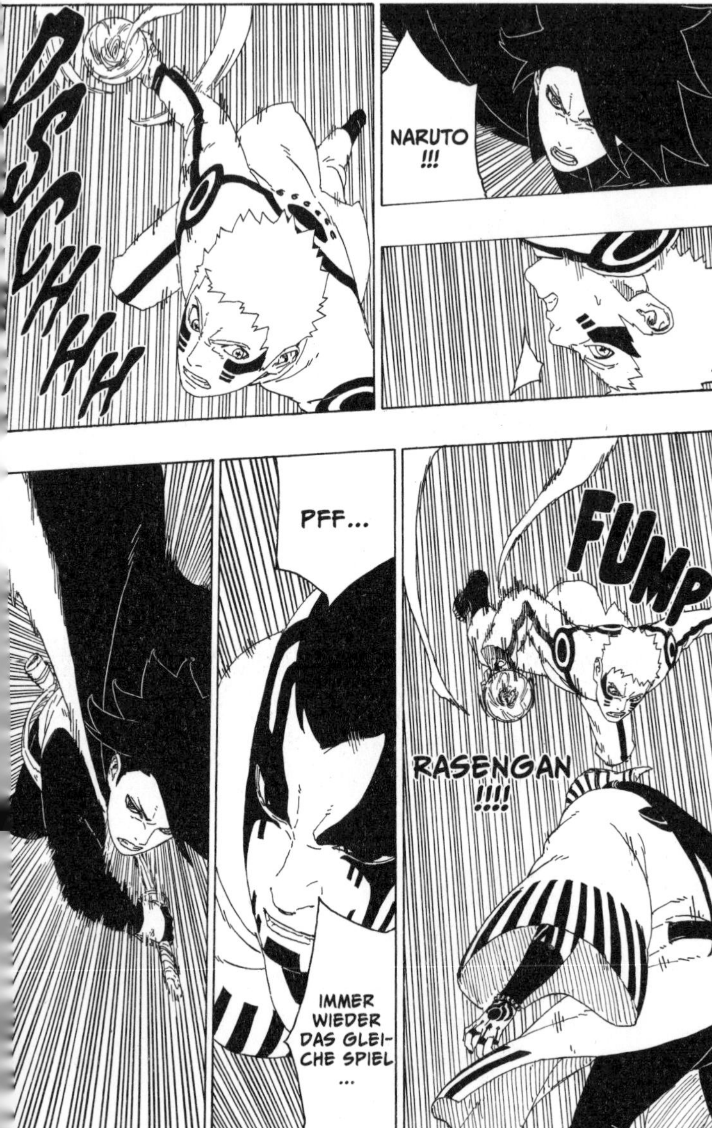
NARUTO !!!
DSCHHH
FUMP
RASENGAN !!!!
PFF...
IMMER WIEDER DAS GLEI-CHE SPIEL ...

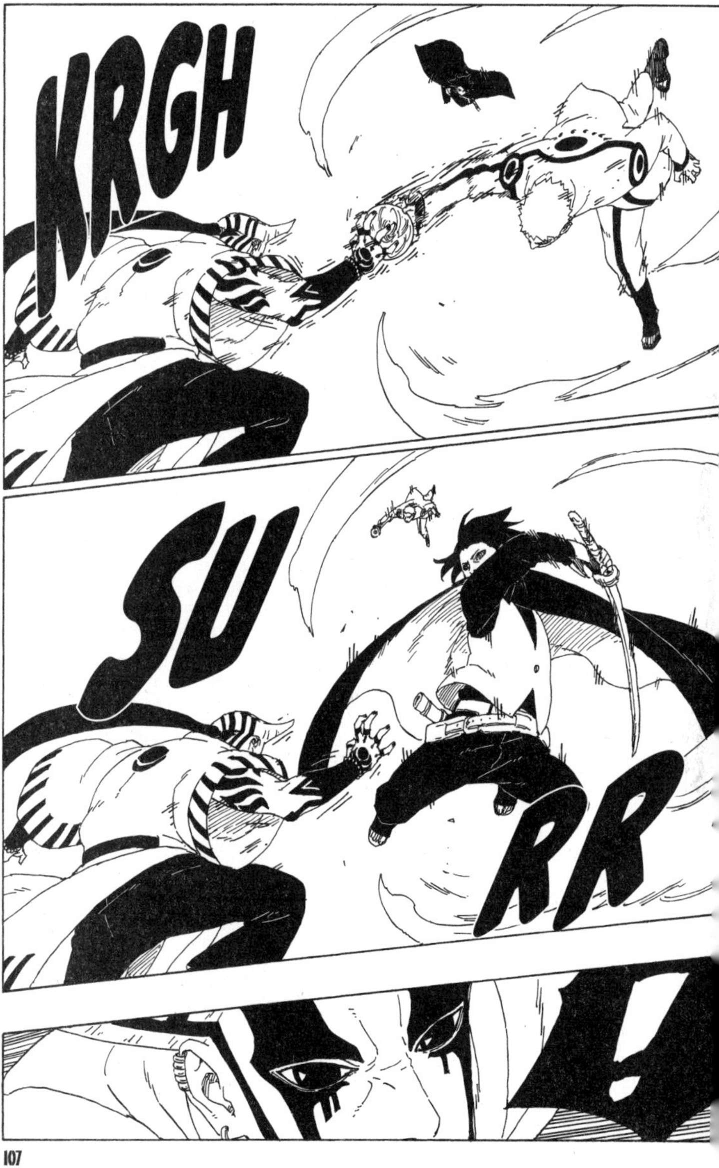
KRGH
SU
RR
!

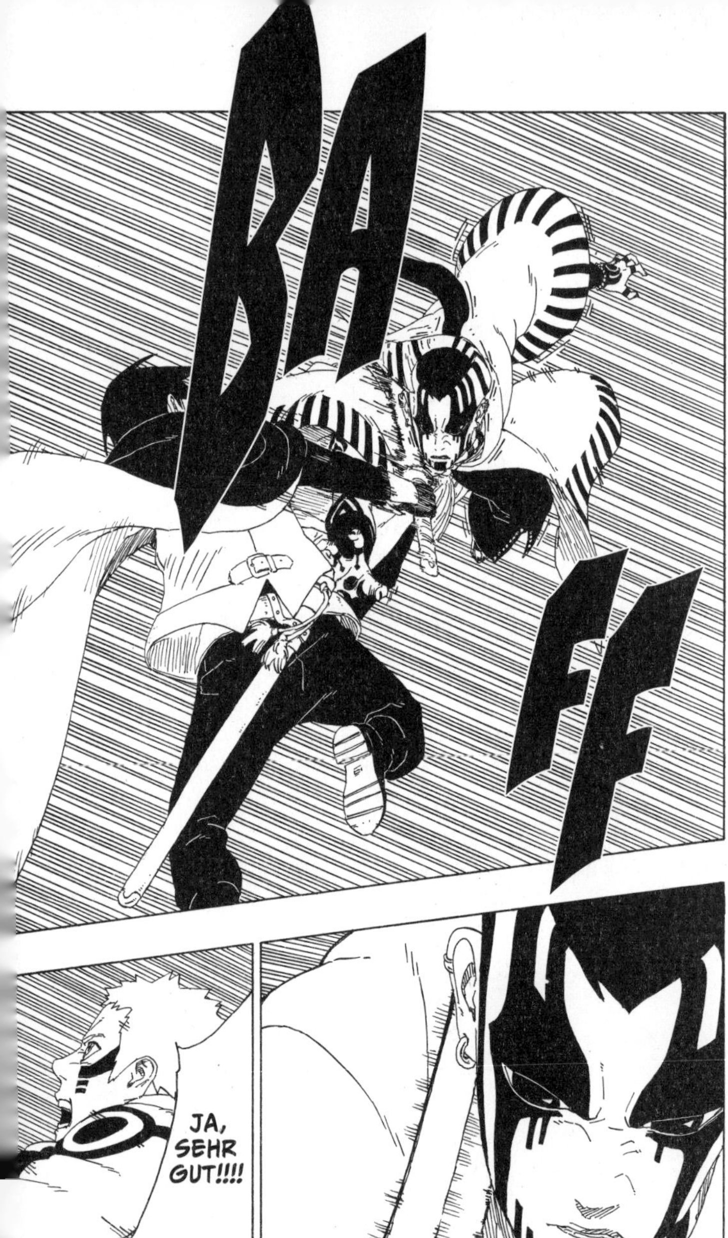
BA
FF
JA, SEHR GUT!!!!

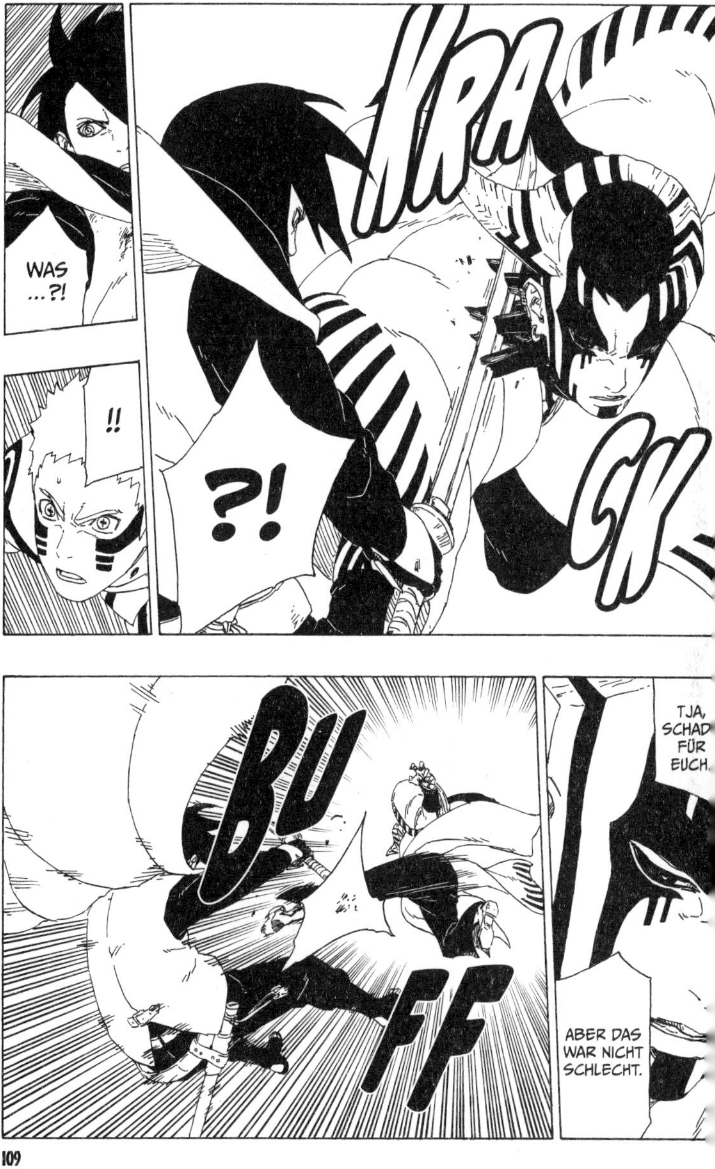
?!
WAS ...?!
!!
TJA, SCHAD FÜR EUCH.
ABER DAS WAR NICHT SCHLECHT.
BU
FF

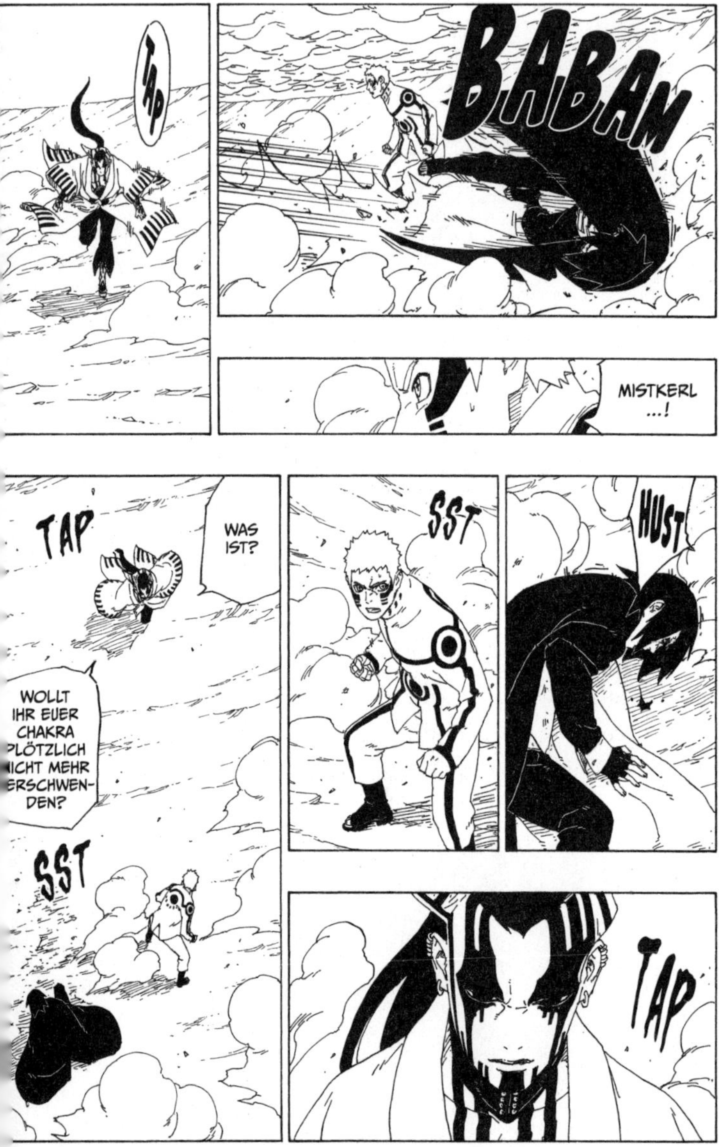
BABAM
TAP
MISTKERL ...!
HUST
SST
WAS IST?
TAP
WOLLT IHR EUER CHAKRA PLÖTZLICH ICHT MEHR ERSCHWEN- DEN?
SST
TAP

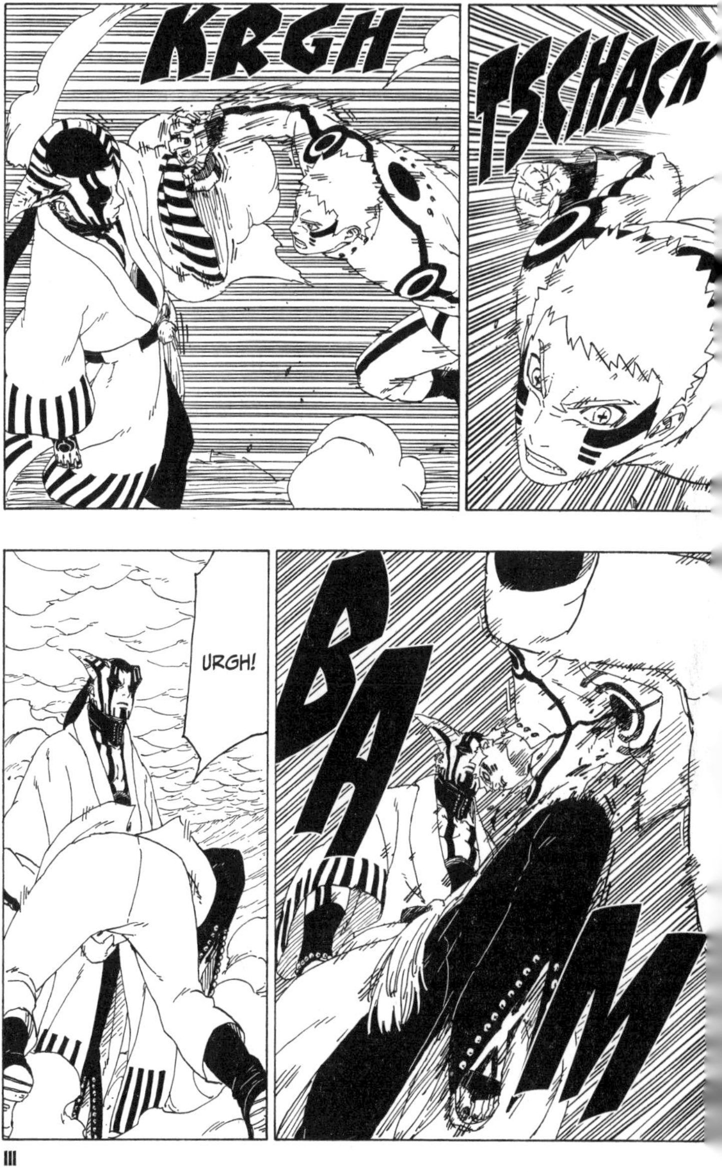
TSCHACK
KRGH
BAM
URGH!

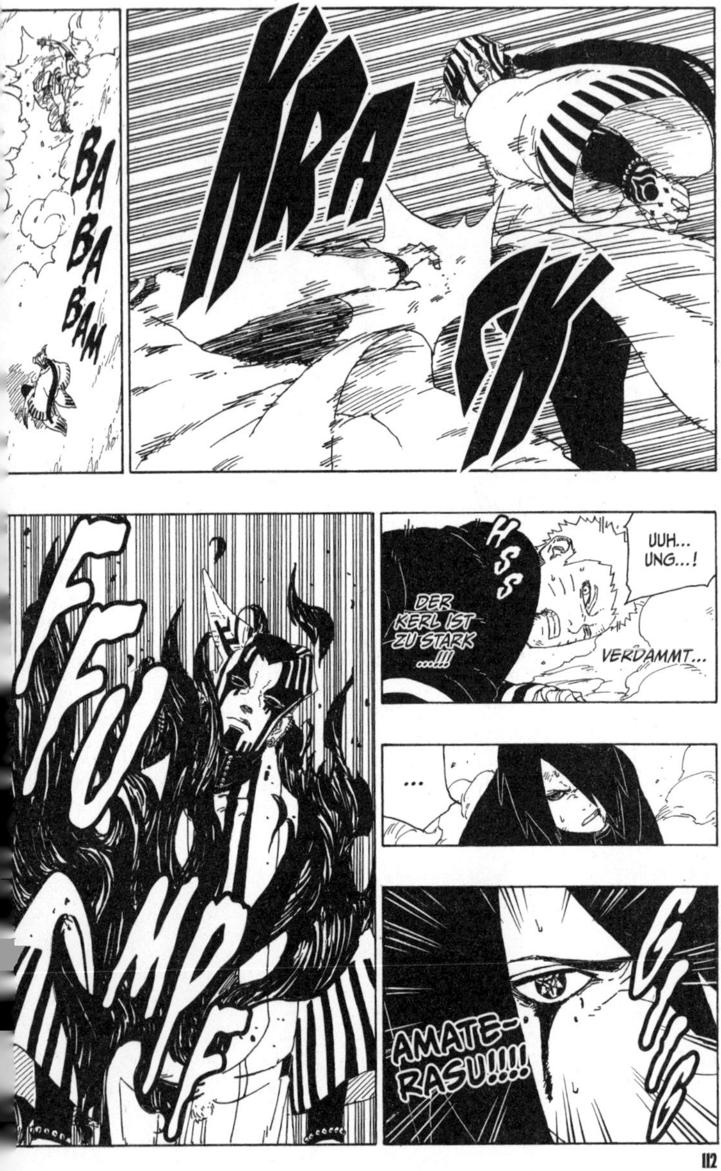

KRACK
BA
BA
BABAM
HSS
UUH... UNG...!
DER KERL IST ZU STARK ...!!!
VERDAMMT...
...
AMATE-RASU!!!!

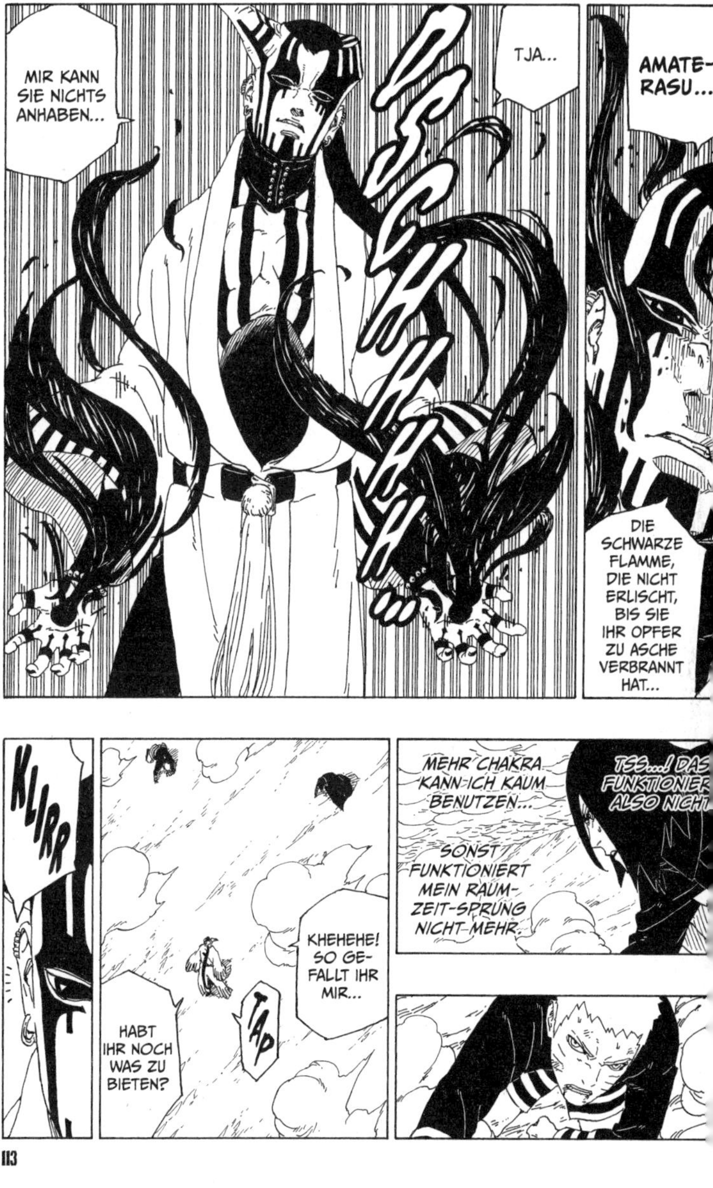
AMATE-
RASU...
DIE SCHWARZE FLAMME, DIE NICHT ERLISCHT, BIS SIE IHR OPFER ZU ASCHE VERBRANNT HAT...
TJA...
MIR KANN SIE NICHTS ANHABEN...
TSS...! DAS FUNKTIONIER ALSO NICHT
MEHR CHAKRA KANN ICH KAUM BENUTZEN...
SONST FUNKTIONIERT MEIN RAUM-ZEIT-SPRUNG NICHT MEHR.
KHEHEHE! SO GEFALLT IHR MIR...
TAP
HABT IHR NOCH WAS ZU BIETEN?
KLIRR

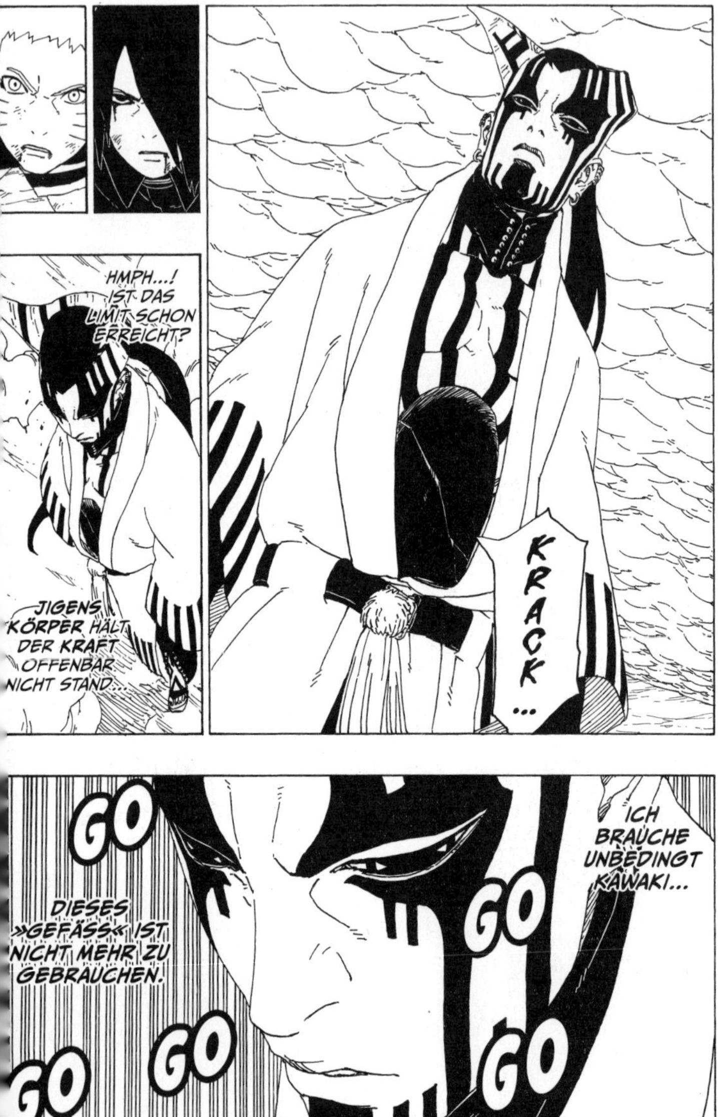
KRACK ...
HMPH...! IST DAS LIMIT SCHON ERREICHT?
JIGENS KÖRPER HÄLT DER KRAFT OFFENBAR NICHT STAND...
ICH BRAUCHE UNBEDINGT KAWAKI...
GO GO GO GO GO
DIESES »GEFÄSS« IST NICHT MEHR ZU GEBRAUCHEN.

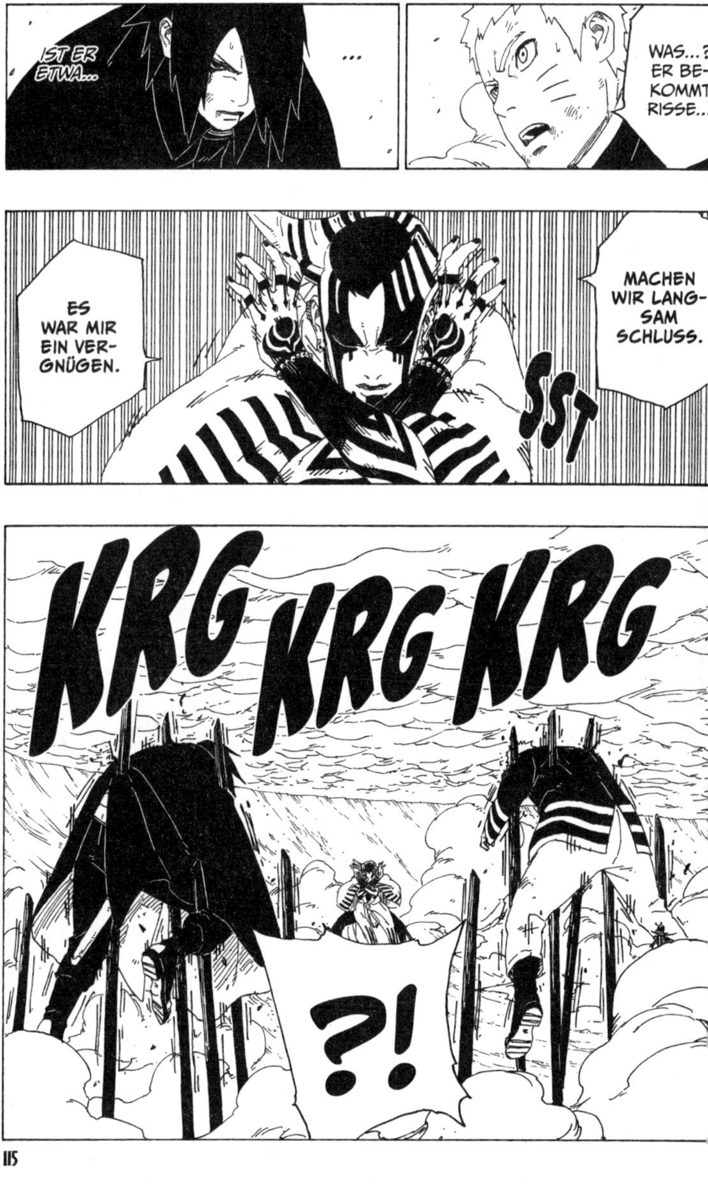
WAS...? ER BE-KOMMT RISSE...
...
IST ER ETWA...
MACHEN WIR LANGSAM SCHLUSS.
SST
ES WAR MIR EIN VERGNÜGEN.
KRG KRG KRG
?!

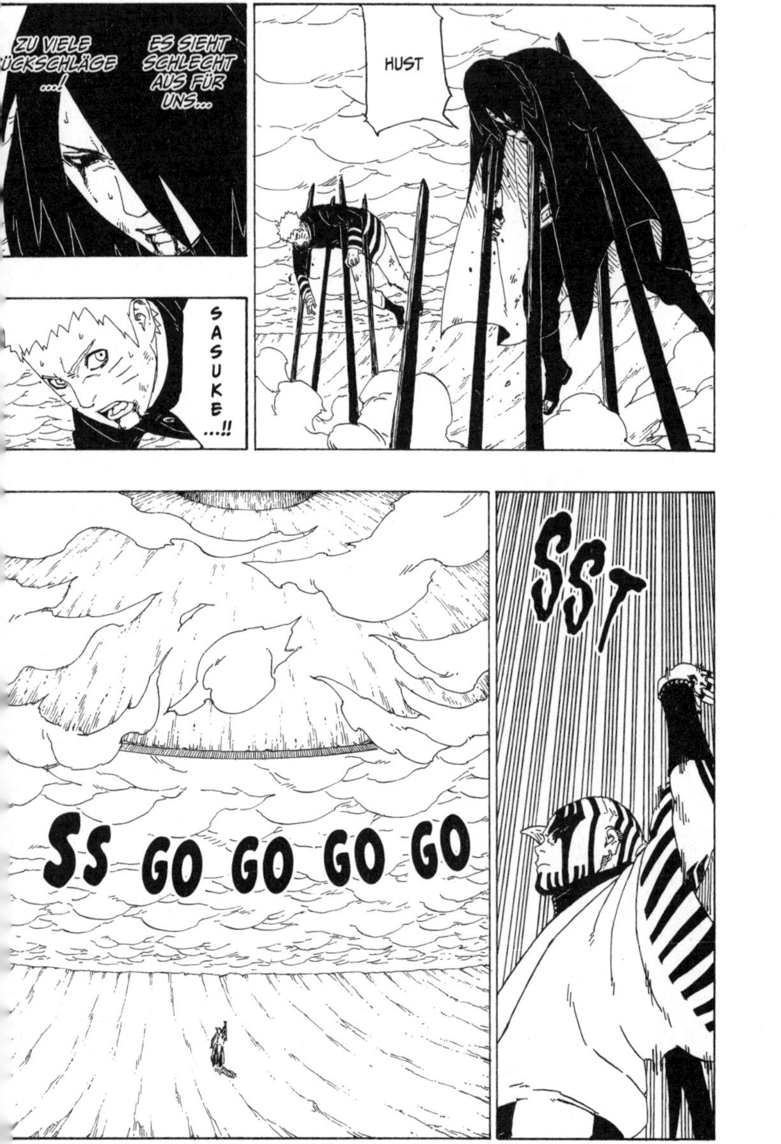

HUST
ES SIEHT SCHLECHT AUS FÜR UNS...
ZU VIELE ÜCKSCHLÄGE ...!
SASUKE ...!!
SST
SS GO GO GO GO

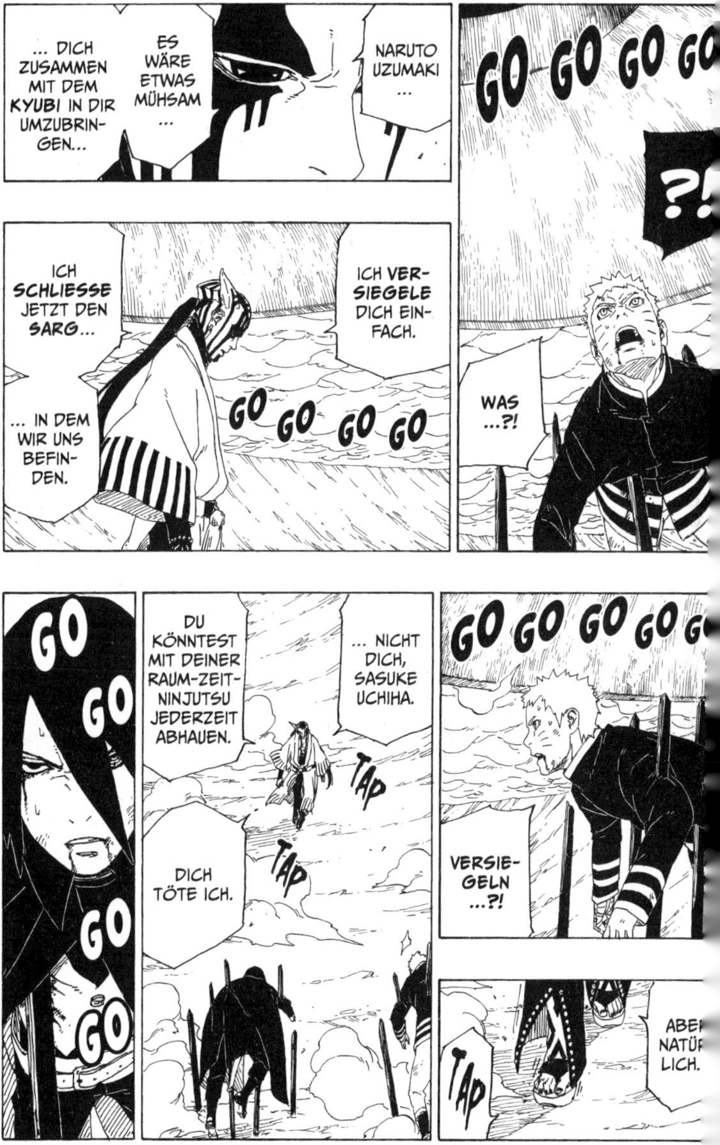
NARUTO UZUMAKI ...
ES WÄRE ETWAS MÜHSAM ...
... DICH ZUSAMMEN MIT DEM KYUBI IN DIR UMZUBRINGEN...
ICH VERSIEGELE DICH EINFACH.
ICH SCHLIESSE JETZT DEN SARG...
... IN DEM WIR UNS BEFINDEN.
GO GO GO GO
GO GO GO GO
?!
WAS ...?!
GO GO GO GO
VERSIEGELN ...?!
ABER NATÜRLICH.
TAP
... NICHT DICH, SASUKE UCHIHA.
DU KÖNNTEST MIT DEINER RAUM-ZEIT-NINJUTSU JEDERZEIT ABHAUEN.
TAP
TAP
DICH TÖTE ICH.
GO
GO
GO
GO

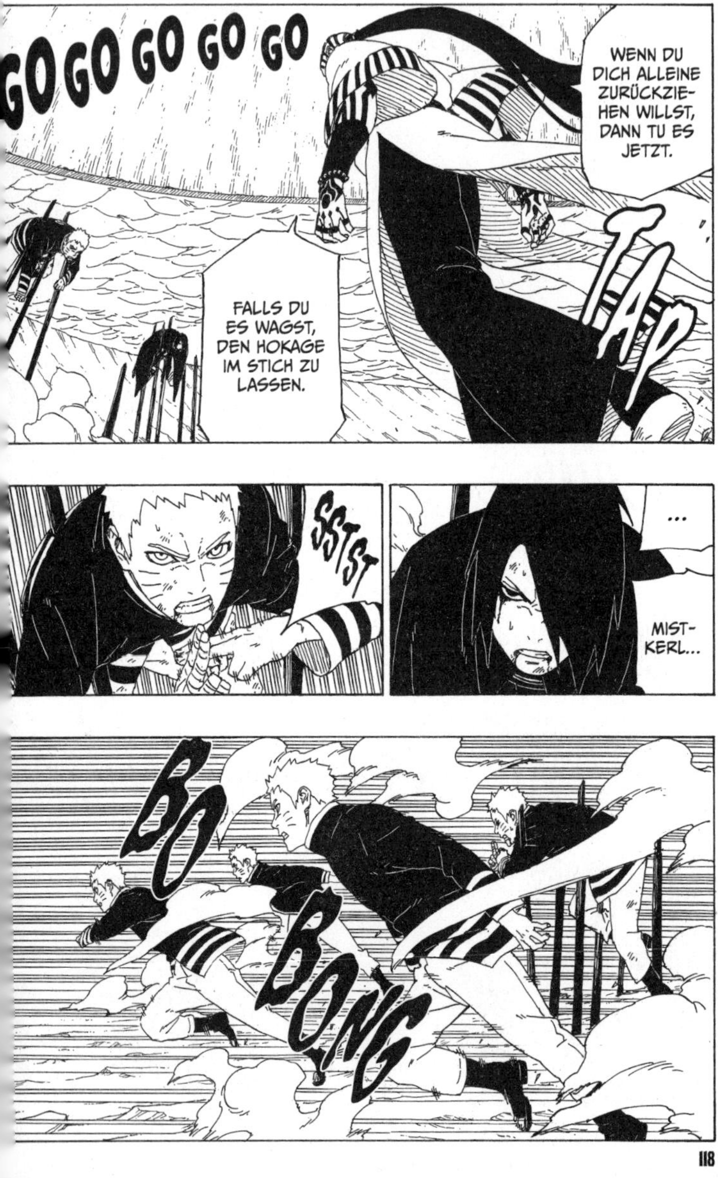
GO GO GO GO GO
WENN DU DICH ALLEINE ZURÜCKZIEHEN WILLST, DANN TU ES JETZT.
TAP
FALLS DU ES WAGST, DEN HOKAGE IM STICH ZU LASSEN.
...
MIST-KERL...
SSTST
BO
BONG

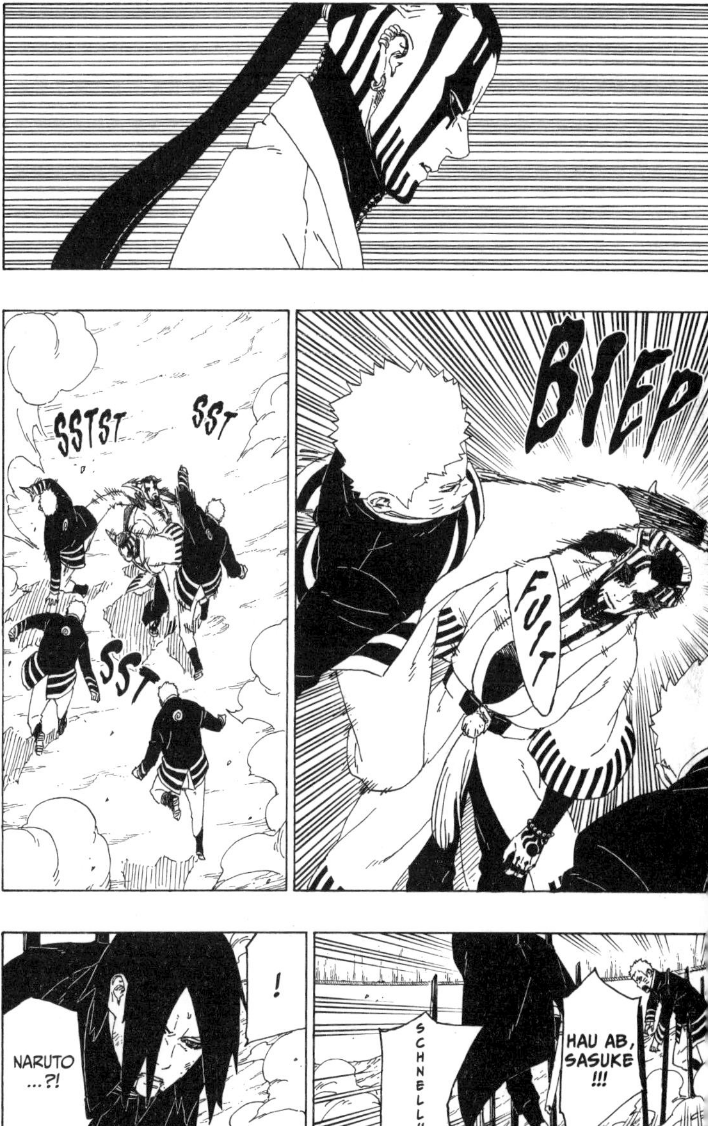
BIEP
FUIT
SSTST
SST
SST
!
HAU AB, SASUKE!!!
SCHNELL!!
NARUTO ...?!

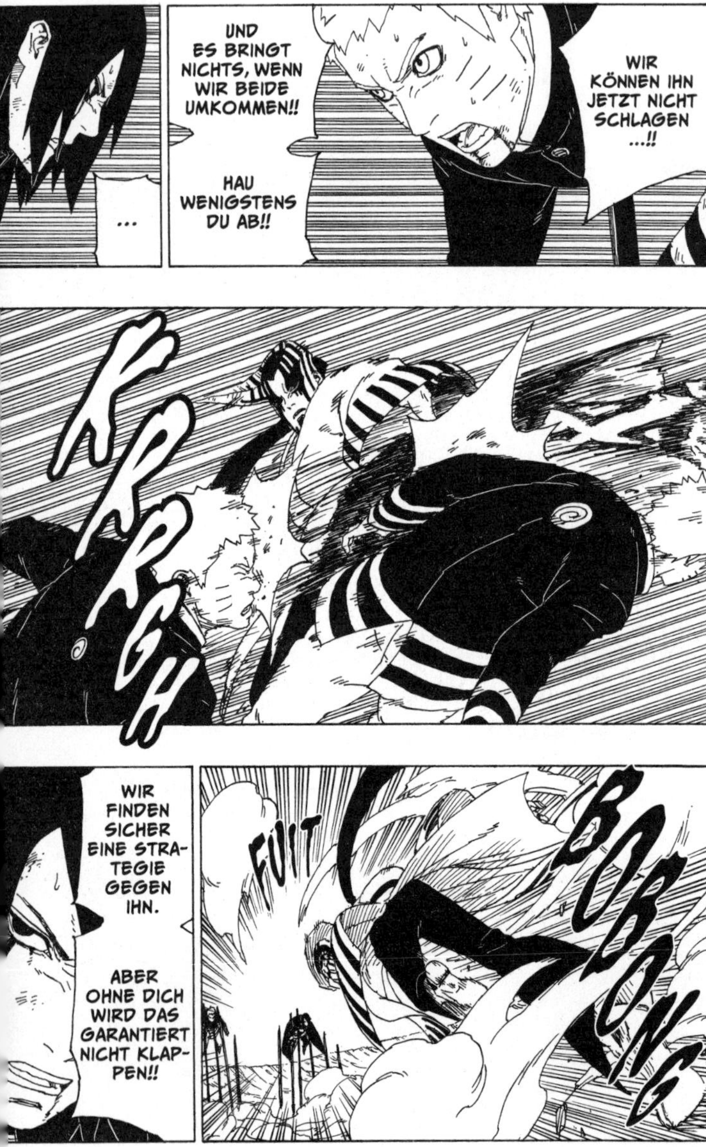
WIR KÖNNEN IHN JETZT NICHT SCHLAGEN ...!!
UND ES BRINGT NICHTS, WENN WIR BEIDE UMKOMMEN!!
HAU WENIGSTENS DU AB!!
...
KRRGH
BOBONG
FUIT
WIR FINDEN SICHER EINE STRATEGIE GEGEN IHN.
ABER OHNE DICH WIRD DAS GARANTIERT NICHT KLAPPEN!!

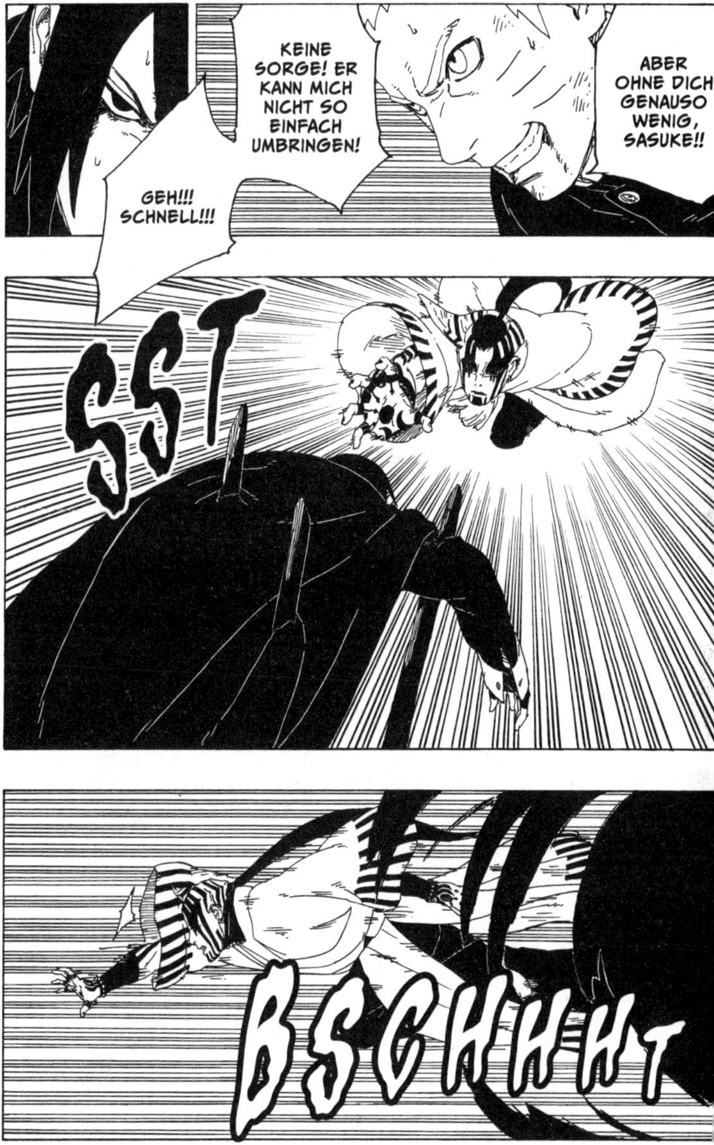
ABER OHNE DICH GENAUSO WENIG, SASUKE!!
KEINE SORGE! ER KANN MICH NICHT SO EINFACH UMBRINGEN!
GEH!!! SCHNELL!!!
SST
BSCHHHT

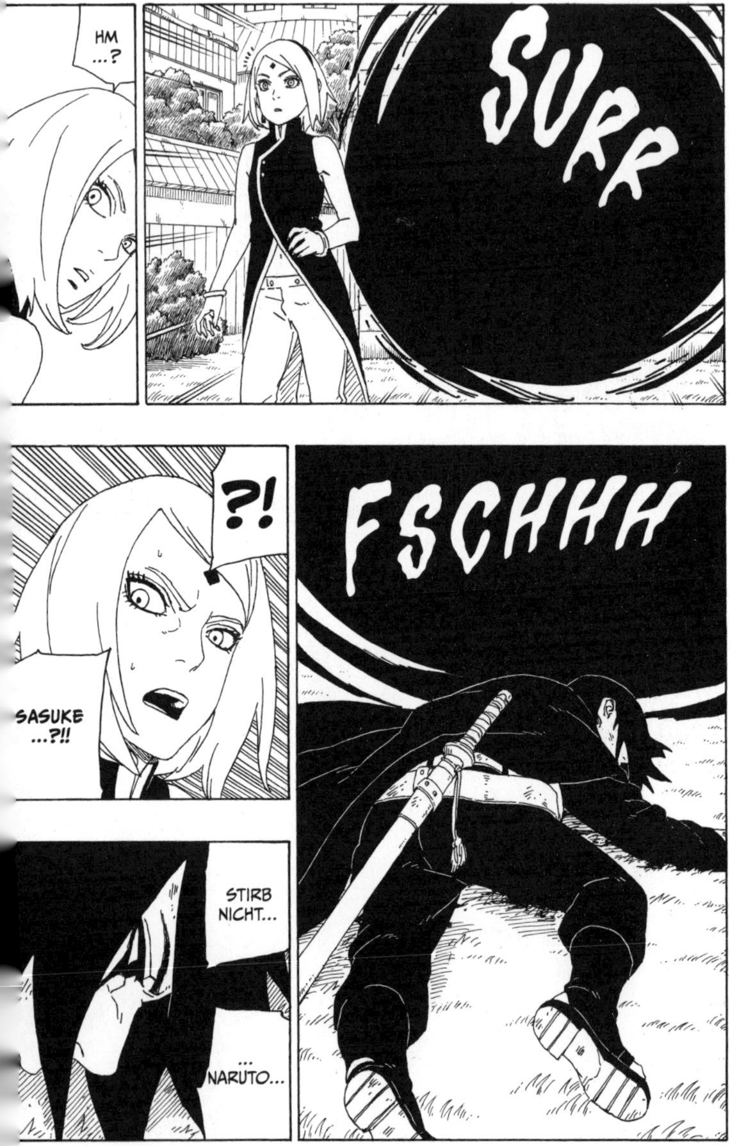
SURR
HM ...?
FSCHHH
?!
SASUKE ...?!!
STIRB NICHT...
... NARUTO...

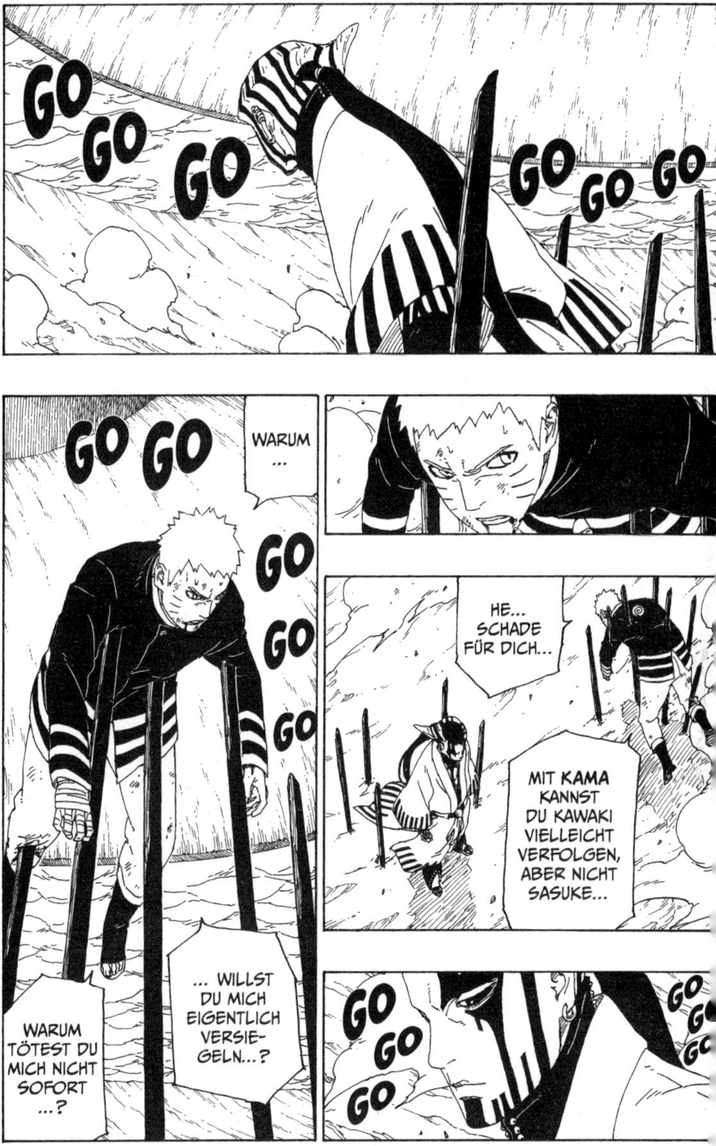
GO GO GO
GO GO GO
HE... SCHADE FÜR DICH...
MIT KAMA KANNST DU KAWAKI VIELLEICHT VERFOLGEN, ABER NICHT SASUKE...
GO GO GO
GO GO GO
GO GO
WARUM ...
GO GO GO
... WILLST DU MICH EIGENTLICH VERSIE-GELN...?
WARUM TÖTEST DU MICH NICHT SOFORT ...?

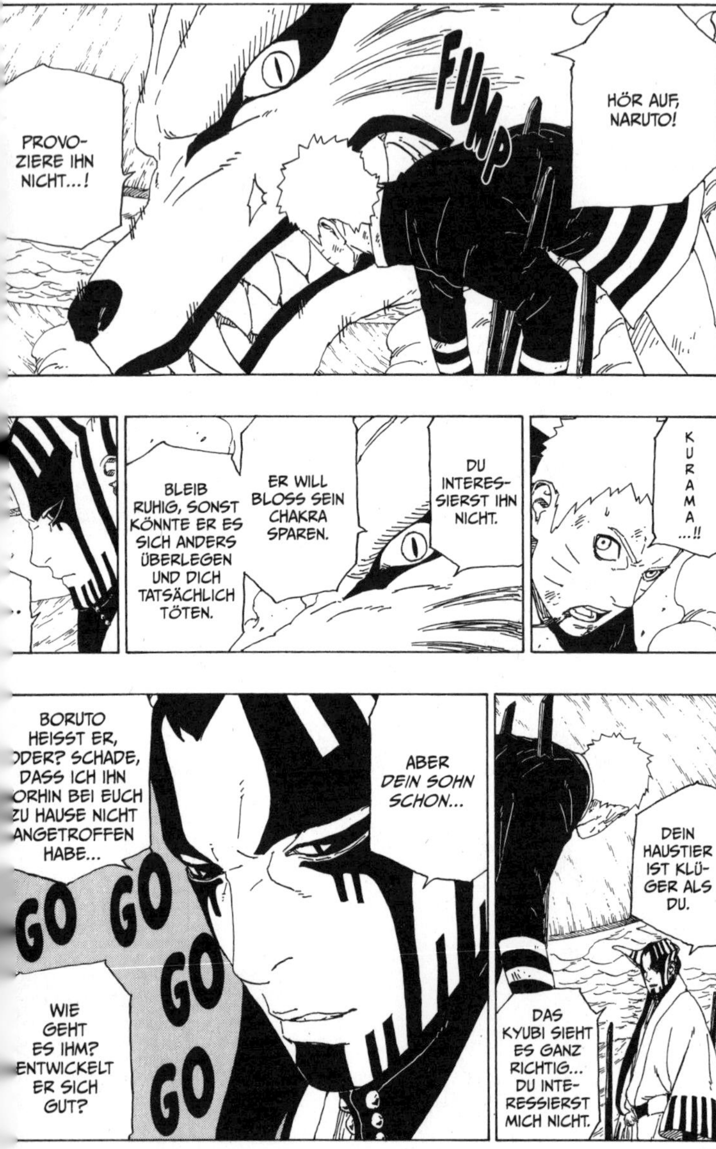
FUMP
HÖR AUF, NARUTO!
PROVOZIERE IHN NICHT...!
KURAMA...!!
DU INTERESSIERST IHN NICHT.
ER WILL BLOSS SEIN CHAKRA SPAREN.
BLEIB RUHIG, SONST KÖNNTE ER ES SICH ANDERS ÜBERLEGEN UND DICH TATSÄCHLICH TÖTEN.
DEIN HAUSTIER IST KLÜGER ALS DU.
DAS KYUBI SIEHT ES GANZ RICHTIG... DU INTERESSIERST MICH NICHT.
ABER DEIN SOHN SCHON...
BORUTO HEISST ER, DER? SCHADE, DASS ICH IHN ORHIN BEI EUCH ZU HAUSE NICHT ANGETROFFEN HABE...
GO GO GO GO
WIE GEHT ES IHM? ENTWICKELT ER SICH GUT?

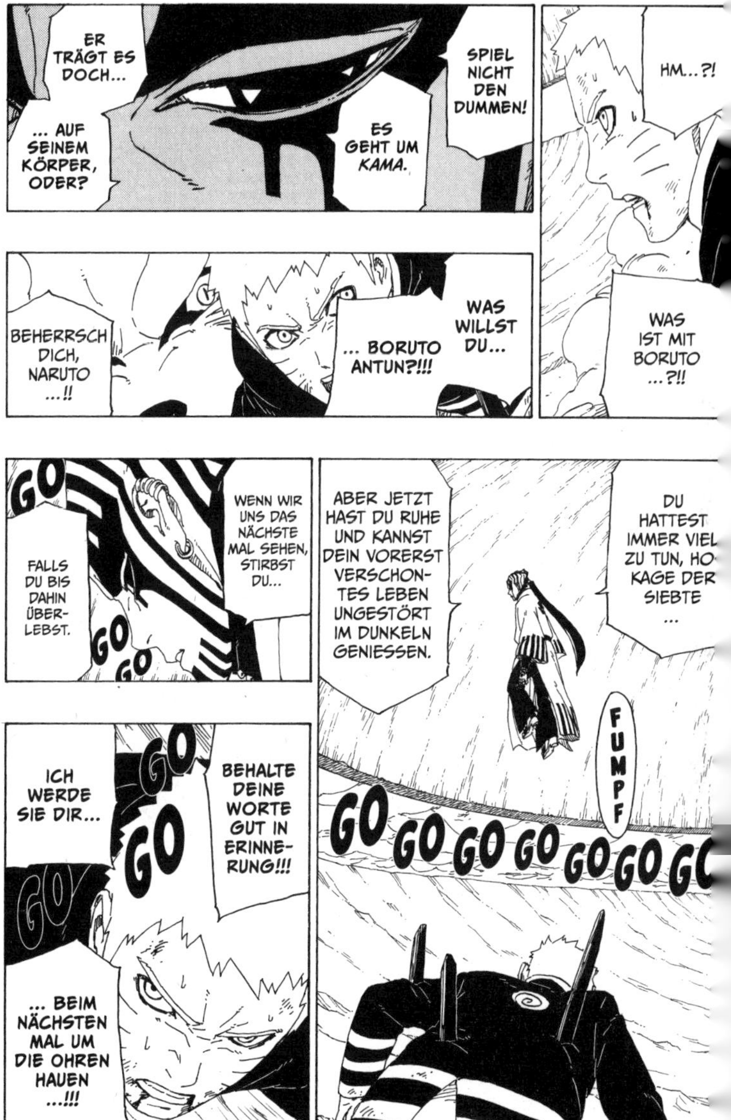
HM...?!
SPIEL NICHT DEN DUMMEN!
ES GEHT UM KAMA.
ER TRÄGT ES DOCH...
... AUF SEINEM KÖRPER, ODER?
WAS IST MIT BORUTO ...?!!
WAS WILLST DU...
... BORUTO ANTUN?!!!
BEHERRSCH DICH, NARUTO ...!!
DU HATTEST IMMER VIEL ZU TUN, HOKAGE DER SIEBTE ...
ABER JETZT HAST DU RUHE UND KANNST DEIN VORERST VERSCHONTES LEBEN UNGESTÖRT IM DUNKELN GENIESSEN.
WENN WIR UNS DAS NÄCHSTE MAL SEHEN, STIRBST DU...
FALLS DU BIS DAHIN ÜBERLEBST.
GO GO GO
FUMPF
GO GO GO GO GO GO GO
BEHALTE DEINE WORTE GUT IN ERINNERUNG!!!
ICH WERDE SIE DIR...
... BEIM NÄCHSTEN MAL UM DIE OHREN HAUEN ...!!!
GO GO GO

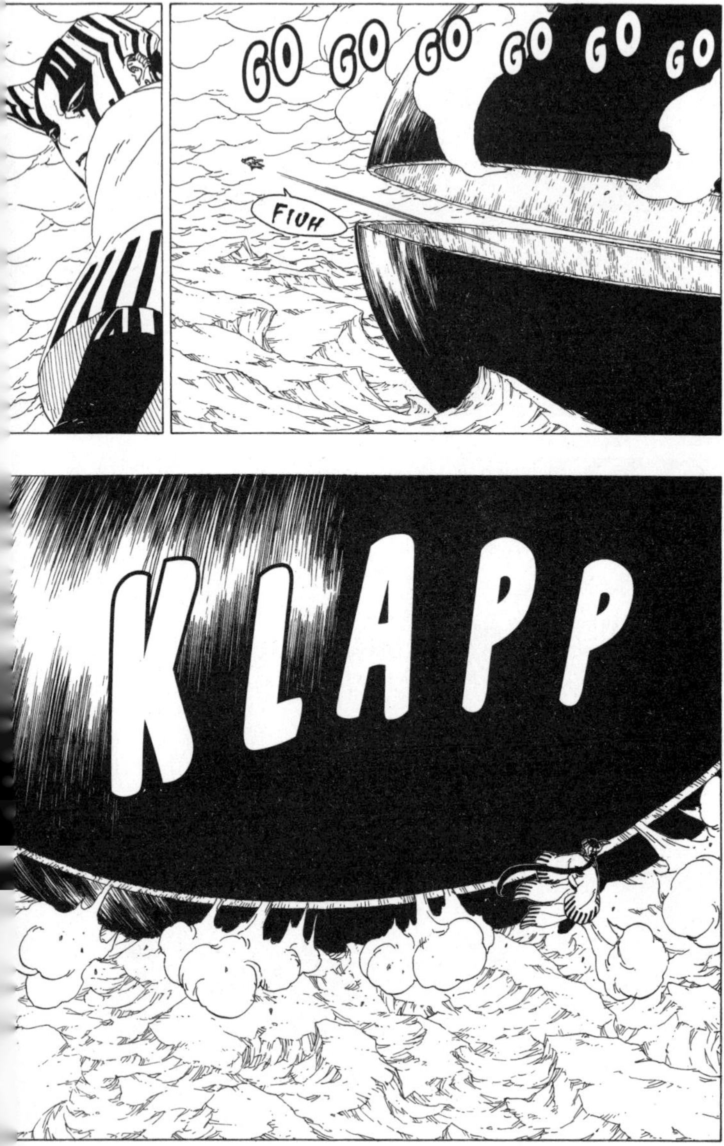
GO GO GO GO GO GO
FIUH
KLAPP

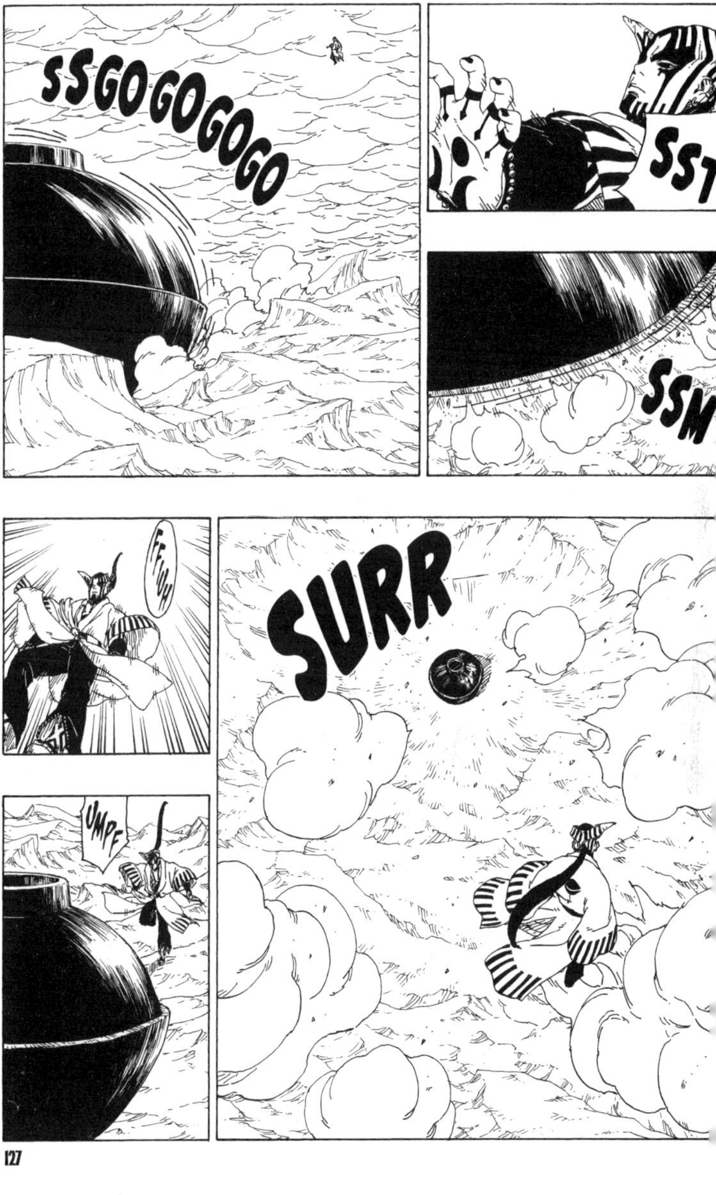
SSGOGOGOGO
SST
SSM
FFUUH
SURR
UMPF

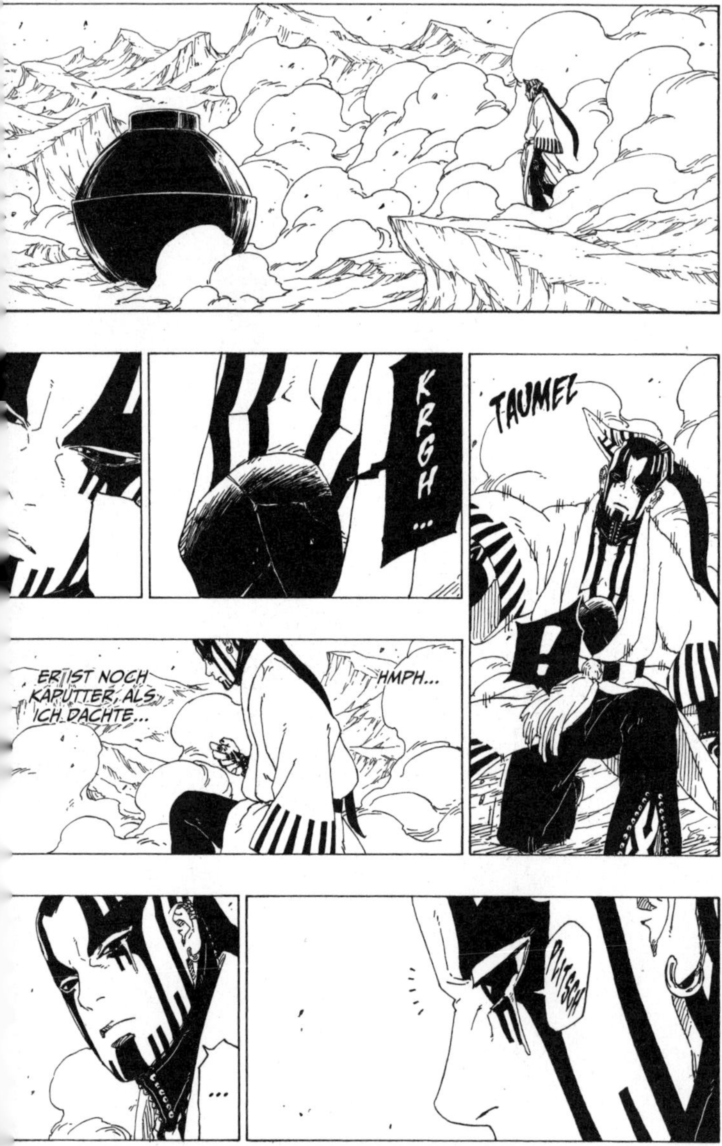
KRGH ...
TAUMEL
HMPH...
ER IST NOCH KAPUTTER, ALS ICH DACHTE...
PLITSCH
...

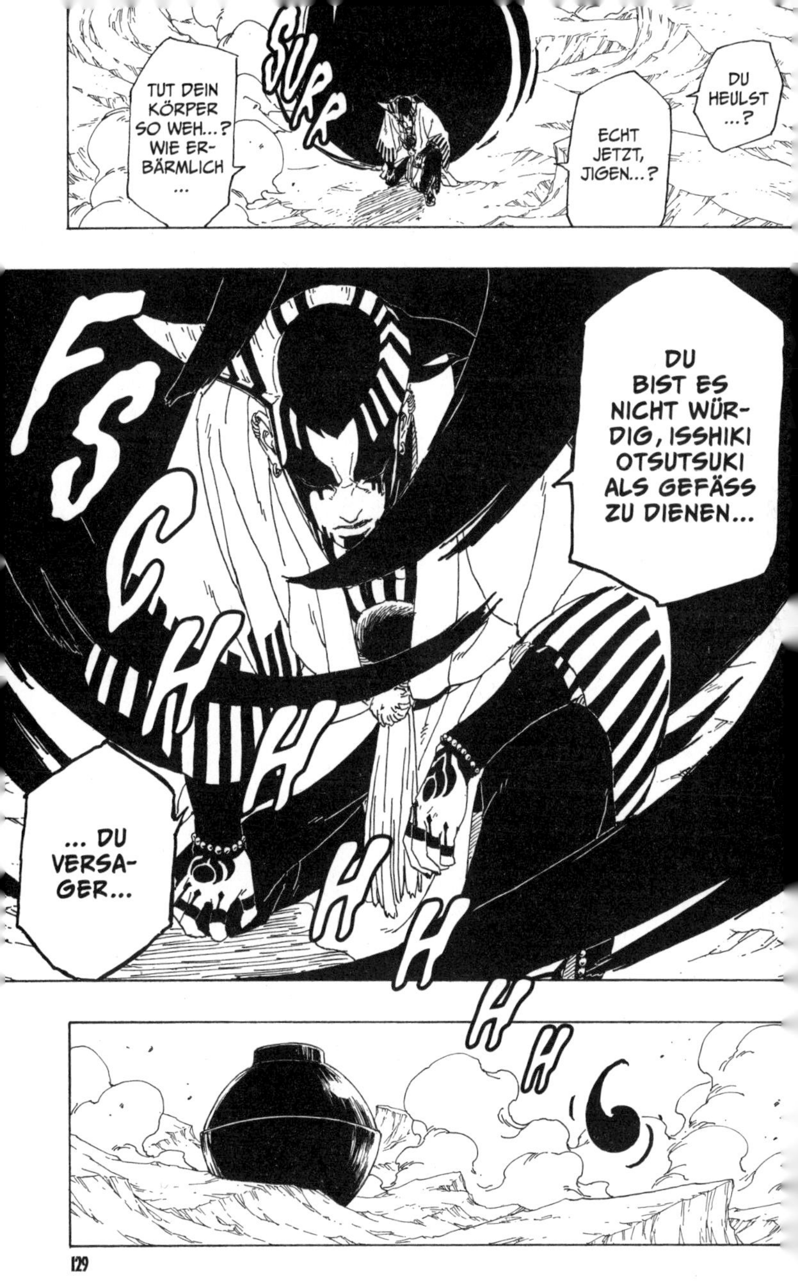

DU HEULST …?
ECHT JETZT, JIGEN…?
SURR
TUT DEIN KÖRPER SO WEH…? WIE ERBÄRMLICH …
DU BIST ES NICHT WÜRDIG, ISSHIKI OTSUTSUKI ALS GEFÄSS ZU DIENEN…
FSCHHHHHH
… DU VERSAGER…

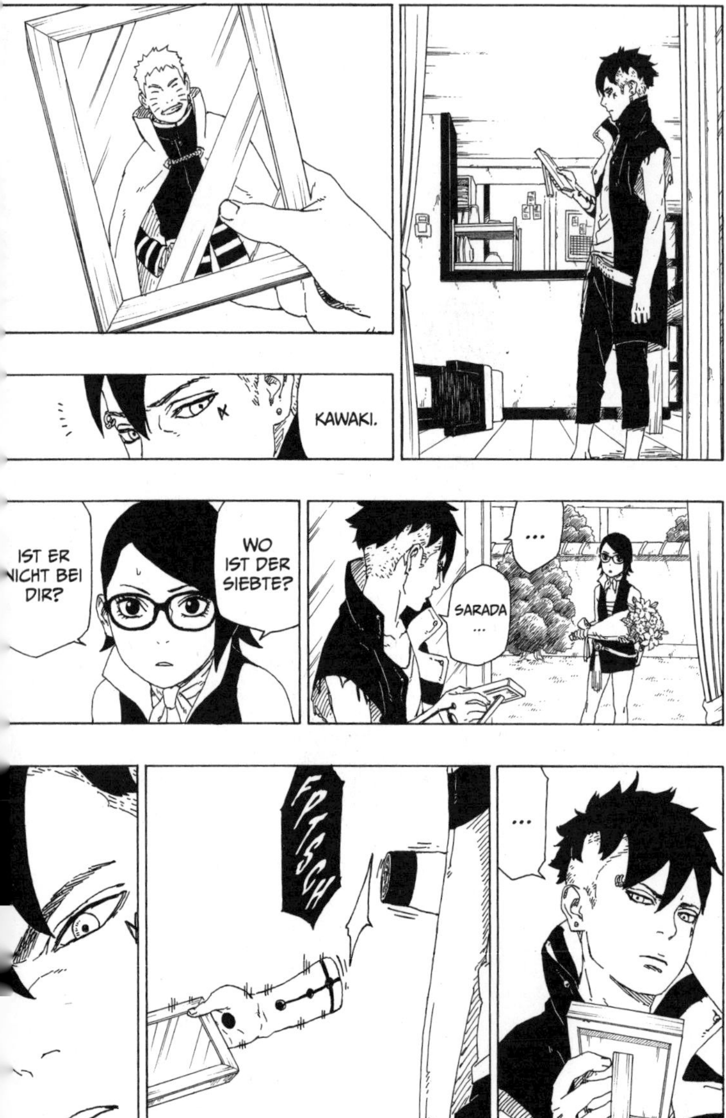

KAWAKI.
...
SARADA ...
...
WO IST DER SIEBTE?
IST ER NICHT BEI DIR?
...
FPTSCH

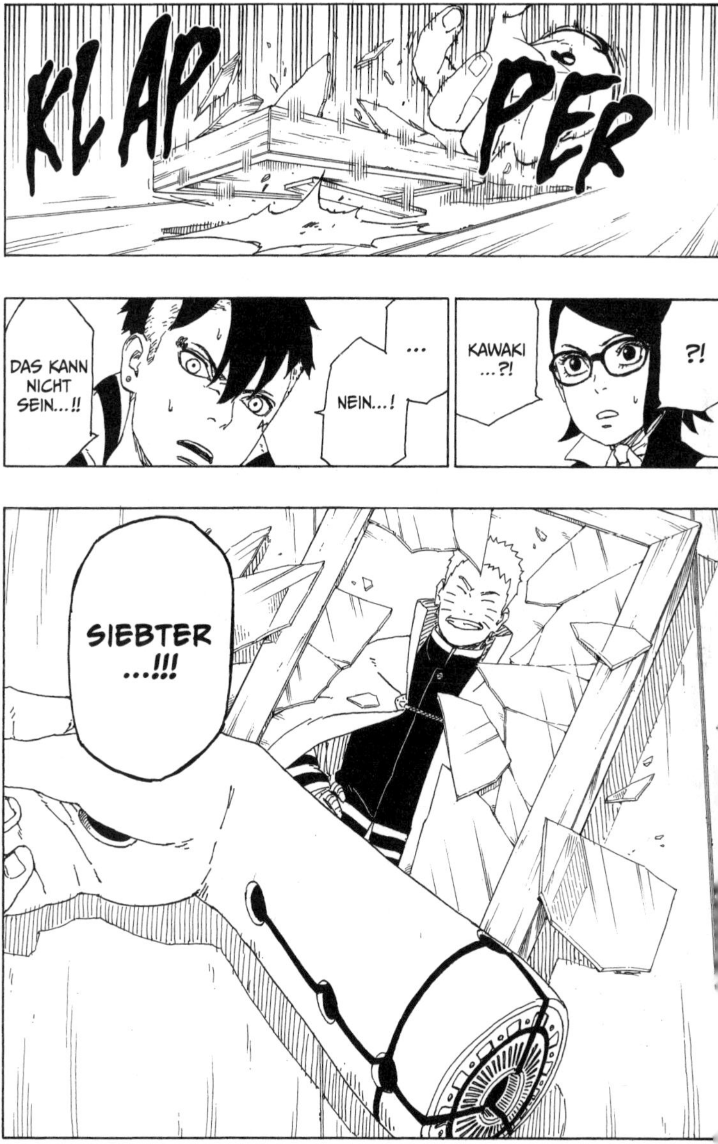
KLAP PER
?!
KAWAKI ...?!
...
NEIN...!
DAS KANN NICHT SEIN...!!
SIEBTER ...!!!

GEHEIMÜBERLIEFERUNG DER NINJA, TEIL 7: DIE NINJA UND DIE WISSENSCHAFT

DIE NINJA SCHÄTZEN DIE WISSENSCHAFT, UND VIELE SIND SELBST HERAUSRAGENDE FORSCHER. OROCHIMARU, KABUTO YAKUSHI UND KATASUKE SIND DIE BEKANNTESTEN BEISPIELE, ABER SO GUT WIE ALLE FÜHRENDEN NINJA BESITZEN MINDESTENS GRUNDKENNTNISSE IN DER EIN ODER ANDEREN WISSENSCHAFT (EINE DER WENIGEN AUSNAHMEN: NARUTO UZUMAKI). DIE NINJA VERSUCHTEN SCHON IMMER DAS UNIVERSUM ZU ERKUNDEN, UM IHRE KÜNSTE ZU VERFEINERN. UND DABEI HABEN SIE VIELE KENNTNISSE GESAMMELT. SIE MÜSSEN UND WOLLEN VERSTEHEN, WIE DIE WELT ZUSAMMENGESETZT IST UND WIE SIE FUNKTIONIERT.

MAN KANN EINE NINJUTSU NICHT ANWENDEN, MIT DER MAN SICH NICHT AUSKENNT. RAIKIRI KANN MAN ERST DANN AUSÜBEN, WENN MAN WEISS, WAS EIN BLITZ IST. EINE GENJUTSU KANN MAN NUR DURCHFÜHREN, WENN MAN WEISS, WIE DIE MENSCHEN IHRE UMGEBUNG WAHRNEHMEN. JEDE NEUE KENNTNIS VON DER WELT BRACHTE EINE NEUE KUNST HERVOR. BALD KÖNNTE EINE KUNST ENTWICKELT WERDEN, DIE COMPUTER-NETZWERKE BEEINFLUSST. ODER MANCHE NINJA KÖNNTEN IN DER LAGE SEIN, MIT IHREN KÜNSTEN ELEKTRISCHE GERÄTE ZU MANIPULIEREN. WOMÖGLICH GIBT ES DIESE KÜNSTE SOGAR BEREITS?

WISSENSCHAFT UND HIGHTECH SIND HEUTE ABER NICHT NUR IM LEBEN DER NINJA ALLGEGENWÄRTIG, SONDERN IM LEBEN ALLER DORFBEWOHNER. NICHT SELTEN WERDEN WISSENSCHAFTLICHE TAGUNGEN SOGAR VON DEN NINJA UND ANDEREN DORFBEWOHNERN GEMEINSAM AUSGERICHTET UND BESUCHT. UND DIE WORTE EINES AUSGEZEICHNETEN WISSENSCHAFTLERS NEHMEN DIE NINJA SELBSTVERSTÄNDLICH AUCH DANN ERNST, WENN ER KEIN NINJA IST.

HAT EIN NINJA-DORF VIELE AUSGEZEICHNETE WISSENSCHAFTLER, DANN HEBT DAS AUCH DIREKT DEN STELLENWERT DES DORFES. DIE NINJA SIND DAHER AUCH STÄNDIG AUF DER SUCHE NACH VIELVERSPRECHENDEN WISSENSCHAFTLERN – GROBE HANDLUNGEN WIE ENTFÜHRUNG EINGESCHLOSSEN. DENN GEGNERISCHE KÜNSTE METHODISCH ERFORSCHEN ZU KÖNNEN KANN FÜR DEN SIEG ENTSCHEIDEND SEIN.

WISSENSCHAFT UND TECHNOLOGIE DER NINJA SETZEN AUCH IM MEDIZINISCHEN BEREICH STÄNDIG NEUE STANDARDS. DIE KENNTNISSE ÜBER DEN MENSCHLICHEN KÖRPER, DIE DIE NINJA ZUM GRÖSSTEN TEIL BEI OPERATIVEN EINGRIFFEN AUF DEN SCHLACHTFELDERN GEWINNEN KONNTEN, HABEN SICH IN DEN LETZTEN ZEHN JAHREN WEIT VERBREITET. DANK DESSEN KÖNNEN HEUTE AUCH ÄRZTINNEN UND ÄRZTE OHNE MEDIZINISCHE NINJUTSU ANSPRUCHSVOLLE BEHANDLUNGEN DURCHFÜHREN.

ABER DIE FORSCHUNG BRINGT NICHT NUR POSITIVES HERVOR. SO GELANGTEN BEISPIELSWEISE AUSGEKLÜGELTE HERSTELLUNGSMETHODEN FÜR DROGEN, DIE DIE NINJA-DÖRFER LANGE GEHEIM HALTEN KONNTEN, AUCH IN FALSCHE HÄNDE, UND DROGENHANDEL WURDE ZU EINER LUKRATIVEN GELDQUELLE FÜR EINIGE SKRUPELLOSE GESTALTEN. DIESE VERBRECHERKÖNIGE SIND TEILWEISE SO VERMÖGEND UND EINFLUSSREICH WIE EIN KLEINERES LAND, ÄHNLICH WIE EINST DIE GATEAU-COMPANY, UND SIE VERGRÖSSERN IHRE MACHT WEITER, INDEM SIE NUKE-NIN ANSTELLEN. GERÜCHTEN ZUFOLGE SOLL ES IN DEN GRENZREGIONEN SOGAR NINJA-DÖRFER GEBEN, DIE DIESE KRIMINELLEN GEGRÜNDET HABEN. NARUTO UND ANDERE NINJA HABEN VIEL ZU TUN, WEIL SIE AUCH DAGEGEN KÄMPFEN, DASS DIE WISSENSCHAFT ZU ÜBLEN ZWECKEN MISSBRAUCHT WIRD.

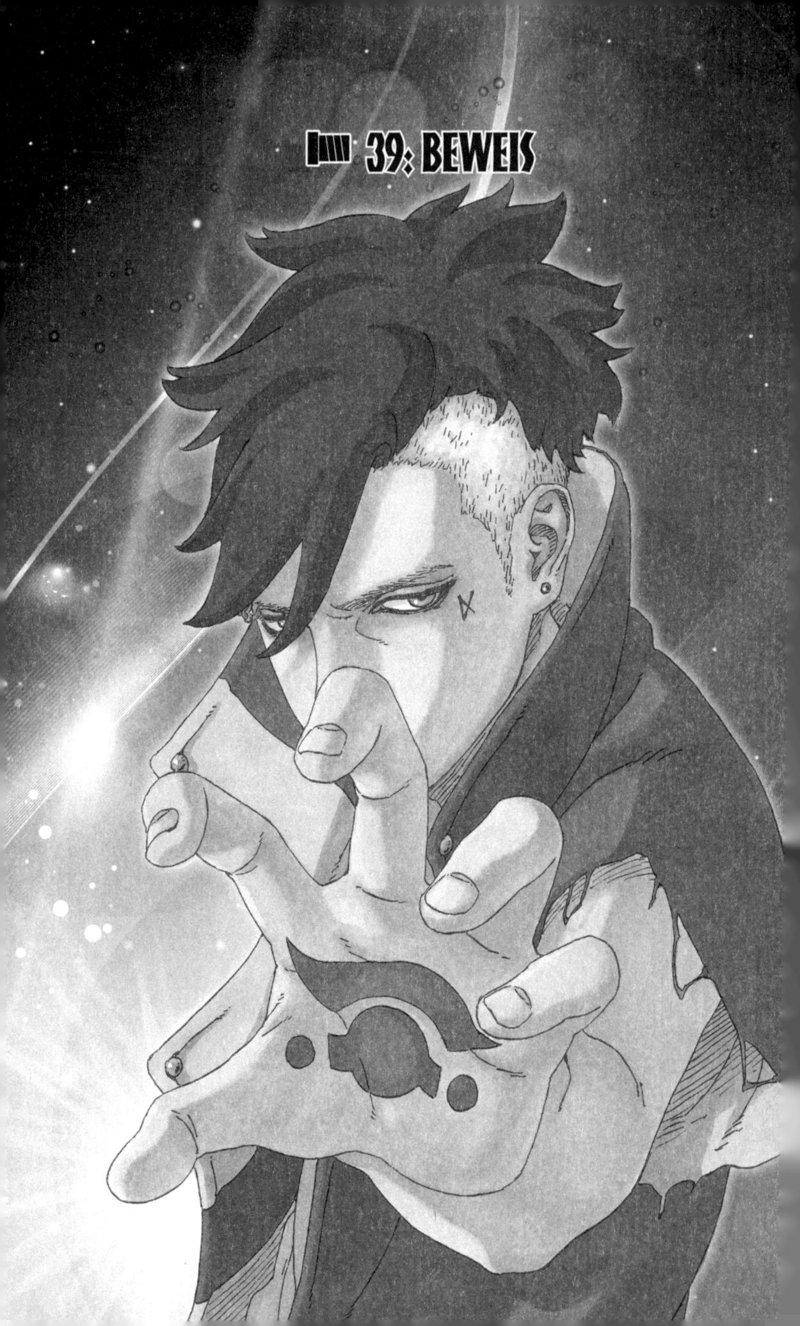
39: BEWEIS

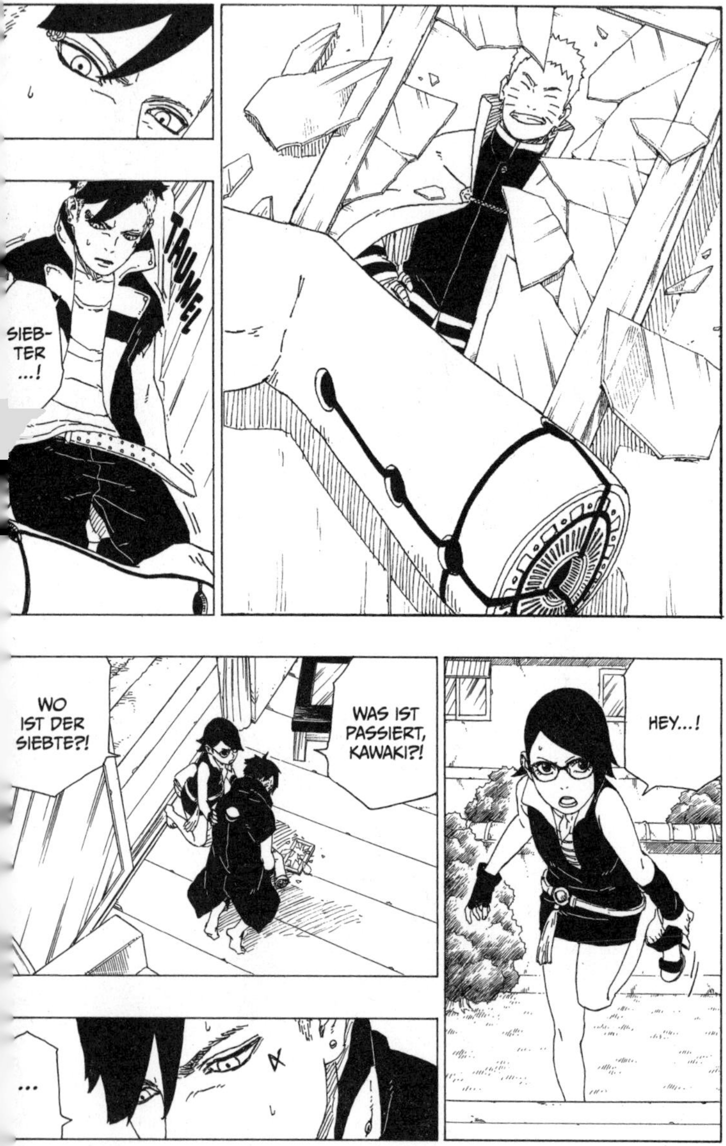
TAUMEL
SIEB-
TER
...!
HEY...!
WAS IST
PASSIERT,
KAWAKI?!
WO
IST DER
SIEBTE?!
...

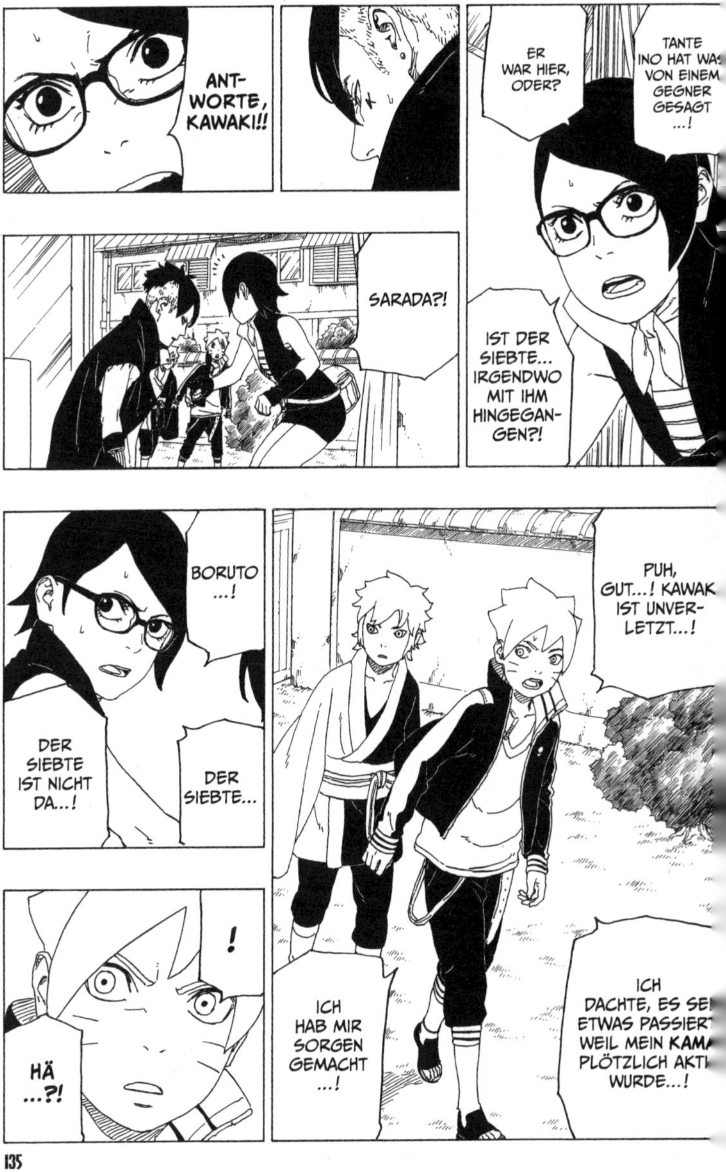

TANTE INO HAT WA VON EINEM GEGNER GESAGT ...!
ER WAR HIER, ODER?
IST DER SIEBTE... IRGENDWO MIT IHM HINGEGANGEN?!
ANTWORTE, KAWAKI!!
SARADA?!
PUH, GUT...! KAWAK IST UNVERLETZT...!
ICH DACHTE, ES SE ETWAS PASSIER WEIL MEIN KAMA PLÖTZLICH AKT WURDE...!
ICH HAB MIR SORGEN GEMACHT ...!
BORUTO ...!
DER SIEBTE...
DER SIEBTE IST NICHT DA...!
!
HÄ ...?!

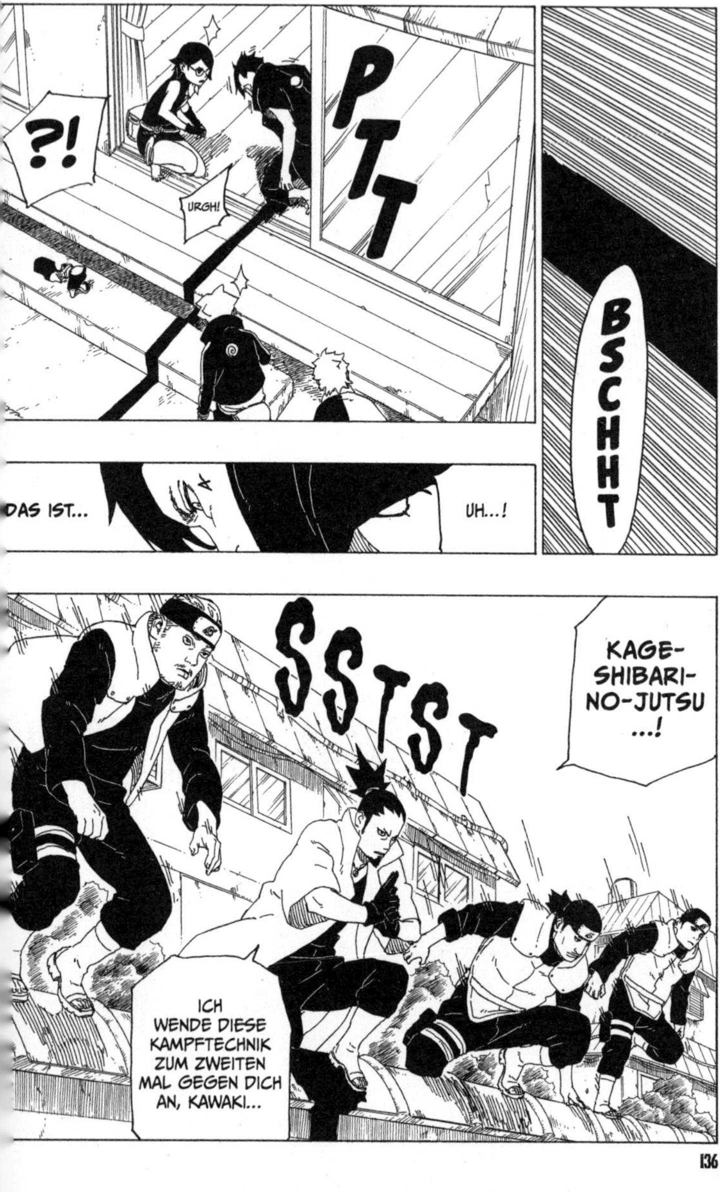
BSCHHT
PTT
?!
URGH!
UH...!
DAS IST...
KAGE-SHIBARI-NO-JUTSU ...!
SSTST
ICH WENDE DIESE KAMPFTECHNIK ZUM ZWEITEN MAL GEGEN DICH AN, KAWAKI...

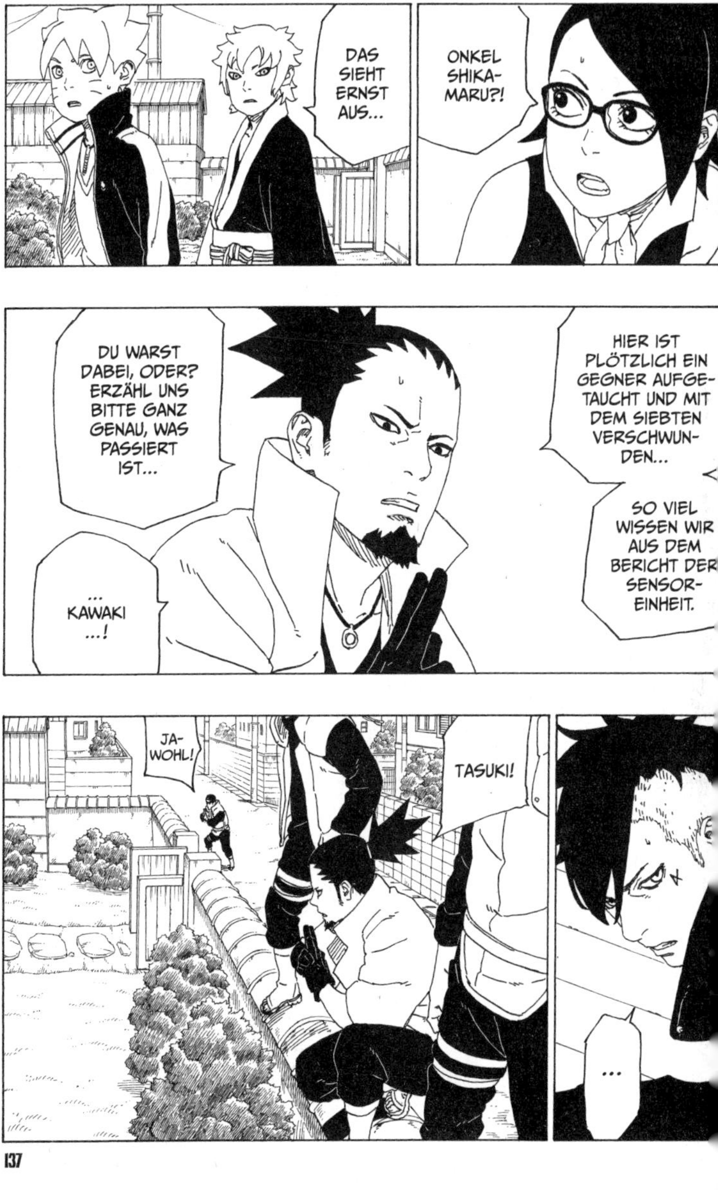
ONKEL SHIKAMARU?!
DAS SIEHT ERNST AUS...
HIER IST PLÖTZLICH EIN GEGNER AUFGETAUCHT UND MIT DEM SIEBTEN VERSCHWUNDEN...
SO VIEL WISSEN WIR AUS DEM BERICHT DER SENSOR-EINHEIT.
DU WARST DABEI, ODER? ERZÄHL UNS BITTE GANZ GENAU, WAS PASSIERT IST...
... KAWAKI ...!
...
TASUKI!
JAWOHL!

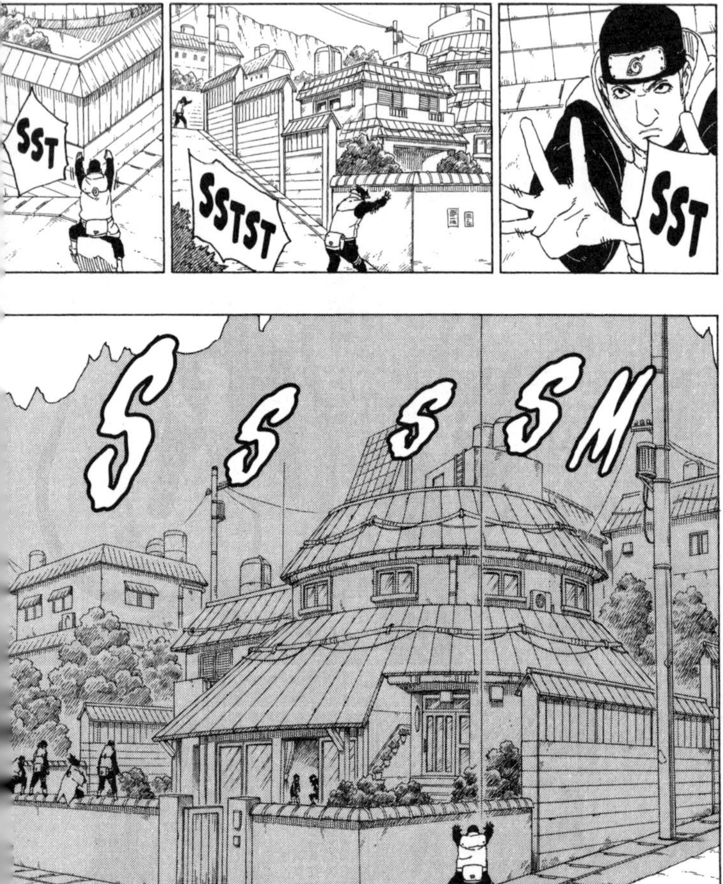
SST
SSTST
SST
SSSM
WAS IST DAS?!
EINE KEKKAI ...
DIESE BARRIERE... SPERRT UNS OFFENBAR EIN...

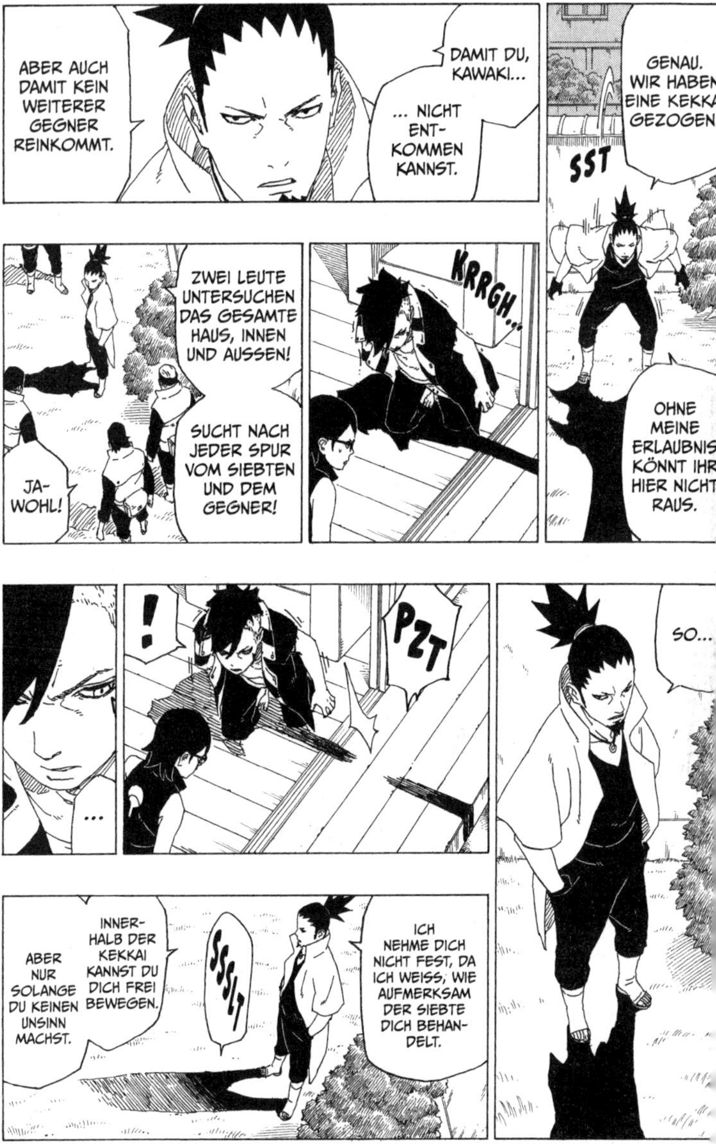
GENAU. WIR HABEN EINE KEKKA GEZOGEN.
SST
OHNE MEINE ERLAUBNIS KÖNNT IHR HIER NICHT RAUS.
DAMIT DU, KAWAKI...
... NICHT ENT-KOMMEN KANNST.
ABER AUCH DAMIT KEIN WEITERER GEGNER REINKOMMT.
KRRGH...
ZWEI LEUTE UNTERSUCHEN DAS GESAMTE HAUS, INNEN UND AUSSEN!
SUCHT NACH JEDER SPUR VOM SIEBTEN UND DEM GEGNER!
JA-WOHL!
SO...
PZT
!
...
ICH NEHME DICH NICHT FEST, DA ICH WEISS, WIE AUFMERKSAM DER SIEBTE DICH BEHAN-DELT.
SSSLT
INNER-HALB DER KEKKAI KANNST DU DICH FREI BEWEGEN.
ABER NUR SOLANGE DU KEINEN UNSINN MACHST.

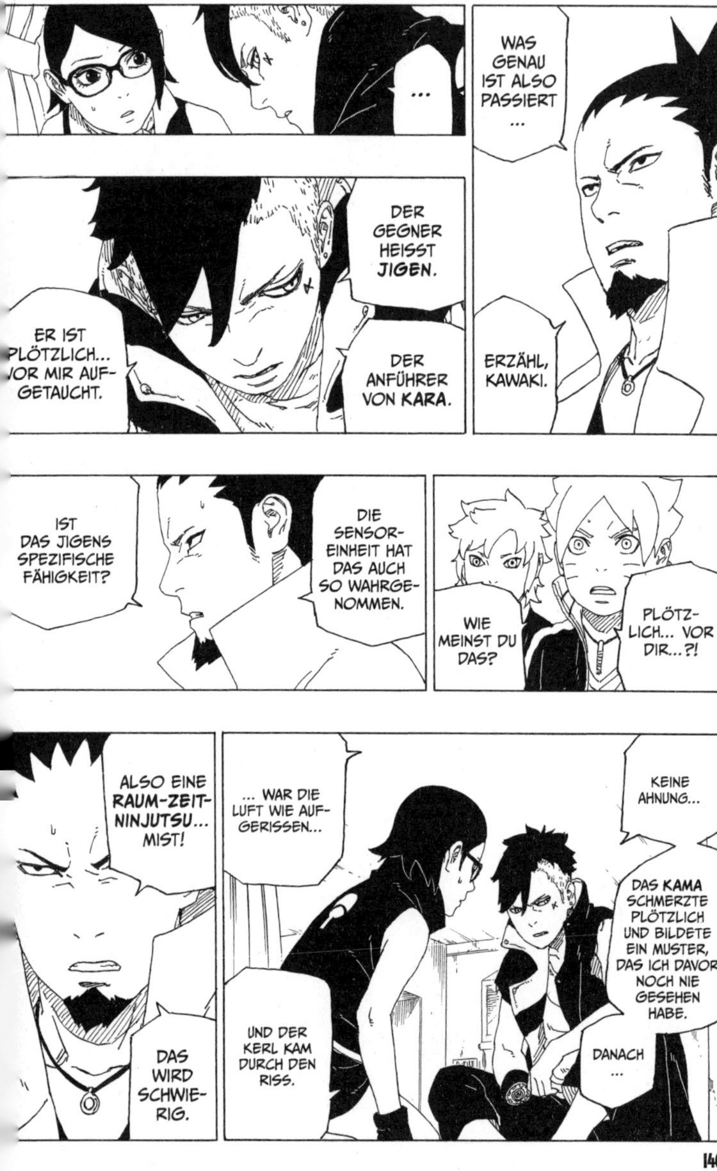

WAS GENAU IST ALSO PASSIERT ...
ERZÄHL, KAWAKI.
...
DER GEGNER HEISST **JIGEN**.
DER ANFÜHRER VON **KARA**.
ER IST PLÖTZLICH... VOR MIR AUFGETAUCHT.
PLÖTZLICH... VOR DIR...?!
WIE MEINST DU DAS?
DIE SENSOREINHEIT HAT DAS AUCH SO WAHRGENOMMEN.
IST DAS JIGENS SPEZIFISCHE FÄHIGKEIT?
KEINE AHNUNG...
DAS **KAMA** SCHMERZTE PLÖTZLICH UND BILDETE EIN MUSTER, DAS ICH DAVOR NOCH NIE GESEHEN HABE.
DANACH ...
... WAR DIE LUFT WIE AUFGERISSEN...
UND DER KERL KAM DURCH DEN RISS.
ALSO EINE **RAUM-ZEIT-NINJUTSU**... MIST!
DAS WIRD SCHWIERIG.

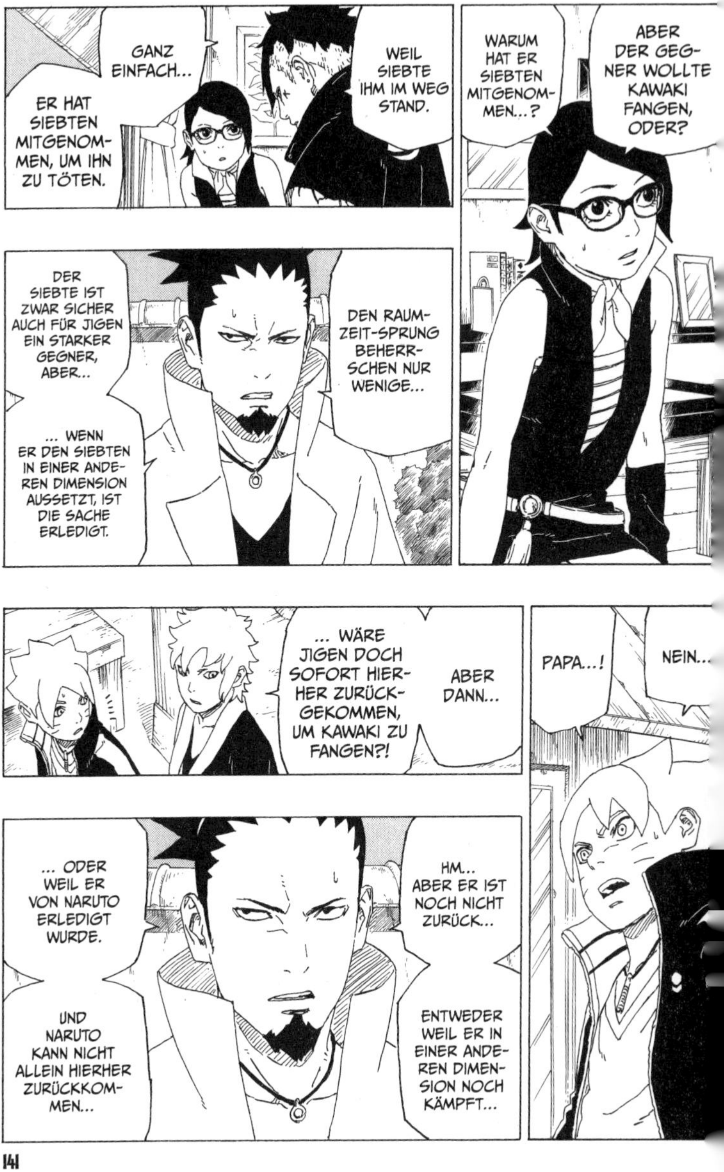
ABER DER GEGNER WOLLTE KAWAKI FANGEN, ODER?
WARUM HAT ER SIEBTEN MITGENOMMEN...?
WEIL SIEBTE IHM IM WEG STAND.
GANZ EINFACH...
ER HAT SIEBTEN MITGENOMMEN, UM IHN ZU TÖTEN.
DEN RAUM-ZEIT-SPRUNG BEHERRSCHEN NUR WENIGE...
DER SIEBTE IST ZWAR SICHER AUCH FÜR JIGEN EIN STARKER GEGNER, ABER...
... WENN ER DEN SIEBTEN IN EINER ANDEREN DIMENSION AUSSETZT, IST DIE SACHE ERLEDIGT.
NEIN...
PAPA...!
ABER DANN...
... WÄRE JIGEN DOCH SOFORT HIERHER ZURÜCKGEKOMMEN, UM KAWAKI ZU FANGEN?!
HM... ABER ER IST NOCH NICHT ZURÜCK...
ENTWEDER WEIL ER IN EINER ANDEREN DIMENSION NOCH KÄMPFT...
... ODER WEIL ER VON NARUTO ERLEDIGT WURDE.
UND NARUTO KANN NICHT ALLEIN HIERHER ZURÜCKKOMMEN...

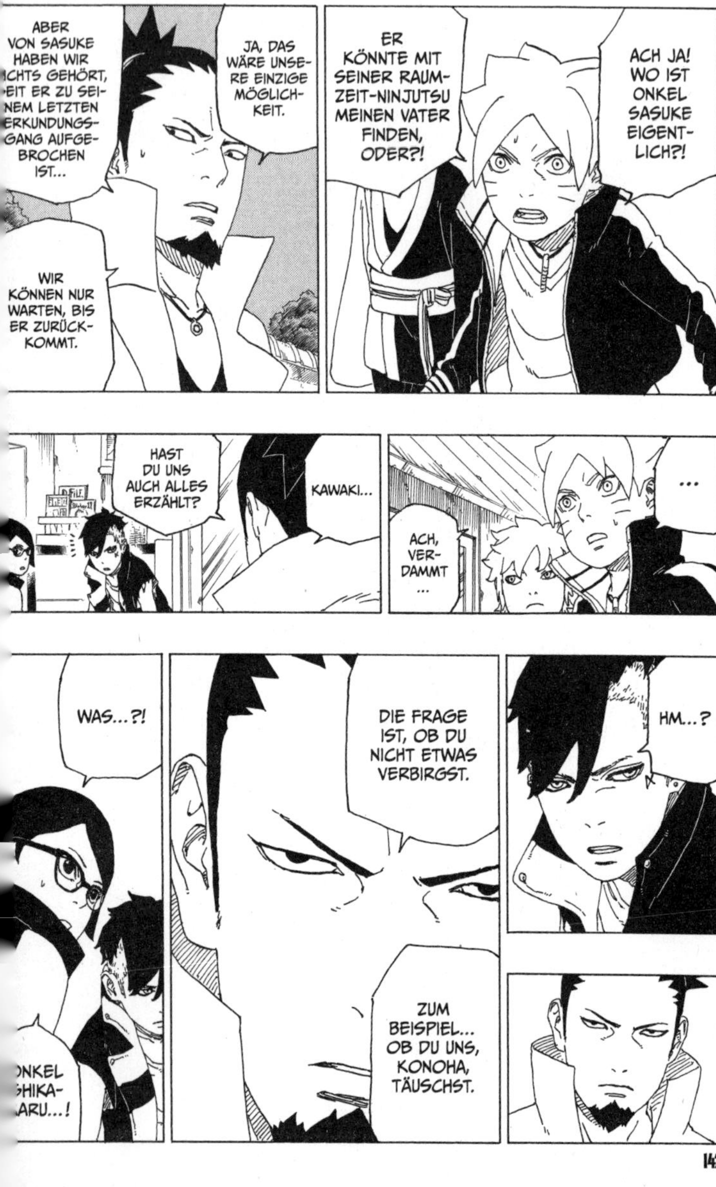
ACH JA! WO IST ONKEL SASUKE EIGENTLICH?!
ER KÖNNTE MIT SEINER RAUM-ZEIT-NINJUTSU MEINEN VATER FINDEN, ODER?!
JA, DAS WÄRE UNSERE EINZIGE MÖGLICHKEIT.
ABER VON SASUKE HABEN WIR NICHTS GEHÖRT, SEIT ER ZU SEINEM LETZTEN ERKUNDUNGSGANG AUFGEBROCHEN IST...
WIR KÖNNEN NUR WARTEN, BIS ER ZURÜCKKOMMT.
...
ACH, VERDAMMT ...
KAWAKI...
HAST DU UNS AUCH ALLES ERZÄHLT?
HM...?
DIE FRAGE IST, OB DU NICHT ETWAS VERBIRGST.
ZUM BEISPIEL... OB DU UNS, KONOHA, TÄUSCHST.
WAS...?!
ONKEL SHIKAMARU...!

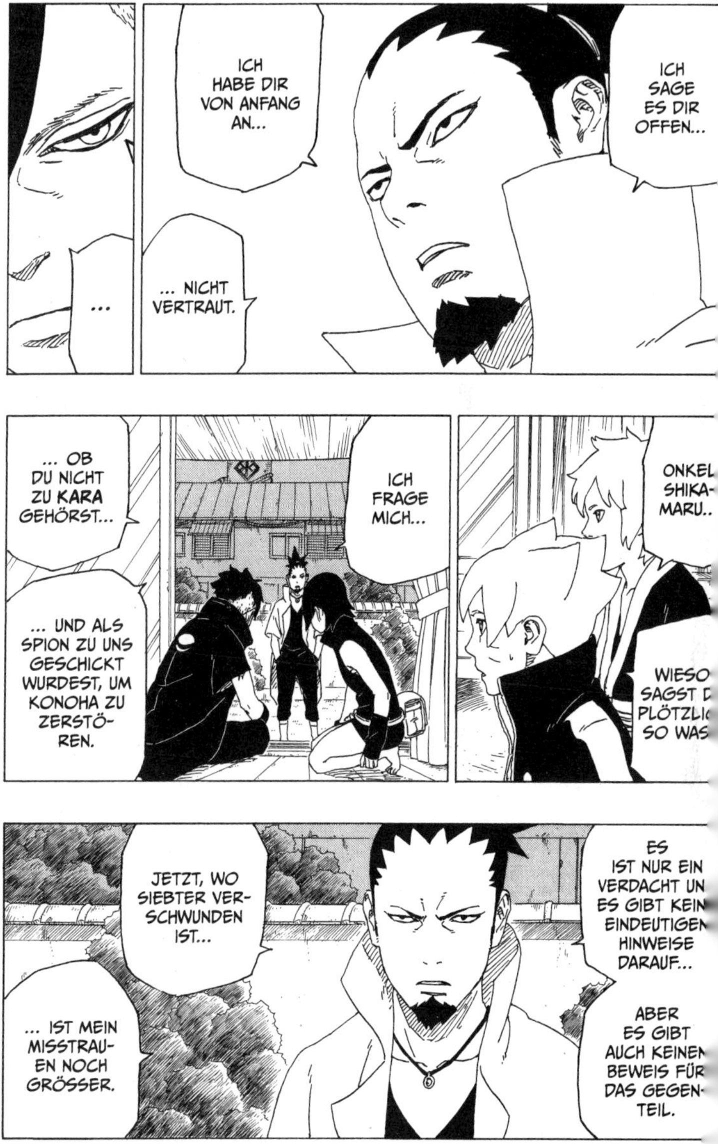
ICH SAGE ES DIR OFFEN...
ICH HABE DIR VON ANFANG AN...
... NICHT VERTRAUT.
...
ONKEL SHIKAMARU..
WIESO SAGST D PLÖTZLIC SO WAS
ICH FRAGE MICH...
... OB DU NICHT ZU KARA GEHÖRST...
... UND ALS SPION ZU UNS GESCHICKT WURDEST, UM KONOHA ZU ZERSTÖREN.
ES IST NUR EIN VERDACHT UN ES GIBT KEIN EINDEUTIGEN HINWEISE DARAUF...
ABER ES GIBT AUCH KEINEN BEWEIS FÜR DAS GEGENTEIL.
JETZT, WO SIEBTER VERSCHWUNDEN IST...
... IST MEIN MISSTRAUEN NOCH GRÖSSER.

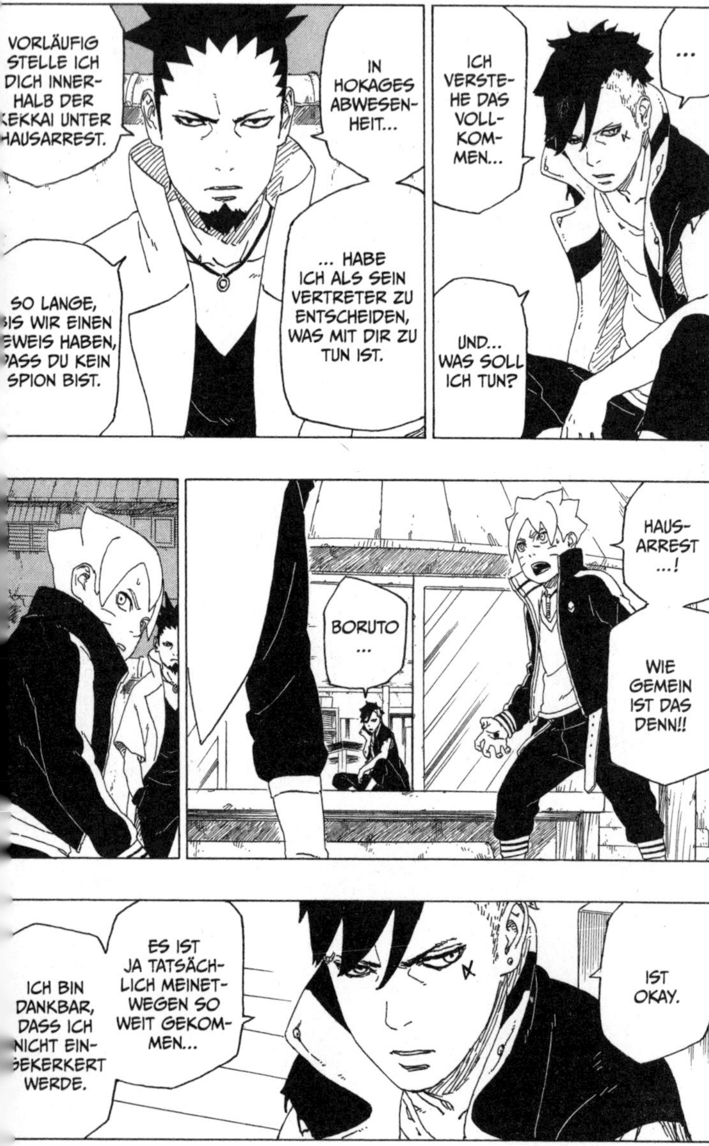
...
ICH VERSTEHE DAS VOLLKOMMEN...
UND... WAS SOLL ICH TUN?
IN HOKAGES ABWESENHEIT...
... HABE ICH ALS SEIN VERTRETER ZU ENTSCHEIDEN, WAS MIT DIR ZU TUN IST.
VORLÄUFIG STELLE ICH DICH INNERHALB DER KEKKAI UNTER HAUSARREST.
SO LANGE, BIS WIR EINEN BEWEIS HABEN, DASS DU KEIN SPION BIST.
HAUSARREST ...!
WIE GEMEIN IST DAS DENN!!
BORUTO ...
IST OKAY.
ES IST JA TATSÄCHLICH MEINETWEGEN SO WEIT GEKOMMEN...
ICH BIN DANKBAR, DASS ICH NICHT EINGEKERKERT WERDE.

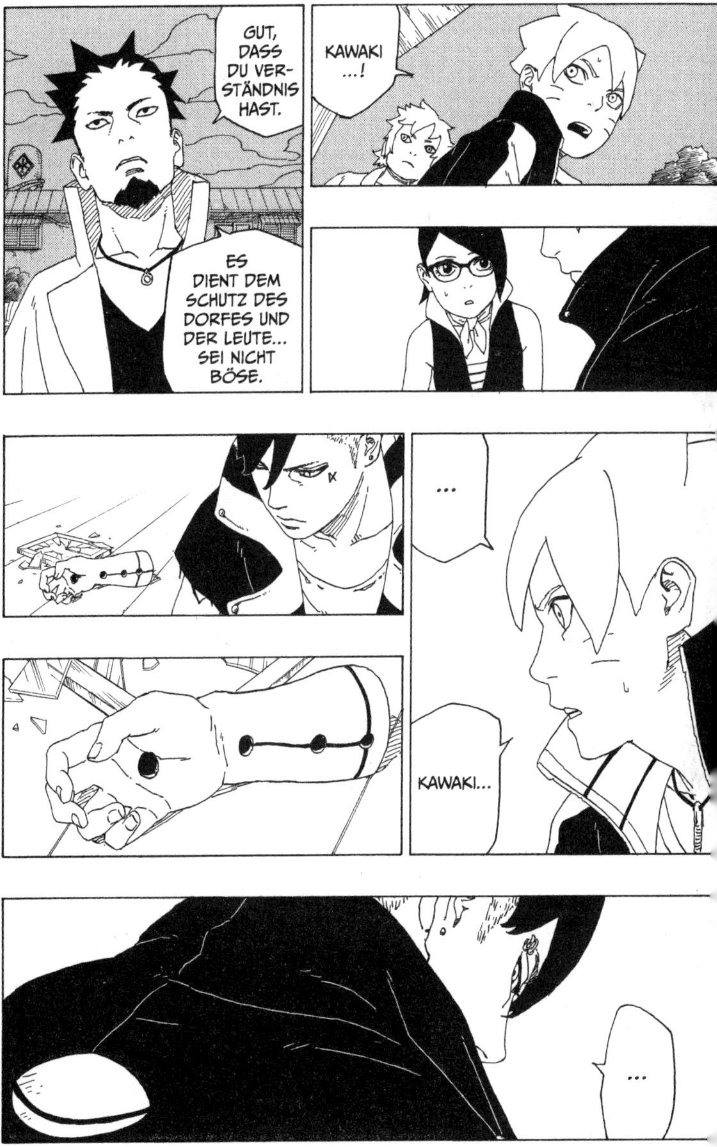
KAWAKI ...!
GUT, DASS DU VERSTÄNDNIS HAST.
ES DIENT DEM SCHUTZ DES DORFES UND DER LEUTE... SEI NICHT BÖSE.
...
KAWAKI...
...

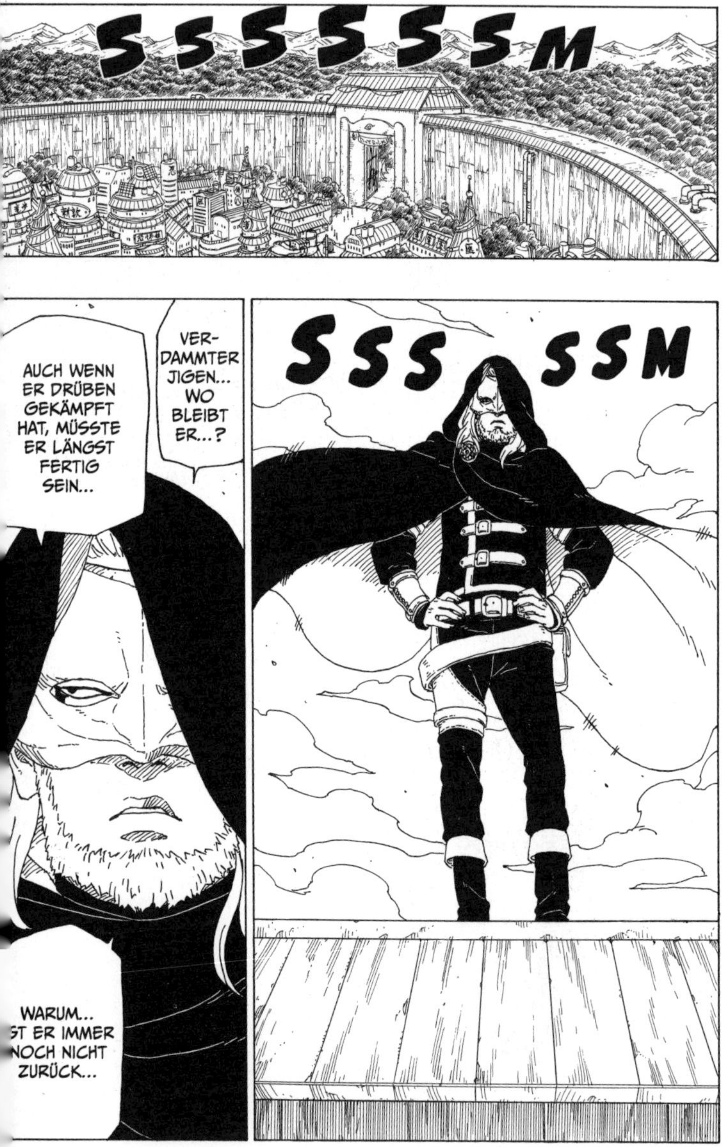
SSSSSSM
SSS SSM
VERDAMMTER JIGEN... WO BLEIBT ER...?
AUCH WENN ER DRÜBEN GEKÄMPFT HAT, MÜSSTE ER LÄNGST FERTIG SEIN...
WARUM... ST ER IMMER NOCH NICHT ZURÜCK...

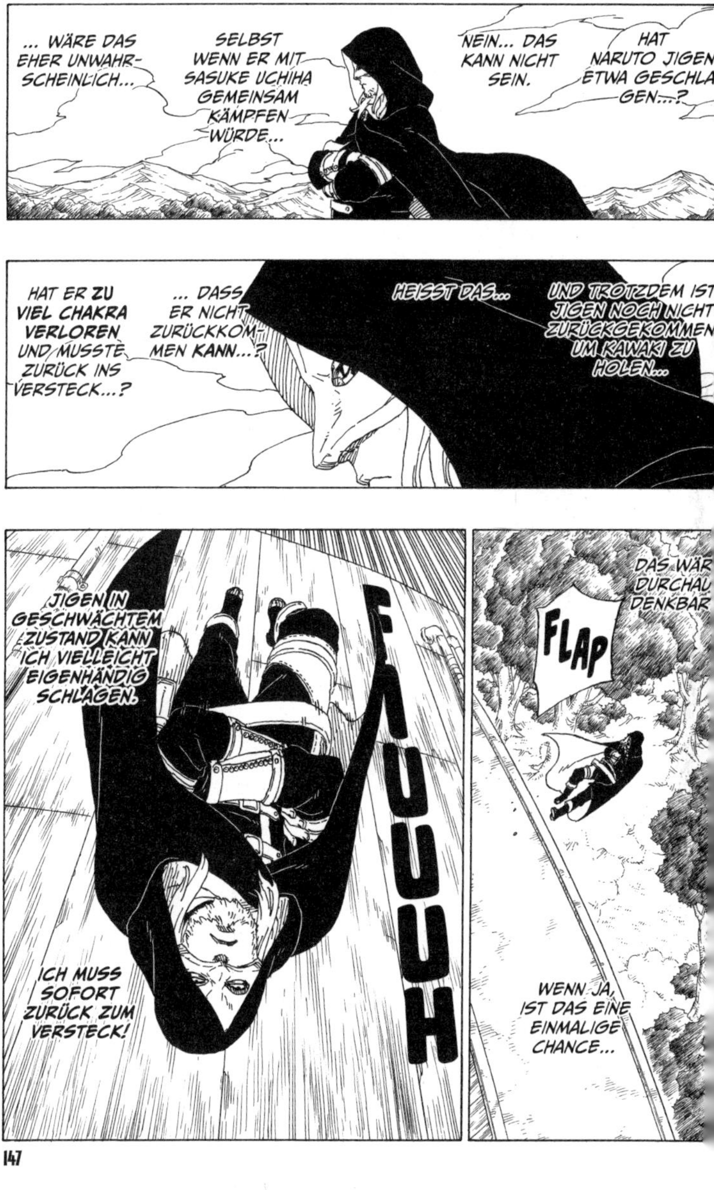

HAT NARUTO JIGEN ETWA GESCHLA GEN...?
NEIN... DAS KANN NICHT SEIN.
SELBST WENN ER MIT SASUKE UCHIHA GEMEINSAM KÄMPFEN WÜRDE...
... WÄRE DAS EHER UNWAHR-SCHEINLICH...
UND TROTZDEM IST JIGEN NOCH NICHT ZURÜCKGEKOMMEN UM KAWAKI ZU HOLEN...
HEISST DAS...
... DASS ER NICHT ZURÜCKKOM-MEN KANN...?
HAT ER ZU VIEL CHAKRA VERLOREN UND MUSSTE ZURÜCK INS VERSTECK...?
DAS WÄR DURCHAU DENKBAR
FLAP
WENN JA, IST DAS EINE EINMALIGE CHANCE...
JIGEN IN GESCHWÄCHTEM ZUSTAND KANN ICH VIELLEICHT EIGENHÄNDIG SCHLAGEN.
FUUUUH
ICH MUSS SOFORT ZURÜCK ZUM VERSTECK!

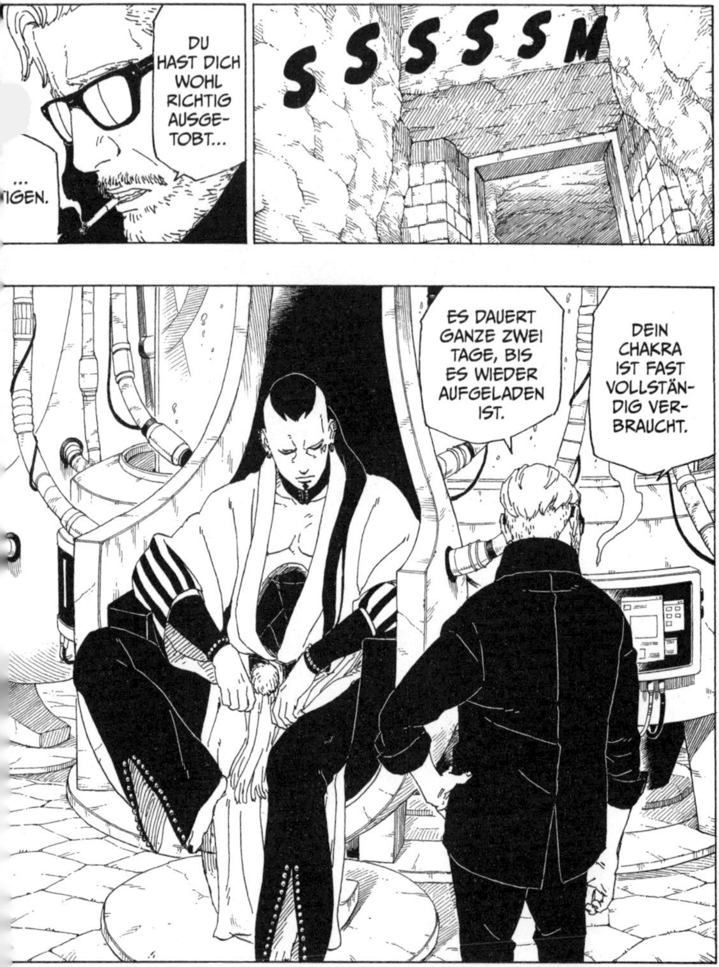
SSSSSM
DU HAST DICH WOHL RICHTIG AUSGE-TOBT...
DEIN CHAKRA IST FAST VOLLSTÄN-DIG VER-BRAUCHT.
ES DAUERT GANZE ZWEI TAGE, BIS ES WIEDER AUFGELADEN IST.
MEINE SCHLECHTE ANGEWOHN-HEIT...
VOR LAUTER FREUDE HABE ICH ES ÜBERTRIE-BEN...

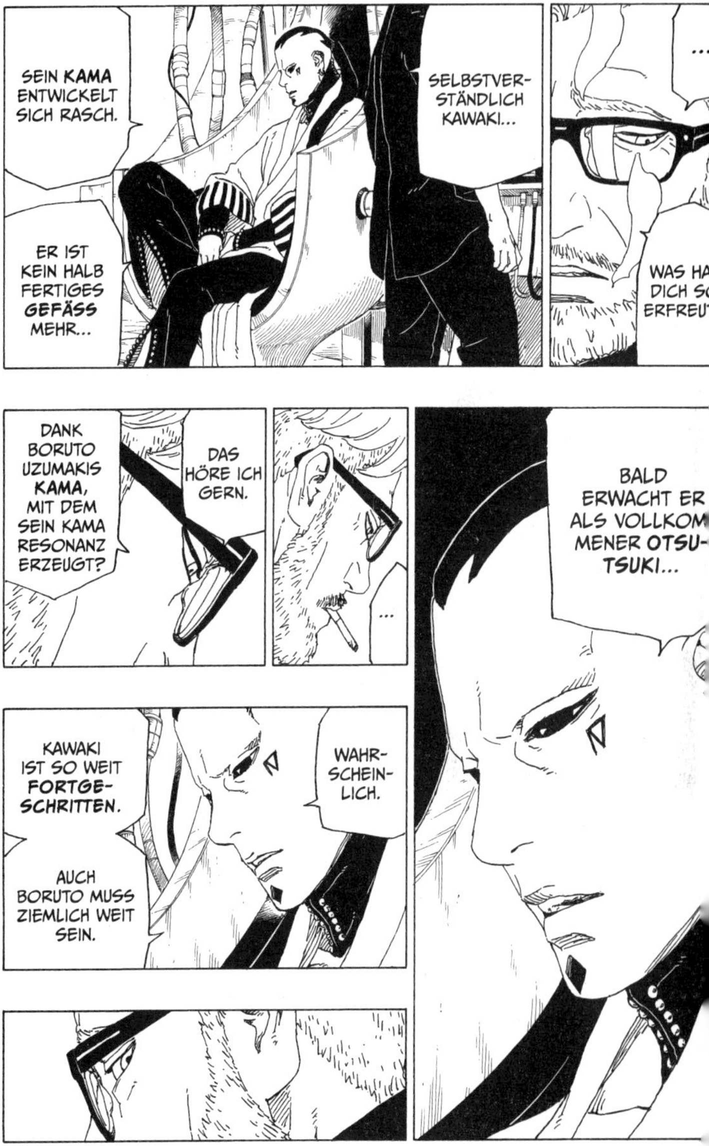
...
WAS HA
DICH SC
ERFREU
SELBSTVERSTÄNDLICH KAWAKI...
SEIN KAMA ENTWICKELT SICH RASCH.
ER IST KEIN HALB FERTIGES GEFÄSS MEHR...
BALD ERWACHT ER ALS VOLLKOM
MENER OTSUTSUKI...
DAS HÖRE ICH GERN.
...
DANK BORUTO UZUMAKIS KAMA, MIT DEM SEIN KAMA RESONANZ ERZEUGT?
WAHRSCHEINLICH.
KAWAKI IST SO WEIT FORTGESCHRITTEN.
AUCH BORUTO MUSS ZIEMLICH WEIT SEIN.

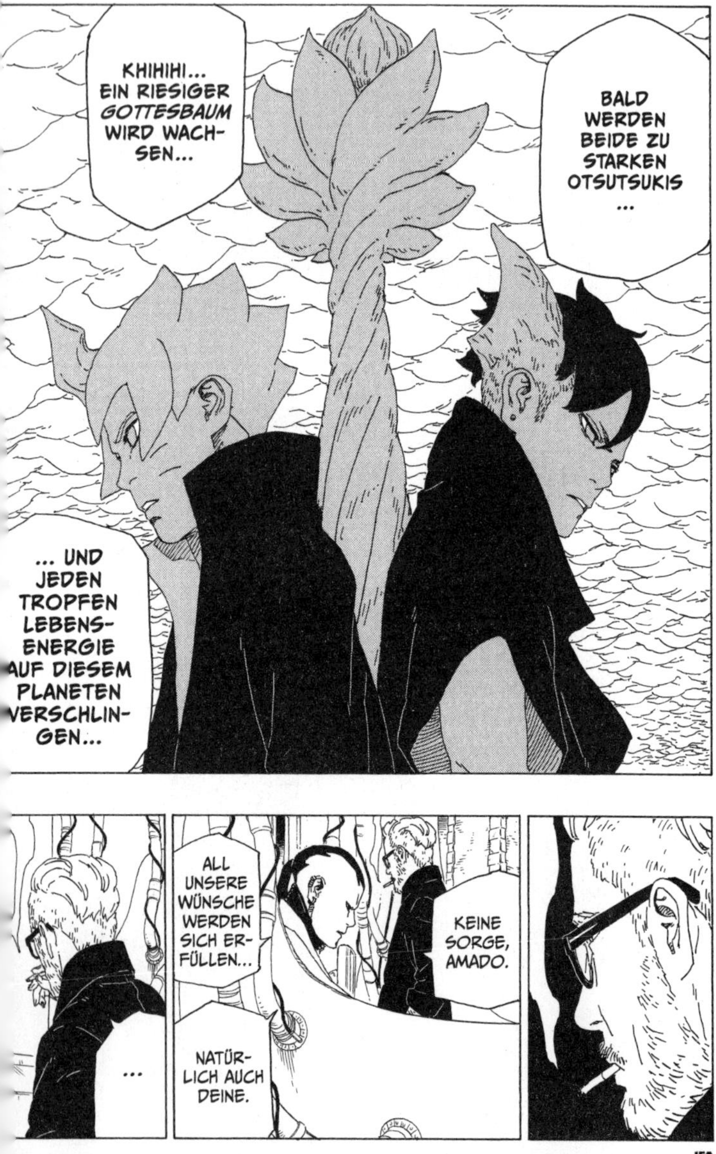
BALD WERDEN BEIDE ZU STARKEN OTSUTSUKIS ...
KHIHIHI... EIN RIESIGER GOTTESBAUM WIRD WACH-SEN...
... UND JEDEN TROPFEN LEBENS-ENERGIE AUF DIESEM PLANETEN VERSCHLIN-GEN...
KEINE SORGE, AMADO.
ALL UNSERE WÜNSCHE WERDEN SICH ER-FÜLLEN...
NATÜR-LICH AUCH DEINE.
...

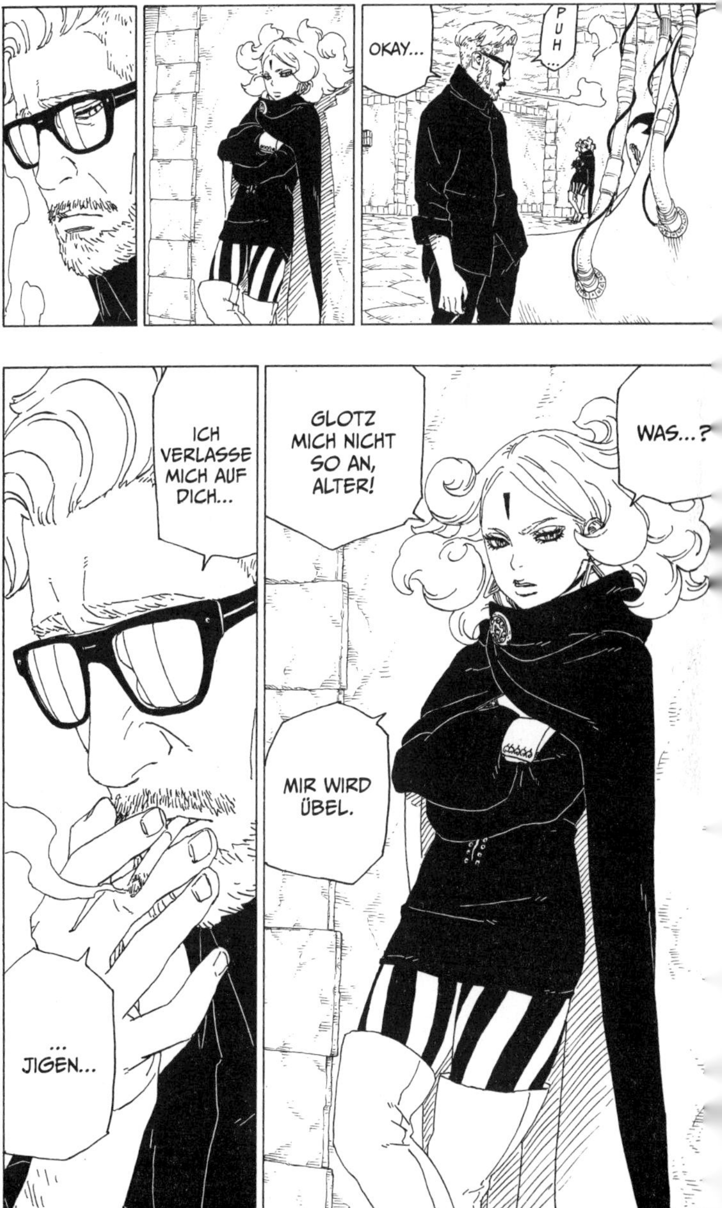
PUH...
OKAY...
WAS...?
GLOTZ MICH NICHT SO AN, ALTER!
MIR WIRD ÜBEL.
ICH VERLASSE MICH AUF DICH...
... JIGEN...

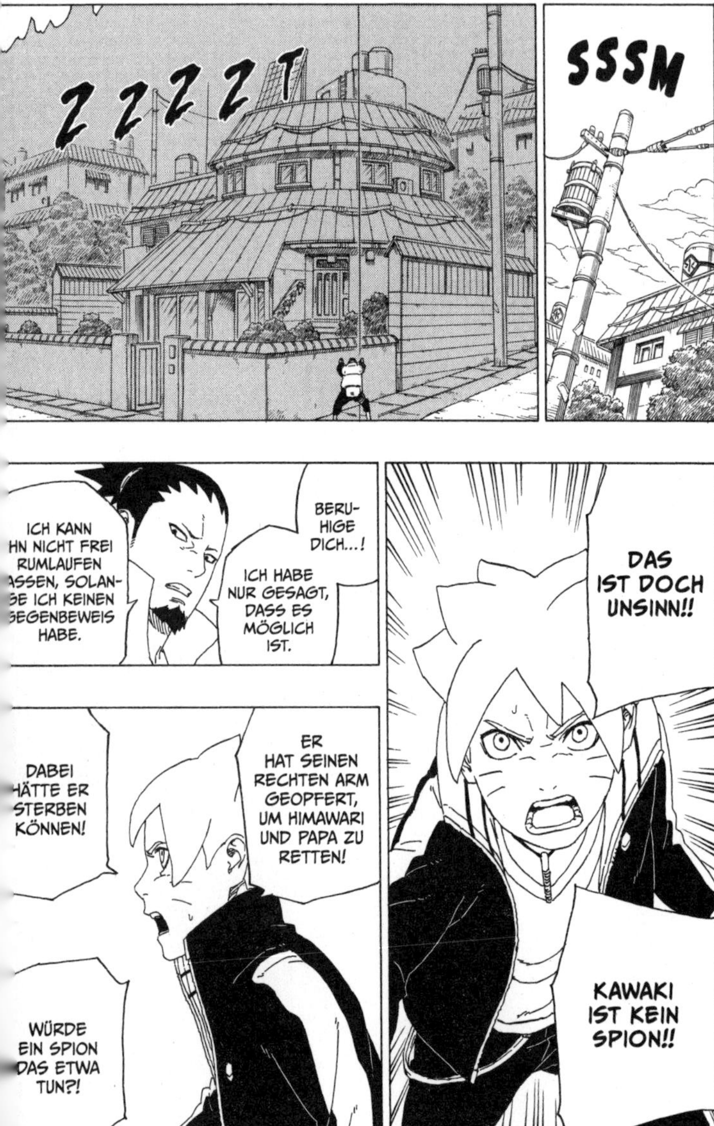
SSSM
ZZZZT
DAS IST DOCH UNSINN!!
KAWAKI IST KEIN SPION!!
BERUHIGE DICH...!
ICH HABE NUR GESAGT, DASS ES MÖGLICH IST.
ICH KANN HN NICHT FREI RUMLAUFEN ASSEN, SOLAN- GE ICH KEINEN GEGENBEWEIS HABE.
ER HAT SEINEN RECHTEN ARM GEOPFERT, UM HIMAWARI UND PAPA ZU RETTEN!
DABEI HÄTTE ER STERBEN KÖNNEN!
WÜRDE EIN SPION DAS ETWA TUN?!

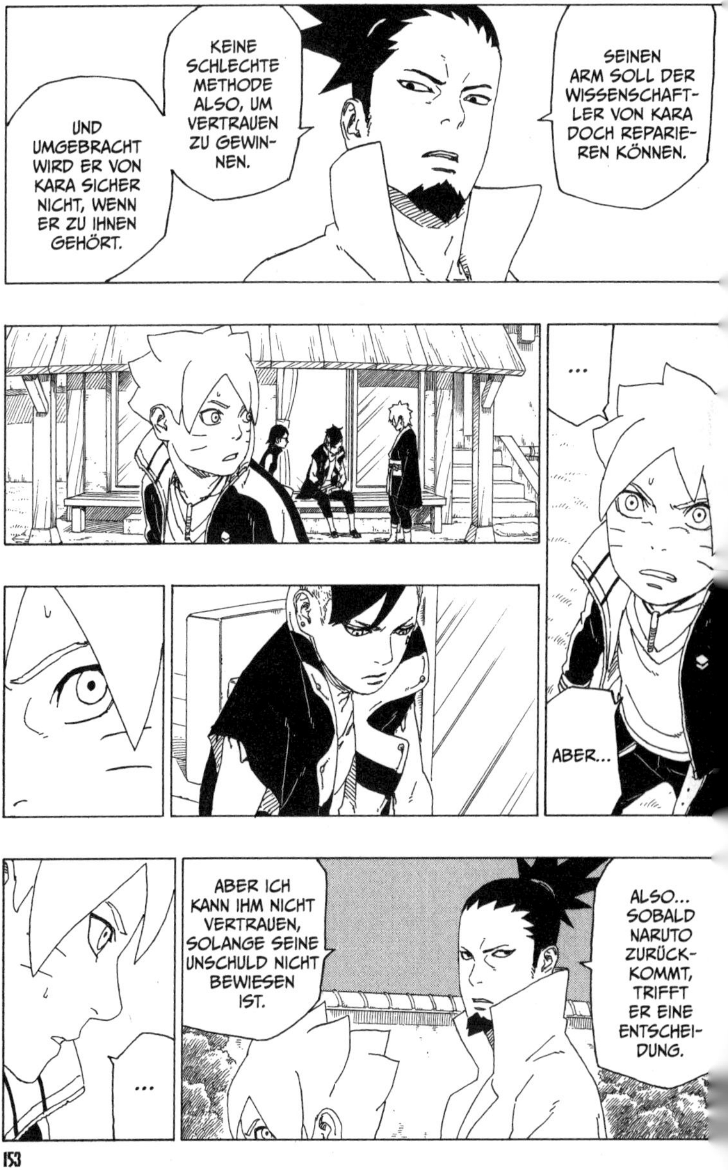
SEINEN ARM SOLL DER WISSENSCHAFTLER VON KARA DOCH REPARIEREN KÖNNEN.
KEINE SCHLECHTE METHODE ALSO, UM VERTRAUEN ZU GEWINNEN.
UND UMGEBRACHT WIRD ER VON KARA SICHER NICHT, WENN ER ZU IHNEN GEHÖRT.
...
ABER...
ALSO... SOBALD NARUTO ZURÜCKKOMMT, TRIFFT ER EINE ENTSCHEIDUNG.
ABER ICH KANN IHM NICHT VERTRAUEN, SOLANGE SEINE UNSCHULD NICHT BEWIESEN IST.
...

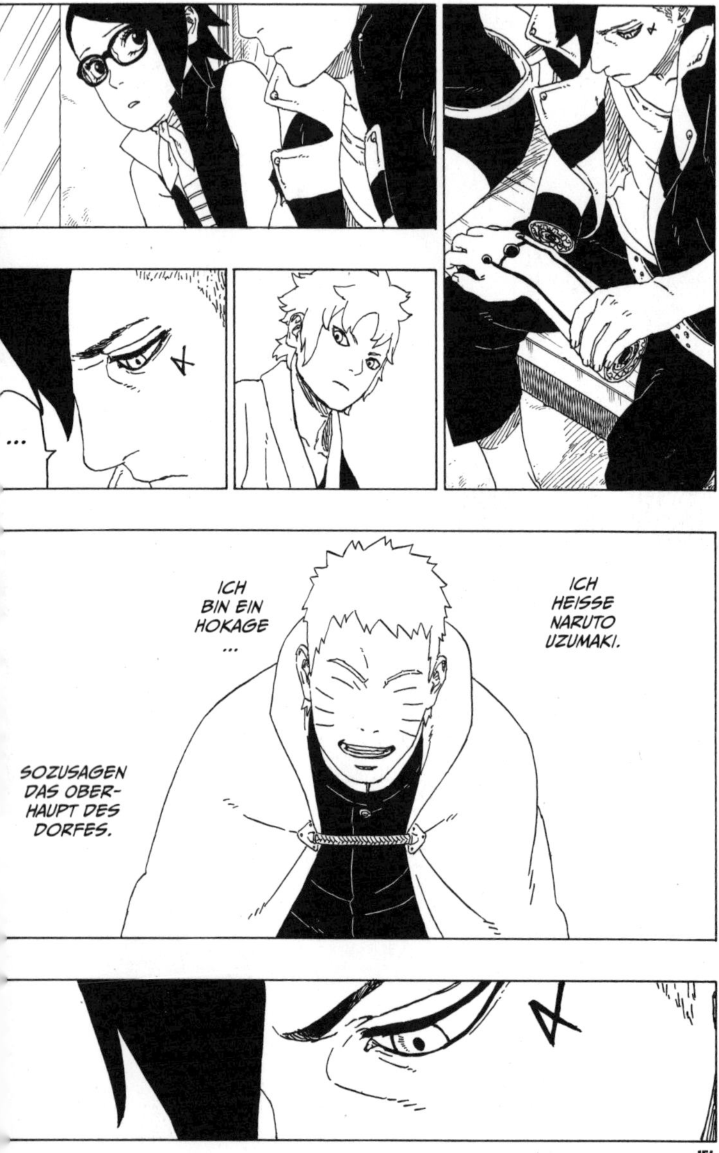
...
ICH HEISSE NARUTO UZUMAKI.
ICH BIN EIN HOKAGE ...
SOZUSAGEN DAS OBER-HAUPT DES DORFES.

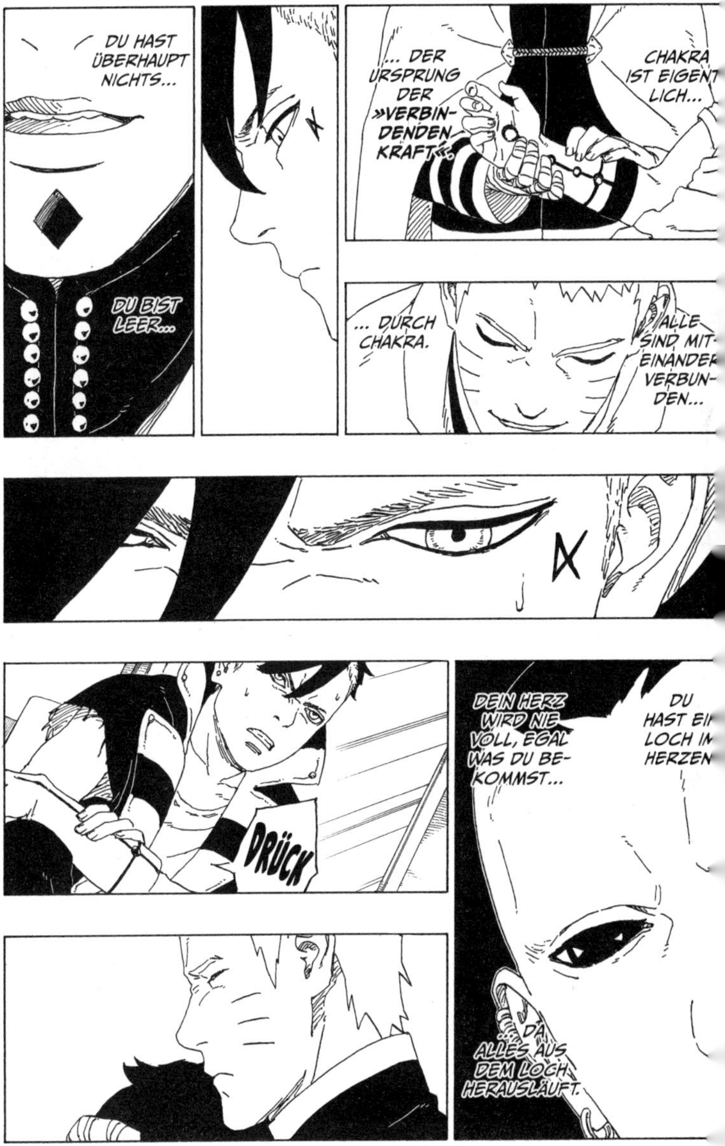
CHAKRA IST EIGENT LICH...
... DER URSPRUNG DER »VERBIN-DENDEN KRAFT«.
ALLE SIND MIT-EINANDER VERBUN-DEN...
... DURCH CHAKRA.
DU HAST ÜBERHAUPT NICHTS...
DU BIST LEER...
DU HAST EI LOCH IM HERZEN
DEIN HERZ WIRD NIE VOLL, EGAL WAS DU BE-KOMMST...
... DA ALLES AUS DEM LOCH HERAUSLÄUFT.
DRÜCK

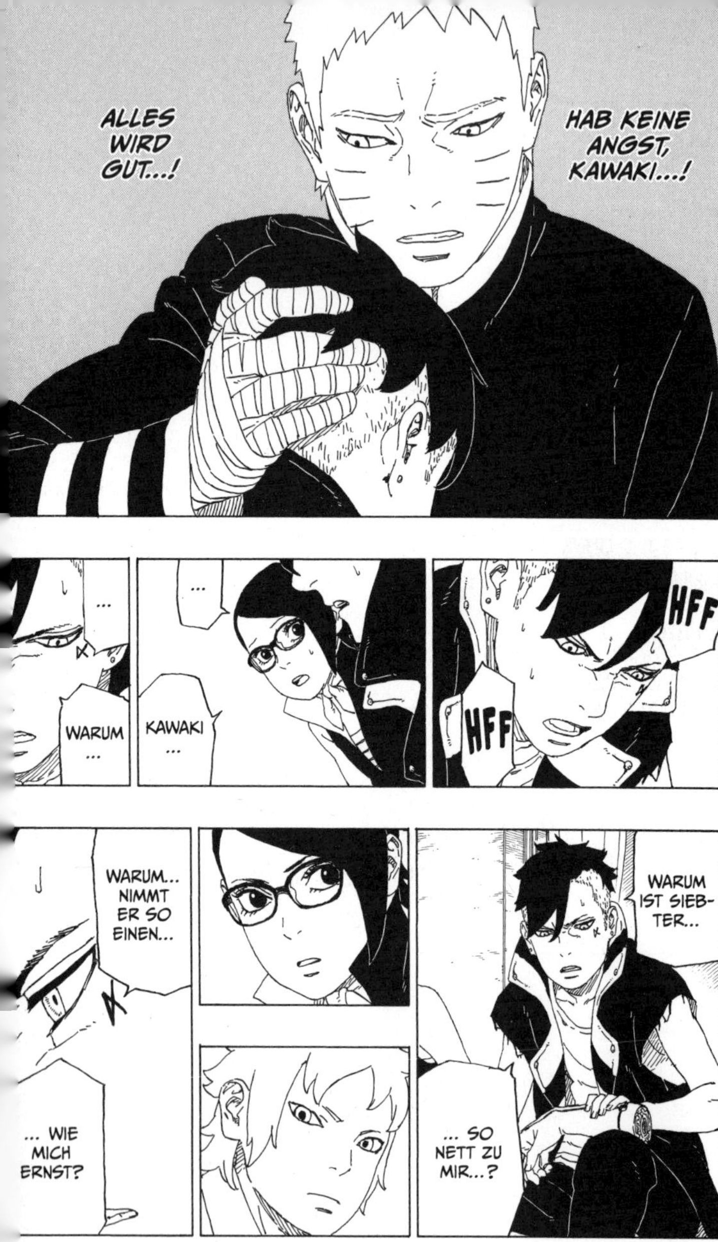
HAB KEINE ANGST, KAWAKI...!
ALLES WIRD GUT...!
HFF
HFF
...
KAWAKI ...
...
WARUM ...
WARUM IST SIEBTER...
... SO NETT ZU MIR...?
WARUM... NIMMT ER SO EINEN...
... WIE MICH ERNST?

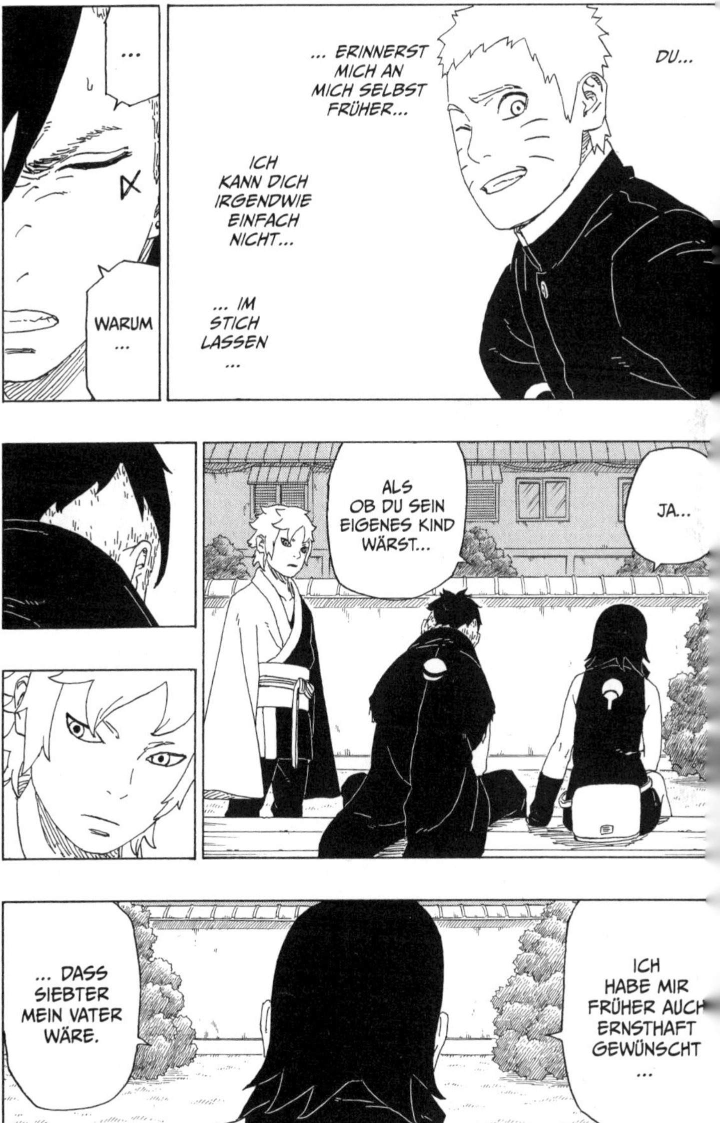
DU...
... ERINNERST MICH AN MICH SELBST FRÜHER...
ICH KANN DICH IRGENDWIE EINFACH NICHT...
... IM STICH LASSEN ...
...
WARUM ...
JA...
ALS OB DU SEIN EIGENES KIND WÄRST...
ICH HABE MIR FRÜHER AUCH ERNSTHAFT GEWÜNSCHT ...
... DASS SIEBTER MEIN VATER WÄRE.

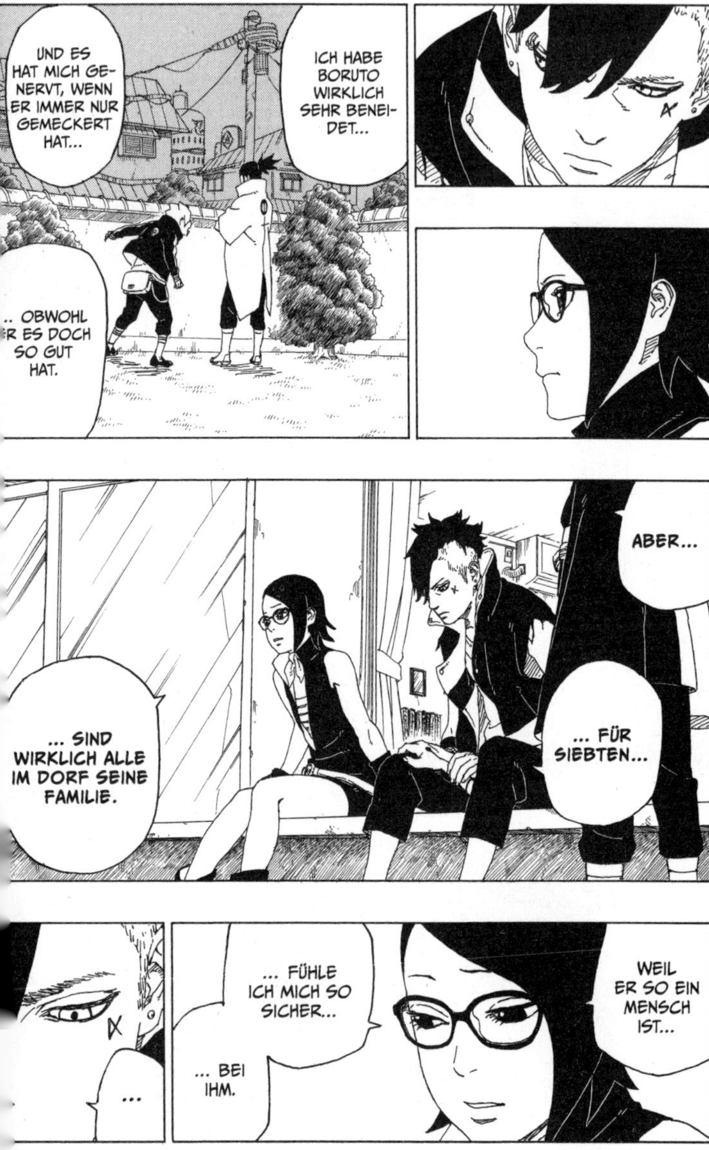
ICH HABE BORUTO WIRKLICH SEHR BENEI-DET...
UND ES HAT MICH GE-NERVT, WENN ER IMMER NUR GEMECKERT HAT...
... OBWOHL ER ES DOCH SO GUT HAT.
ABER...
... FÜR SIEBTEN...
... SIND WIRKLICH ALLE IM DORF SEINE FAMILIE.
WEIL ER SO EIN MENSCH IST...
... FÜHLE ICH MICH SO SICHER...
... BEI IHM.
...

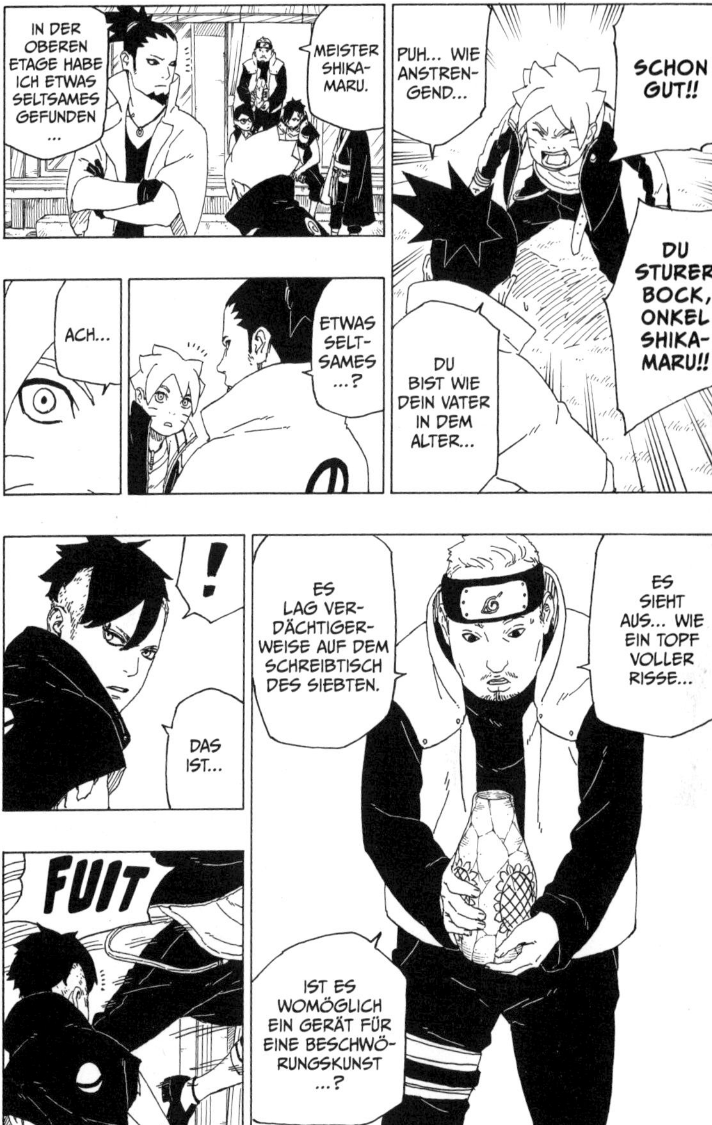
PUH... WIE ANSTRENGEND...
SCHON GUT!!
DU STURER BOCK, ONKEL SHIKAMARU!!
DU BIST WIE DEIN VATER IN DEM ALTER...
MEISTER SHIKAMARU.
IN DER OBEREN ETAGE HABE ICH ETWAS SELTSAMES GEFUNDEN ...
ETWAS SELTSAMES ...?
ACH...
ES SIEHT AUS... WIE EIN TOPF VOLLER RISSE...
ES LAG VERDÄCHTIGERWEISE AUF DEM SCHREIBTISCH DES SIEBTEN.
!
DAS IST...
IST ES WOMÖGLICH EIN GERÄT FÜR EINE BESCHWÖRUNGSKUNST ...?
FUIT

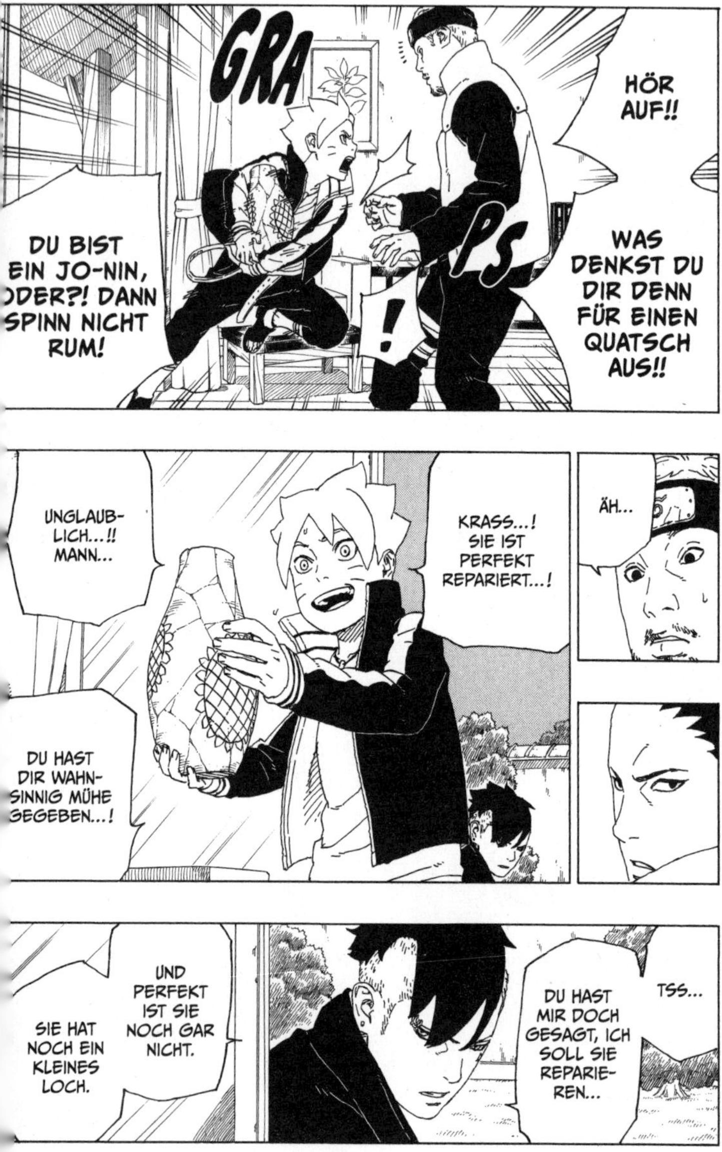
HÖR AUF!!
WAS DENKST DU DIR DENN FÜR EINEN QUATSCH AUS!!
GRAPS
!
DU BIST EIN JO-NIN, ODER?! DANN SPINN NICHT RUM!
ÄH...
KRASS...! SIE IST PERFEKT REPARIERT...!
UNGLAUB-LICH...!! MANN...
DU HAST DIR WAHN-SINNIG MÜHE GEGEBEN...!
TSS...
DU HAST MIR DOCH GESAGT, ICH SOLL SIE REPARIE-REN...
UND PERFEKT IST SIE NOCH GAR NICHT.
SIE HAT NOCH EIN KLEINES LOCH.

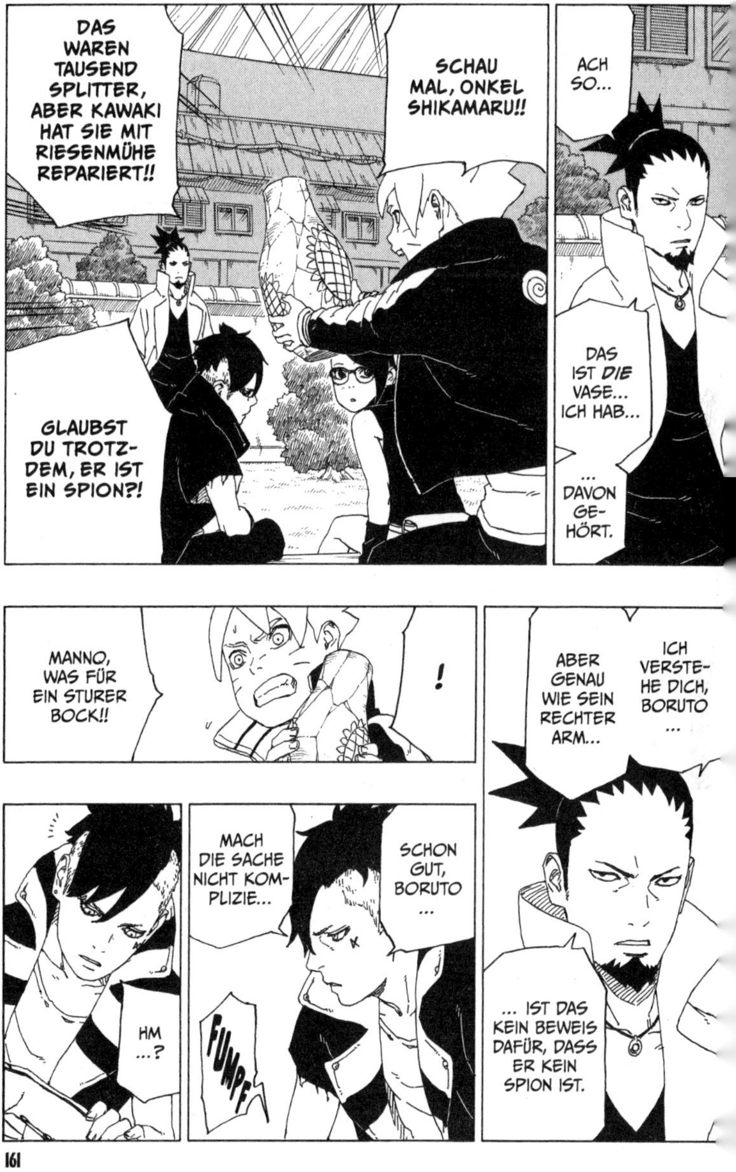
ACH SO...
DAS IST *DIE* VASE... ICH HAB...
... DAVON GEHÖRT.
SCHAU MAL, ONKEL SHIKAMARU!!
DAS WAREN TAUSEND SPLITTER, ABER KAWAKI HAT SIE MIT RIESENMÜHE REPARIERT!!
GLAUBST DU TROTZDEM, ER IST EIN SPION?!
ICH VERSTEHE DICH, BORUTO ...
ABER GENAU WIE SEIN RECHTER ARM...
... IST DAS KEIN BEWEIS DAFÜR, DASS ER KEIN SPION IST.
!
MANNO, WAS FÜR EIN STURER BOCK!!
SCHON GUT, BORUTO ...
MACH DIE SACHE NICHT KOMPLIZIE...
FUMPF
HM ...?

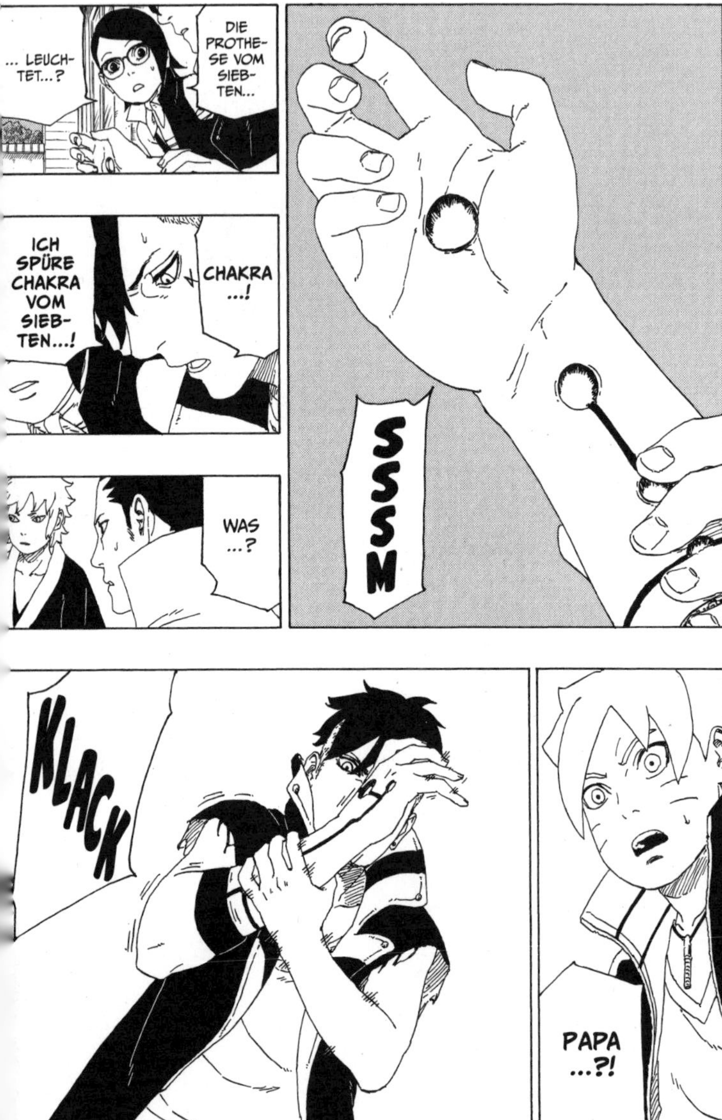
SSSM
DIE PROTHE-SE VOM SIEB-TEN...
... LEUCH-TET...?
CHAKRA ...!
ICH SPÜRE CHAKRA VOM SIEB-TEN...!
WAS ...?
PAPA ...?!
KLACK

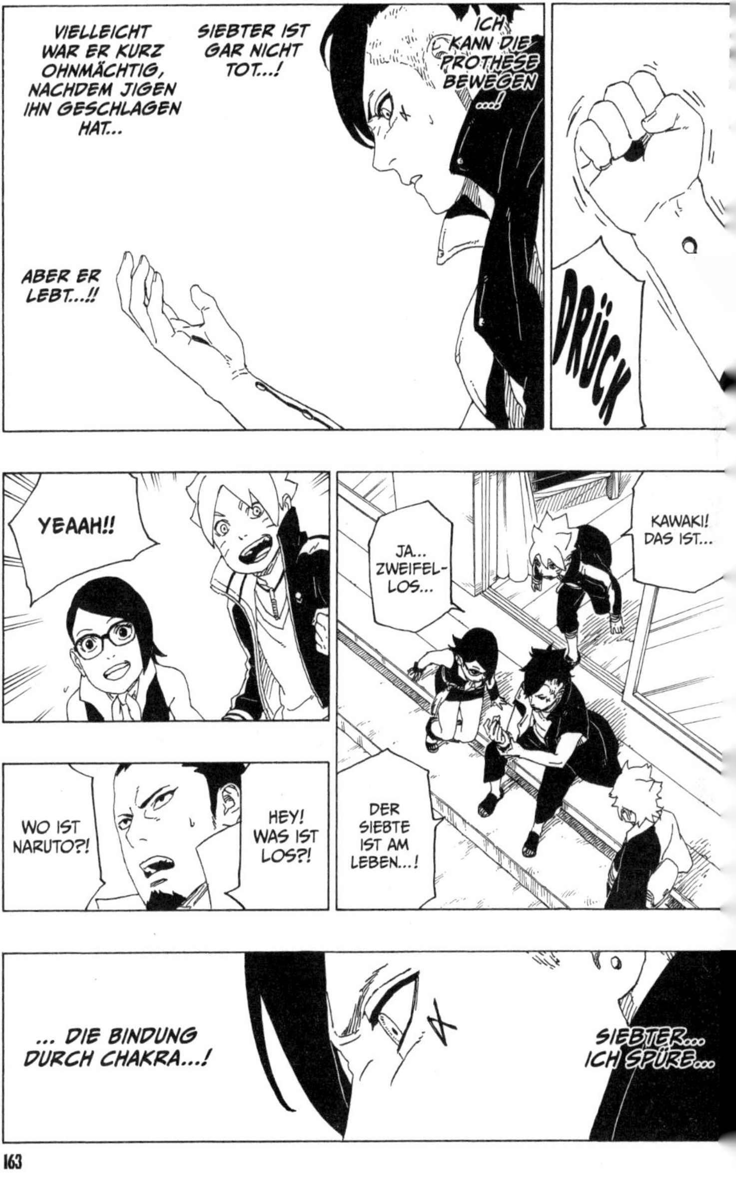
DRÜCK
ICH KANN DIE PROTHESE BEWEGEN ...!
SIEBTER IST GAR NICHT TOT...!
VIELLEICHT WAR ER KURZ OHNMÄCHTIG, NACHDEM JIGEN IHN GESCHLAGEN HAT...
ABER ER LEBT...!!
KAWAKI! DAS IST...
JA... ZWEIFEL-LOS...
DER SIEBTE IST AM LEBEN...!
YEAAH!!
HEY! WAS IST LOS?!
WO IST NARUTO?!
SIEBTER... ICH SPÜRE...
... DIE BINDUNG DURCH CHAKRA...!

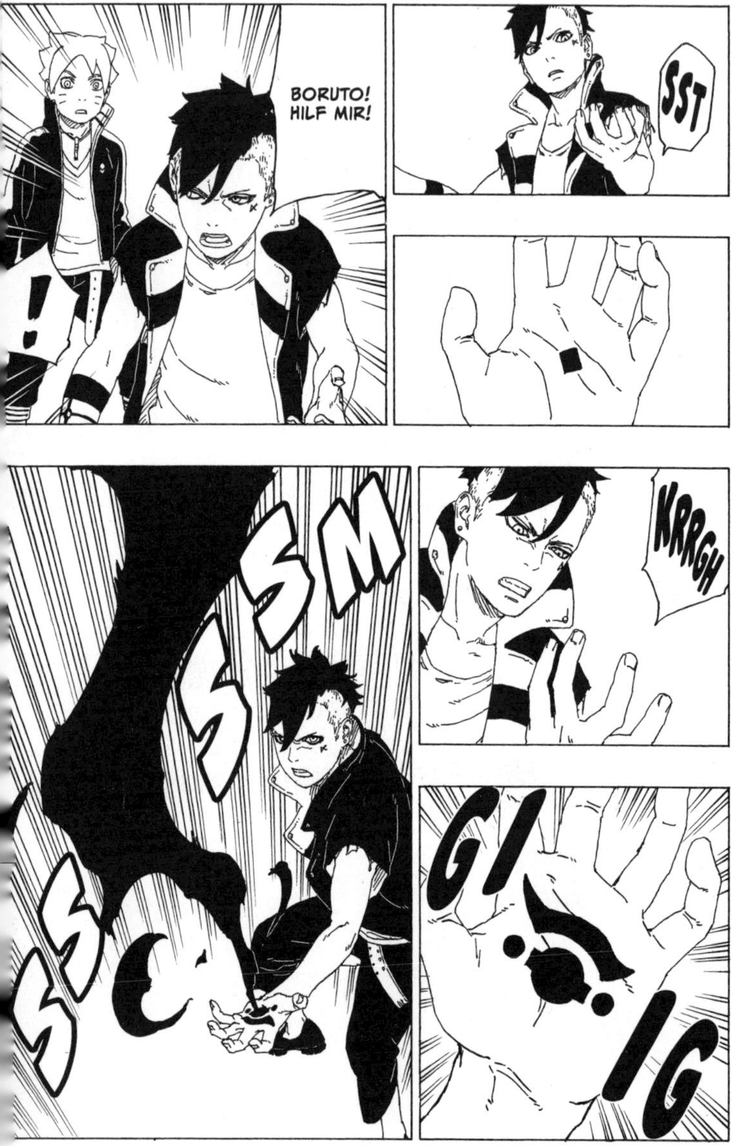
SST
BORUTO! HILF MIR!
!
KRRGH
GI
IG
SSSM
SS

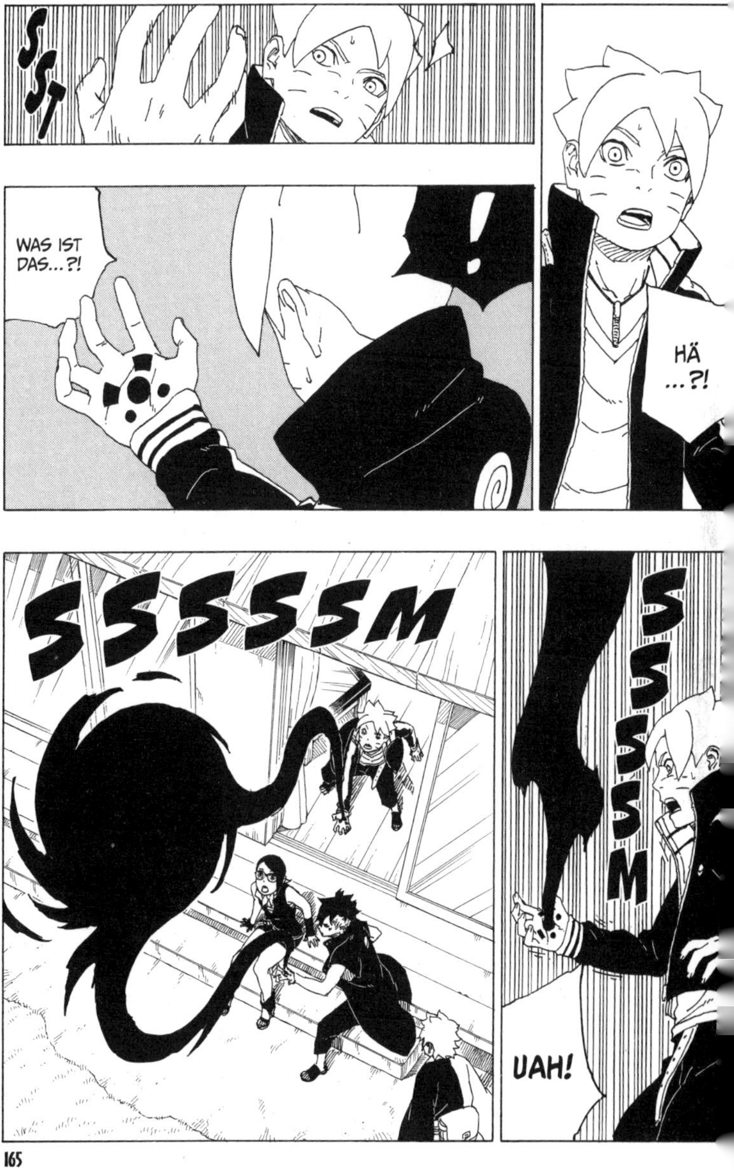
HÄ ...?!
SST
!
WAS IST DAS...?!
SSSSSM
UAH!
SSSSSM

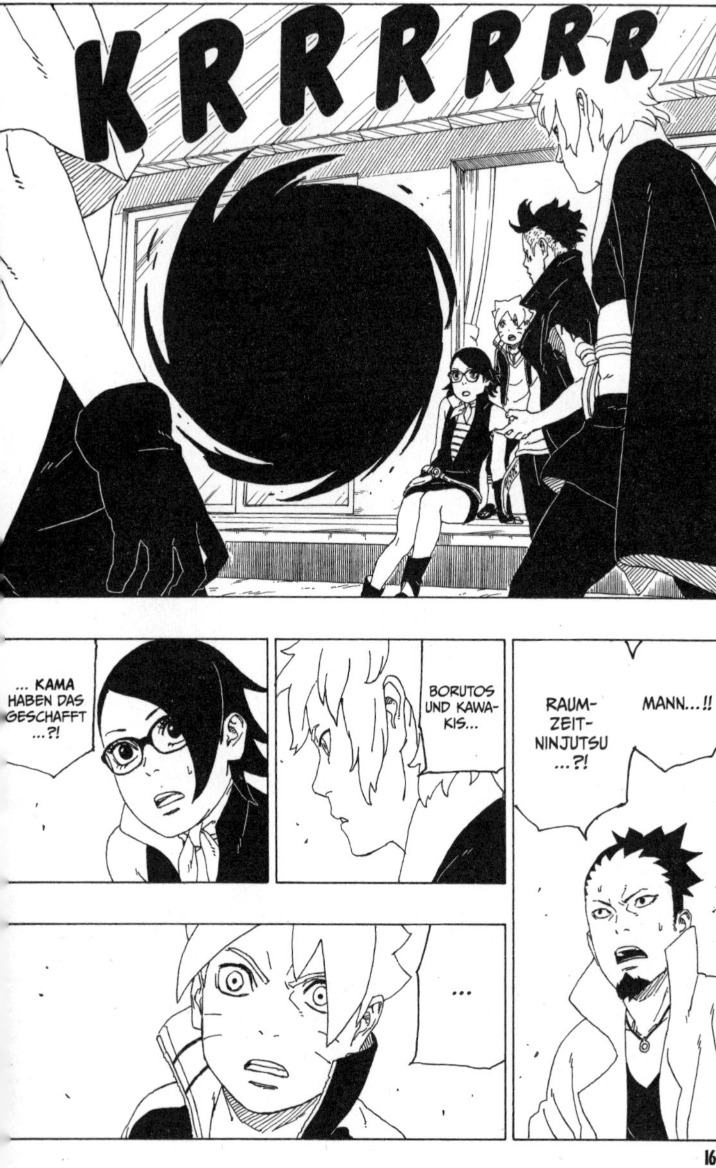
KRRRRRRR
MANN...!!
RAUM-ZEIT-NINJUTSU ...?!
BORUTOS UND KAWAKIS...
... KAMA HABEN DAS GESCHAFFT ...?!
...

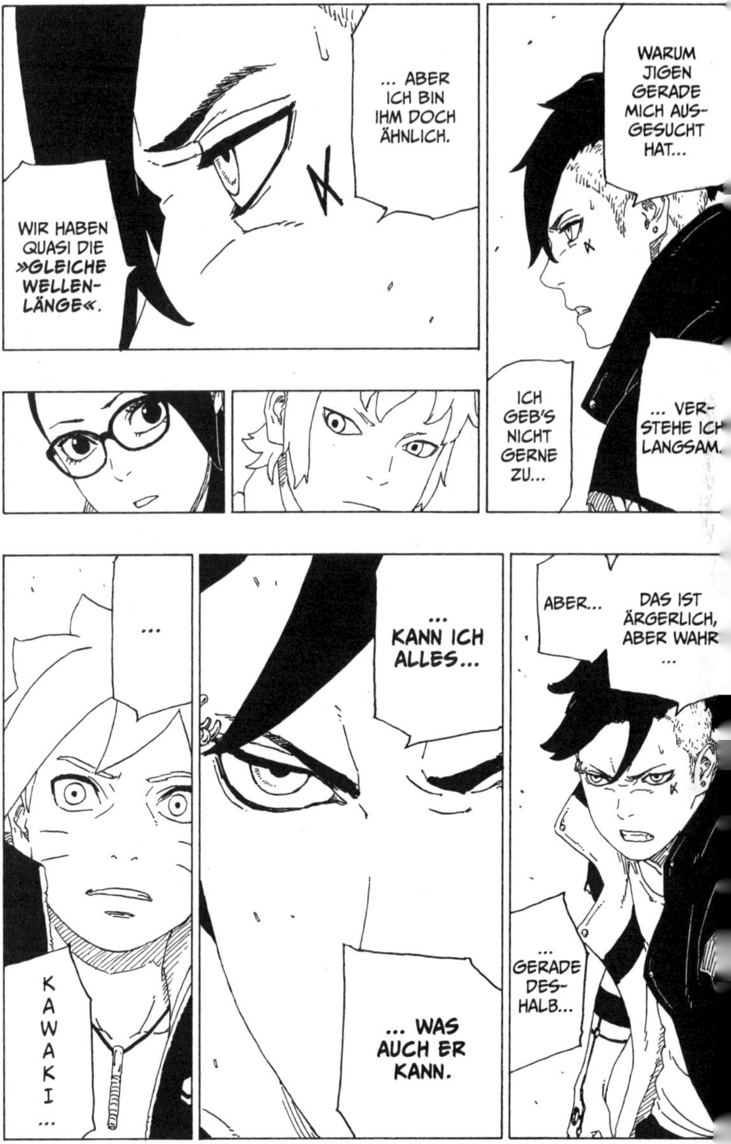

WARUM JIGEN GERADE MICH AUSGESUCHT HAT...
... VERSTEHE ICH LANGSAM.
ICH GEB'S NICHT GERNE ZU...
... ABER ICH BIN IHM DOCH ÄHNLICH.
WIR HABEN QUASI DIE »GLEICHE WELLENLÄNGE«.
DAS IST ÄRGERLICH, ABER WAHR...
ABER...
... GERADE DESHALB...
... KANN ICH ALLES...
... WAS AUCH ER KANN.
...
KAWAKI ...

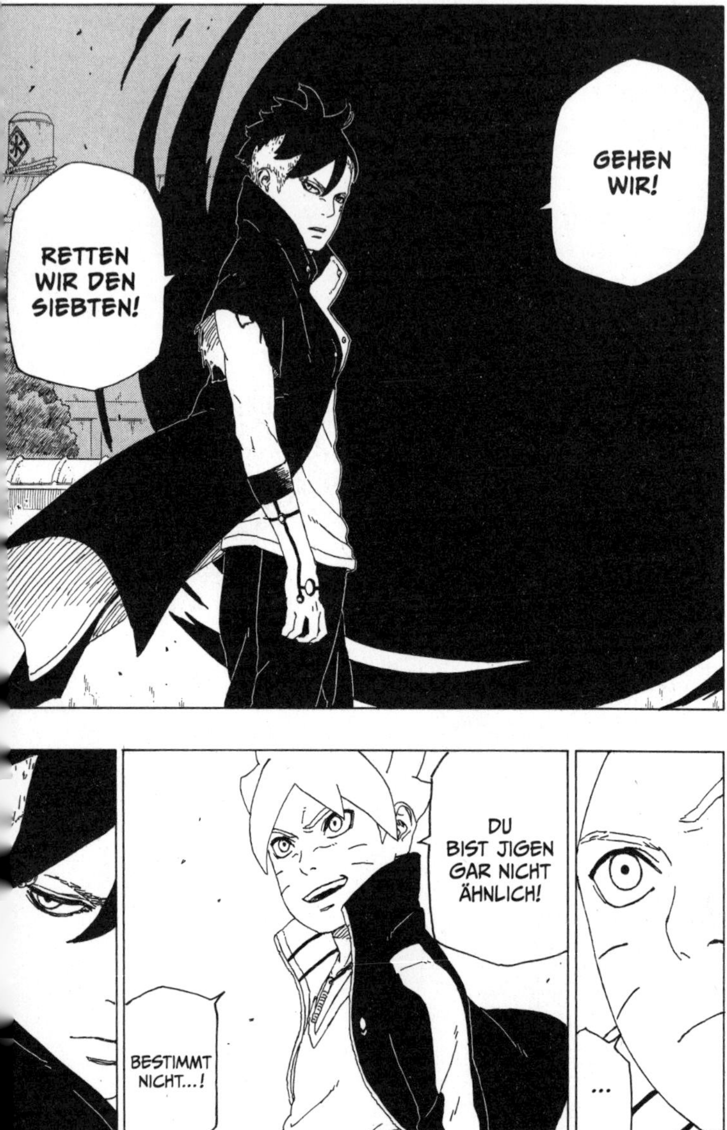
GEHEN WIR!
RETTEN WIR DEN SIEBTEN!
...
DU BIST JIGEN GAR NICHT ÄHNLICH!
BESTIMMT NICHT...!

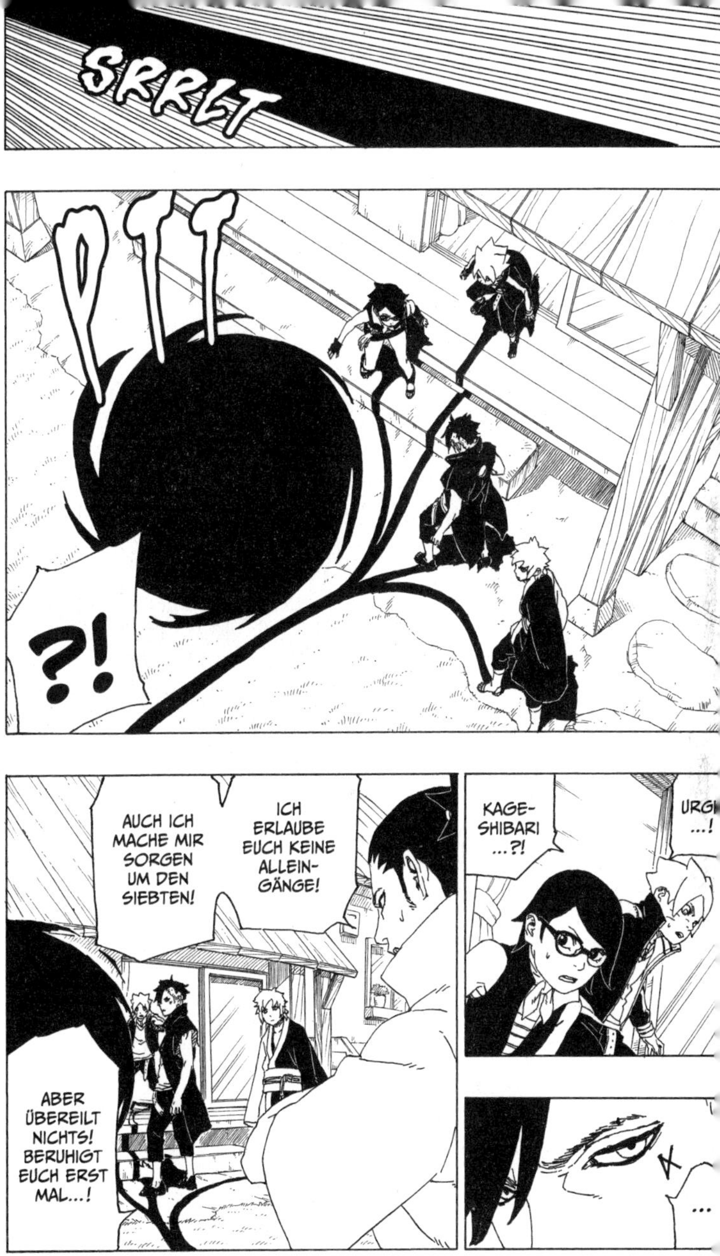
SRRLT
?!
KAGE-SHIBARI ...?!
URG ...!
...
ICH ERLAUBE EUCH KEINE ALLEINGÄNGE!
AUCH ICH MACHE MIR SORGEN UM DEN SIEBTEN!
ABER ÜBEREILT NICHTS! BERUHIGT EUCH ERST MAL...!

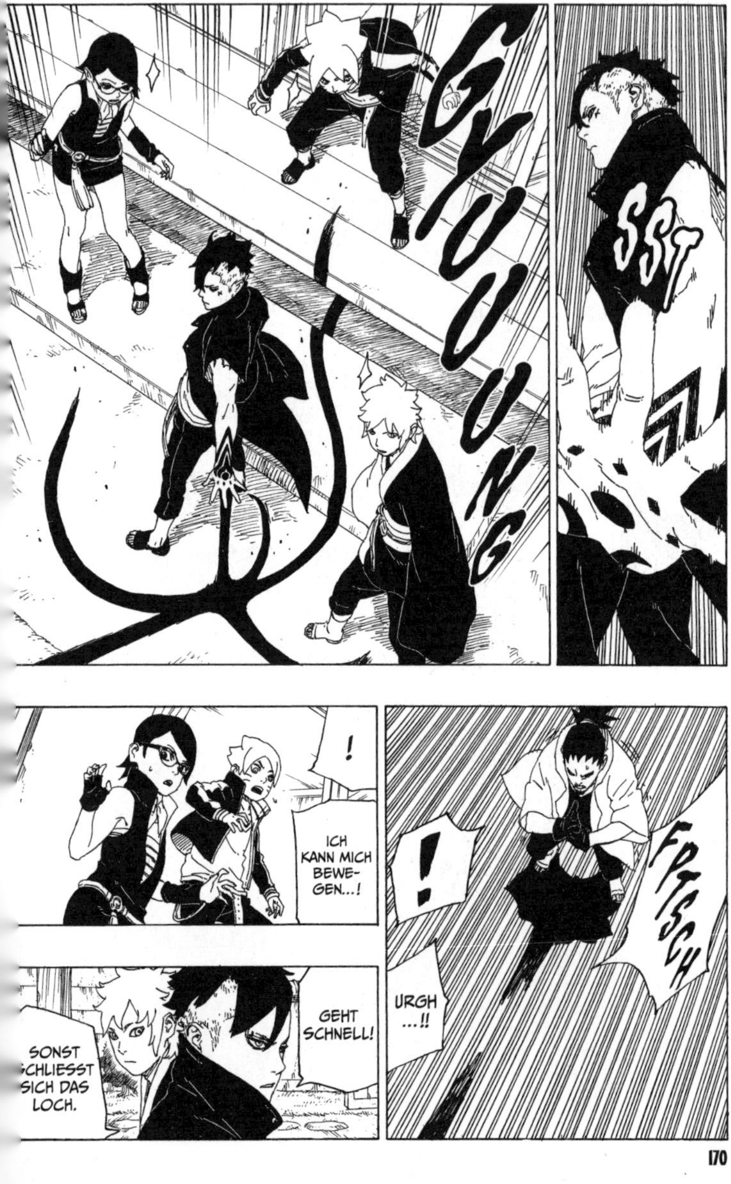
GYUUUUNG
SST
!
ICH KANN MICH BEWEGEN...!
FPTSCH
!
URGH ...!!
GEHT SCHNELL!
SONST SCHLIESST SICH DAS LOCH.

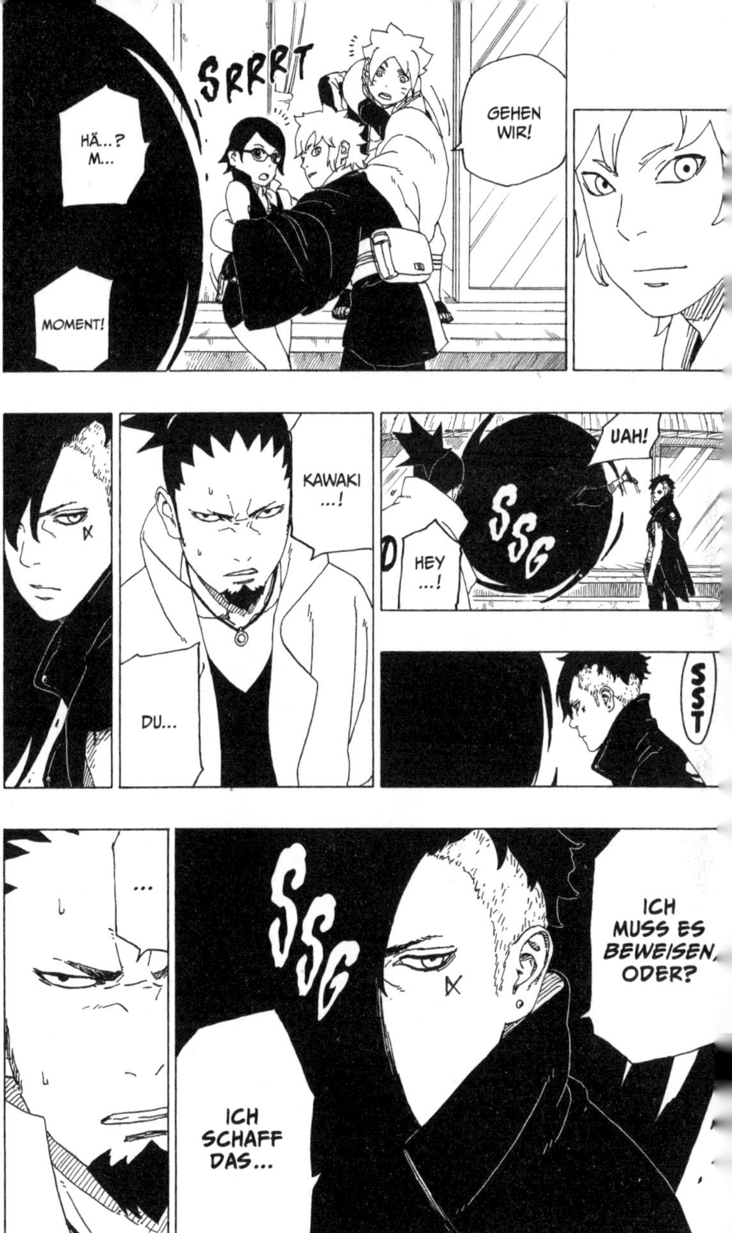
GEHEN WIR!
SRRRT
HÄ...? M...
MOMENT!
UAH!
HEY ...!
SSG
SST
KAWAKI ...!
DU...
ICH MUSS ES BEWEISEN, ODER?
SSG
ICH SCHAFF DAS...
...

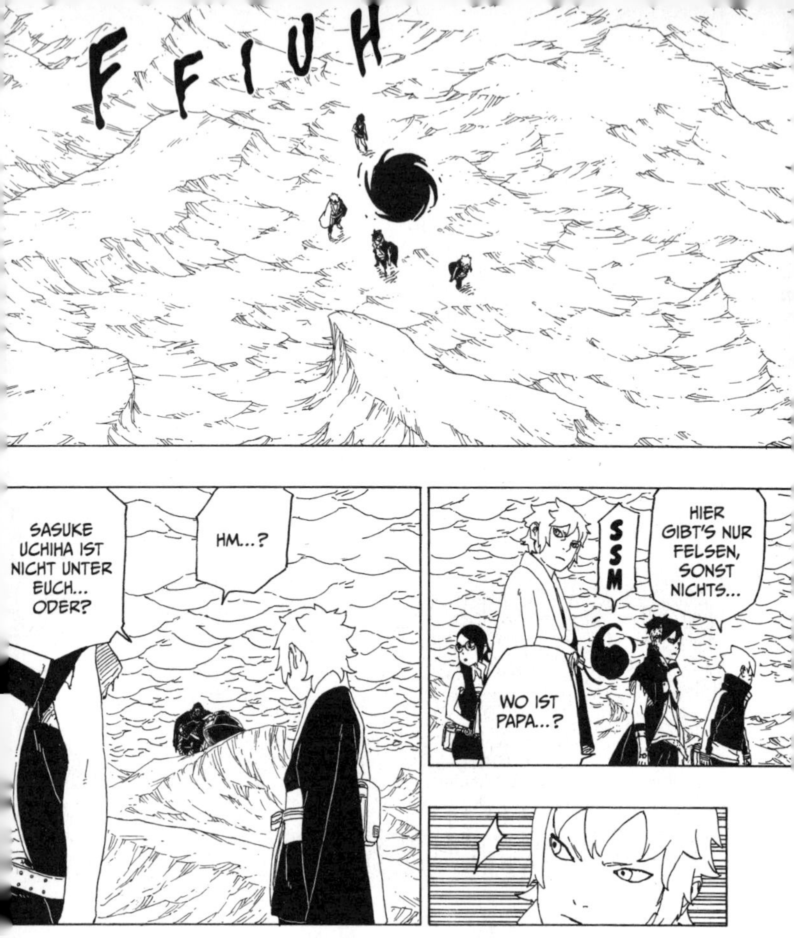
FFIUH
HIER GIBT'S NUR FELSEN, SONST NICHTS...
SSM
WO IST PAPA...?
HM...?
SASUKE UCHIHA IST NICHT UNTER EUCH... ODER?
?!
WER BIST DU...?!
!!
HHM ...?!
DU...!

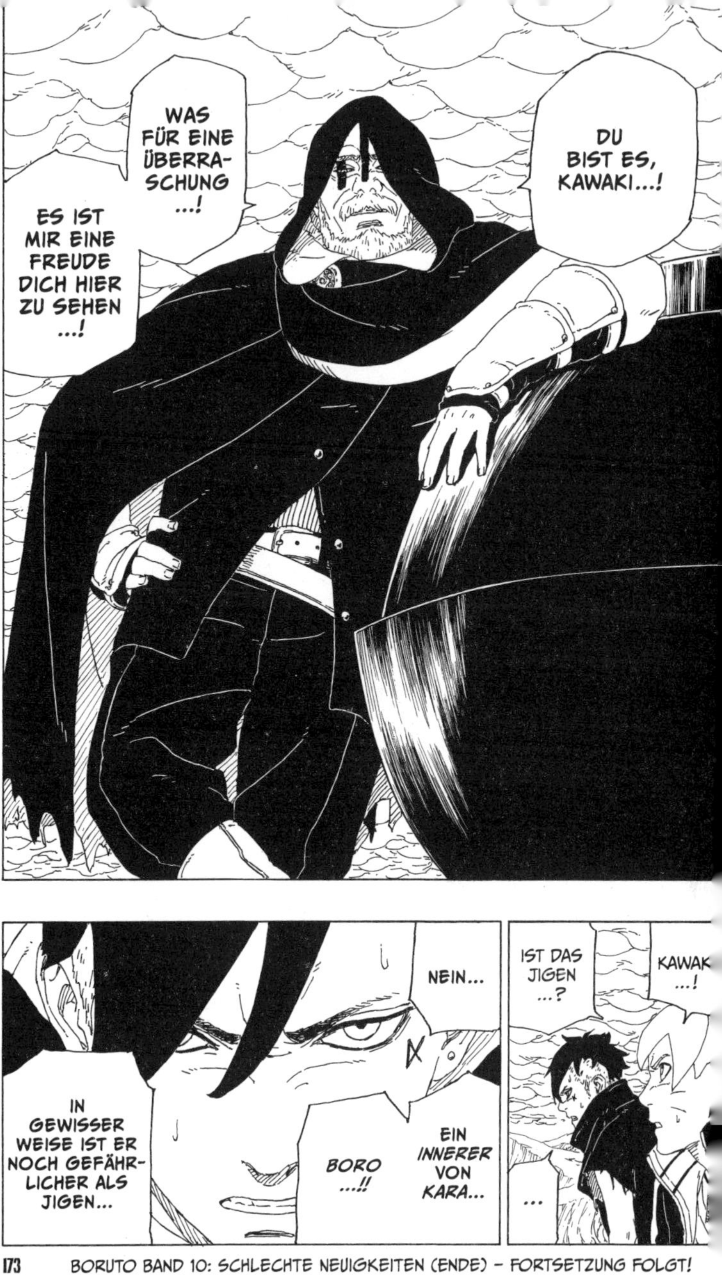

 BORUTO BAND 10: SCHLECHTE NEUIGKEITEN (ENDE) – FORTSETZUNG FOLGT!

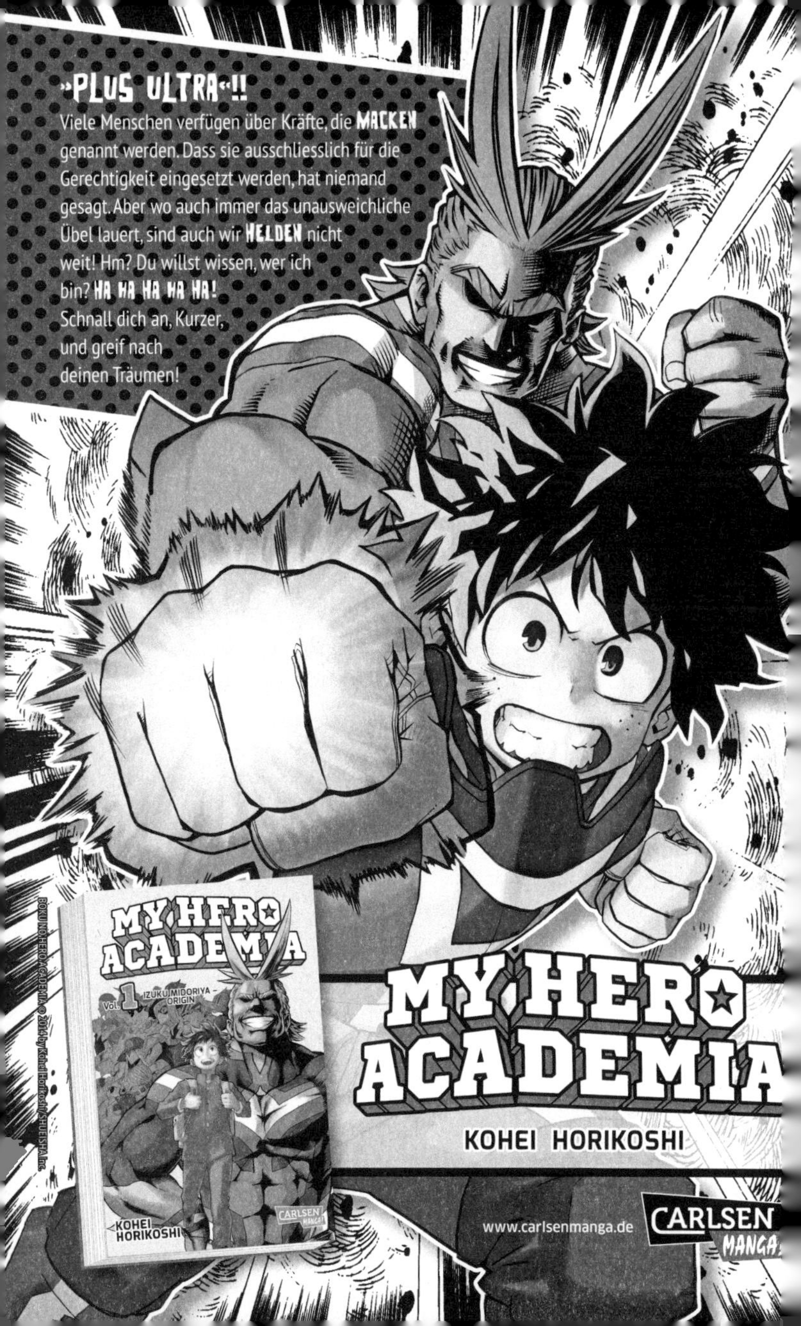
»PLUS ULTRA«!!
Viele Menschen verfügen über Kräfte, die MACKEN genannt werden. Dass sie ausschliesslich für die Gerechtigkeit eingesetzt werden, hat niemand gesagt. Aber wo auch immer das unausweichliche Übel lauert, sind auch wir HELDEN nicht weit! Hm? Du willst wissen, wer ich bin? HA HA HA HA HA!
Schnall dich an, Kurzer, und greif nach deinen Träumen!
MY HERO ACADEMIA
Vol. 1 IZUKU MIDORIYA – ORIGIN
KOHEI HORIKOSHI
CARLSEN MANGA!
MY HERO ACADEMIA
KOHEI HORIKOSHI
www.carlsenmanga.de
CARLSEN MANGA!
BOKU NO HERO ACADEMIA © 2014 by Kohei Horikoshi/SHUEISHA Inc.

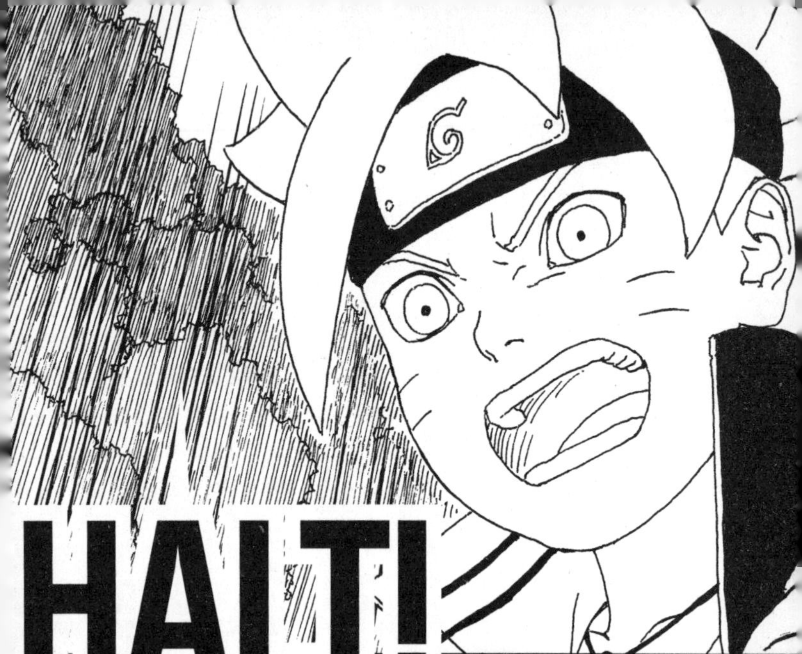

HALT!

Das ist nicht die erste Seite des Buches. »Boruto« ist ein japanischer Comic. In Japan liest man von »hinten« nach »vorne« und von rechts oben nach links unten, also genau spiegelverkehrt zu dem, wie wir es gewohnt sind.
Auch die Bilder und Sprechblasen auf jeder Seite werden so gelesen, wie es in der Grafik gezeigt wird!
Die Legende der neuen Generation beginnt!!

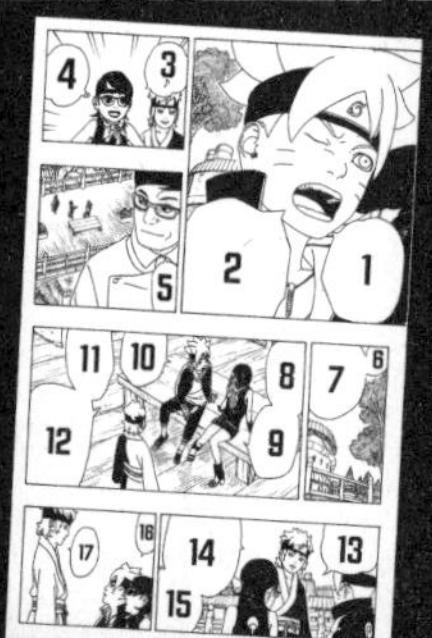

CARLSEN MANGA * Deutsche Ausgabe / German Edition * © 2021 Carlsen Verlag GmbH, Völckersstraße 14-20, 22765 Hamburg * Aus dem Japanischen von Miyuki Tsuji BORUTO: NARUTO NEXT GENERATIONS © 2016 by Masashi Kishimoto, Mikio Ikemoto, Ukyo Kodachi All rights reserved. * First published in Japan in 2016 by SHUEISHA Inc., Tokyo. * German translation rights in Germany, Austria, Luxembourg and German-speaking Switzerland arranged by SHUEISHA Inc. through VME PLB SAS, France. * Redaktion: Anne Berling Textbearbeitung: Ina Schiele * Herstellung: Derya Yıldırım * Alle deutschen Rechte vorbehalten
Bei Fragen zum Produkt: carlsen.de/kontakt * ISBN 978-3-551-77567-2